前田育徳会尊経閣文庫編
尊経閣善本影印集成 72

外記日記

新抄 一

八木書店

例言

一、『尊経閣善本影印集成』は、加賀・前田家に伝来した蔵書中、善本を選んで影印出版し、広く学術調査・研究に資せんとするものである。

一、本集成第九輯は、鎌倉室町古記録を採りあげ、『実躬卿記』『公秀公記』『宣陽門院御落飾記』『後愚昧記（山門嗷訴記・実豊卿記）』『実隆公記』『外記日記（新抄）』『享禄二年外記日記』『建治三年記』『碧山日録』『蔗軒日録』『盲聾記』の十一部を十冊に編成、収載する。

一、尾上陽介（東京大学史料編纂所教授）・加藤友康（東京大学名誉教授）の両氏が、本集成第九輯の編集委員を担当した。

一、本冊は、本集成第七十二冊として、『外記日記（新抄）』原本五巻のうち、巻一・巻二・巻三の三巻を収め、カラーで製版、印刷した。

一、料紙は第一紙、第二紙と数え、本文図版の下欄、各紙右端にアラビア数字を括弧で囲んで、(1)、(2)のごとく標示した。

一、参考図版として、紙背の通常撮影写真を上段に、紙背の透過光写真を下段に掲載した。

一、本冊の冊尾に、表紙・本文・補紙・軸の法量表を前田育徳会尊経閣文庫の計測により掲載した。

一、本書の解説は、本集成第七十三冊に収載する。

令和元年七月

前田育徳会尊経閣文庫

目次

巻一

文永元年

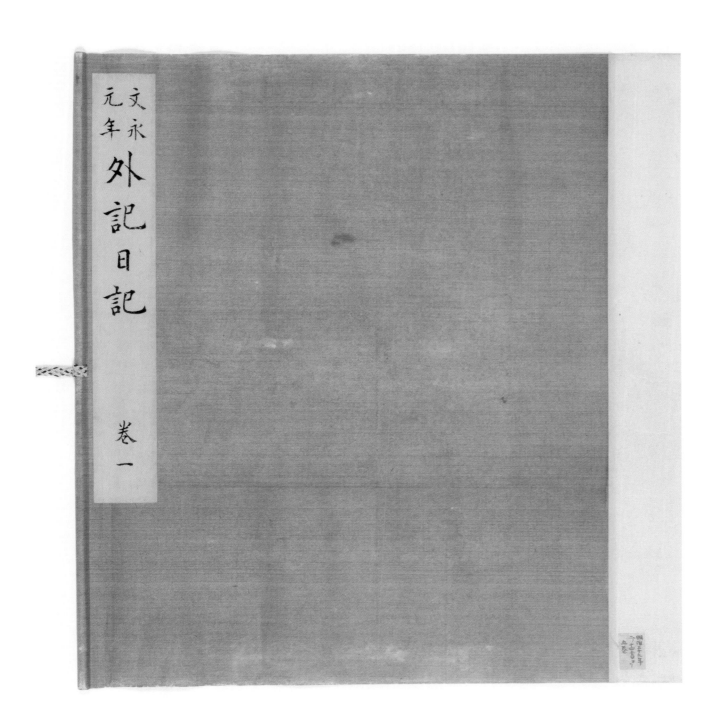

文永元年
外記日記
巻一

文永元年
外記日記
巻一

龜山院五
新抄
文永元年
文永元年甲子
正二位行中納言藤原
藤原

(2)　(1)

文永元年甲子　　　師栄

正月小

（四方拜事）一日丁酉、四方拜如常、

（殿下拜礼）今日関白家拜礼也、別当頭弁、中納言中将以下（師栄叙）

（叙位勘文）已下列之、拜礼之前大外記師栄朝臣叙位勘文

以左中弁忠方被傳之云々、

（院拜礼）今日院拜礼也、（百官如例）関白左大臣（今日被申出家、拜礼）以下

（女院拜礼）次列之、中宮大夫隆顕卿

次大宮院同上拜礼、（中宮以下左衛門督通雅卿）

（新院拜礼）次新院（西園寺殿）拜礼、関白以下参列

（小朝拜）次小朝拜、関白左大臣・右大臣・内大臣以下参列

中次以中将忠基建礼門下

（節会）今日拜礼、節会左大臣着座、被奉仕、

院拜礼行之、

（節会）次節会、内弁右大臣（一上）、外弁三位中将以下参

宴会、使宰相、右宰相中将通雅卿

（御幸）三日己亥、一院御幸新院御所（西園寺殿）、関白

御車寄、右大臣以下供奉、

（徒政意見）今日被召諸道之意見於人々、

（新院御幸）五日辛丑、新院御幸一院御所（西園寺殿）、関白御車

寄、左大臣（以下供奉）

（叙位事）今日叙位議也、執筆右大臣、関白左大臣、

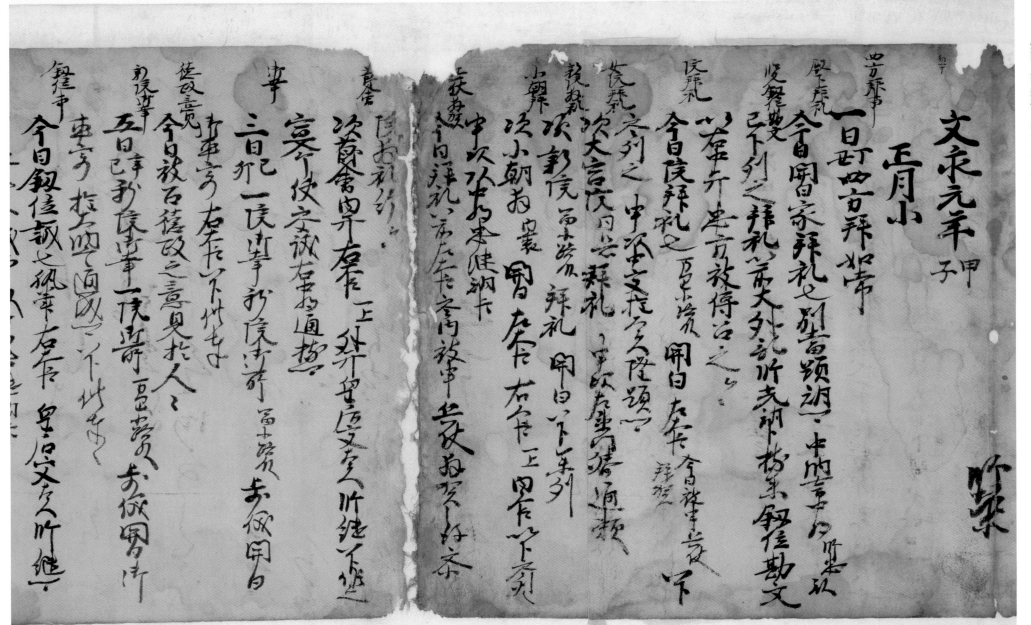

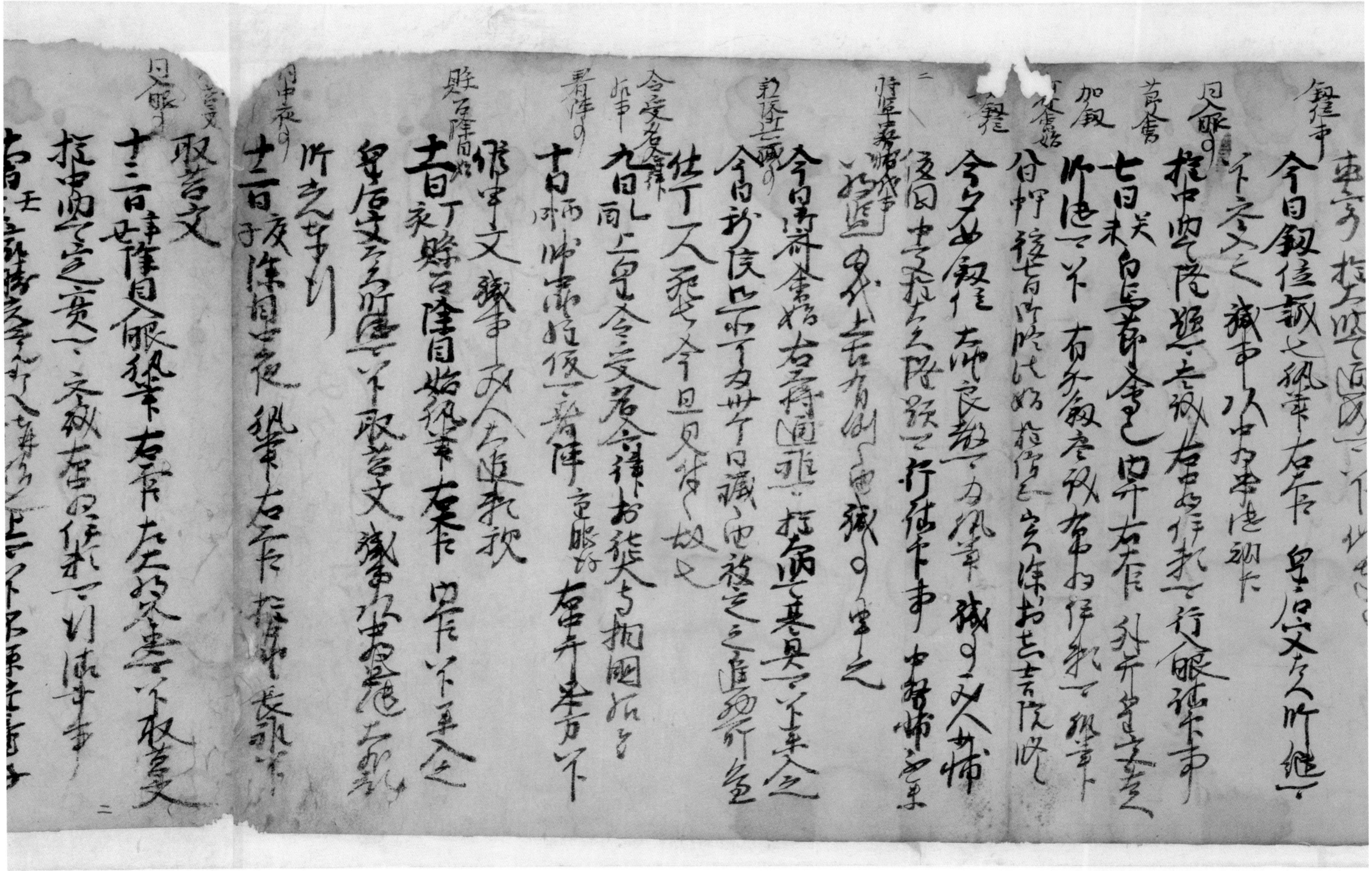

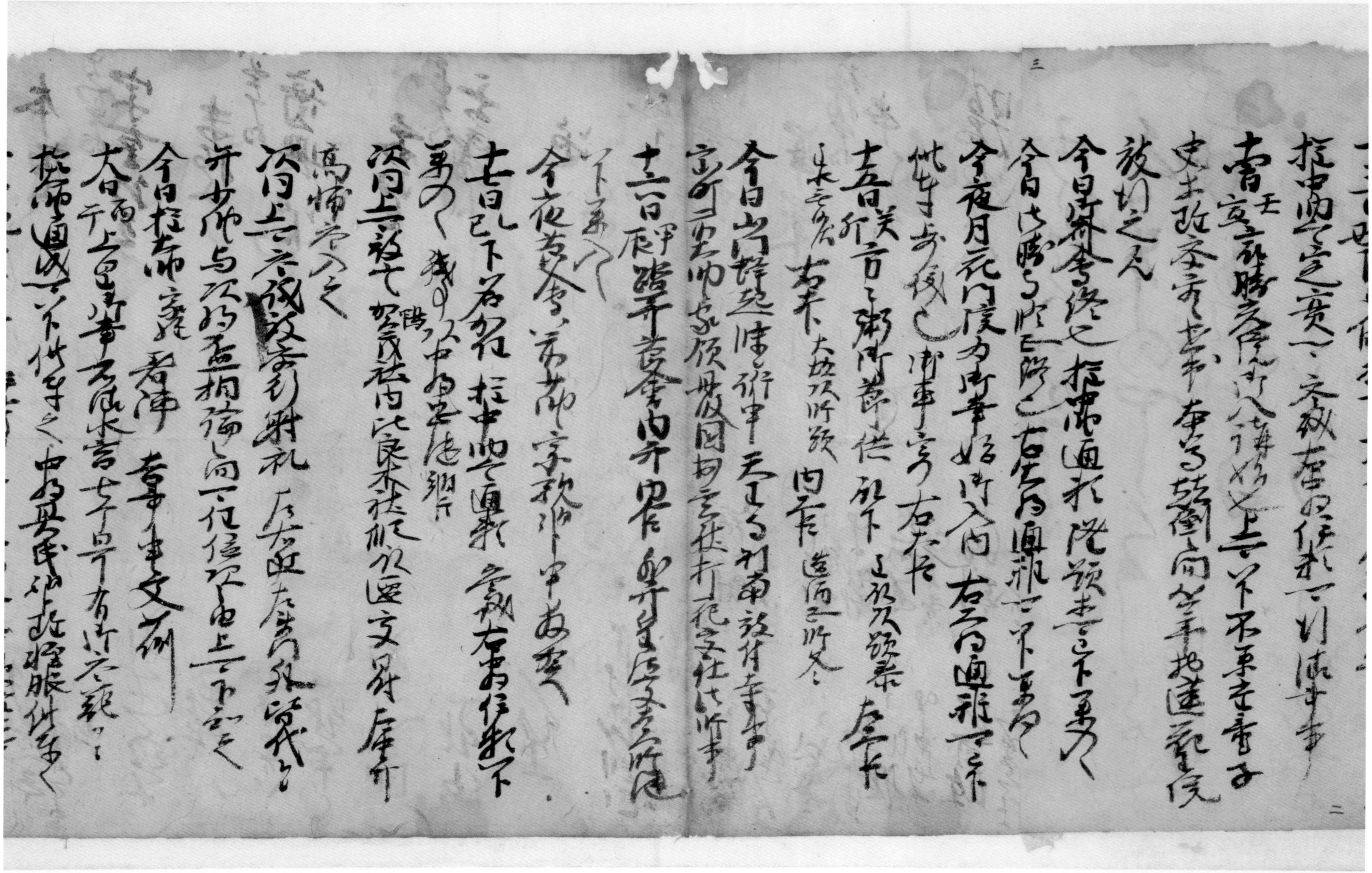

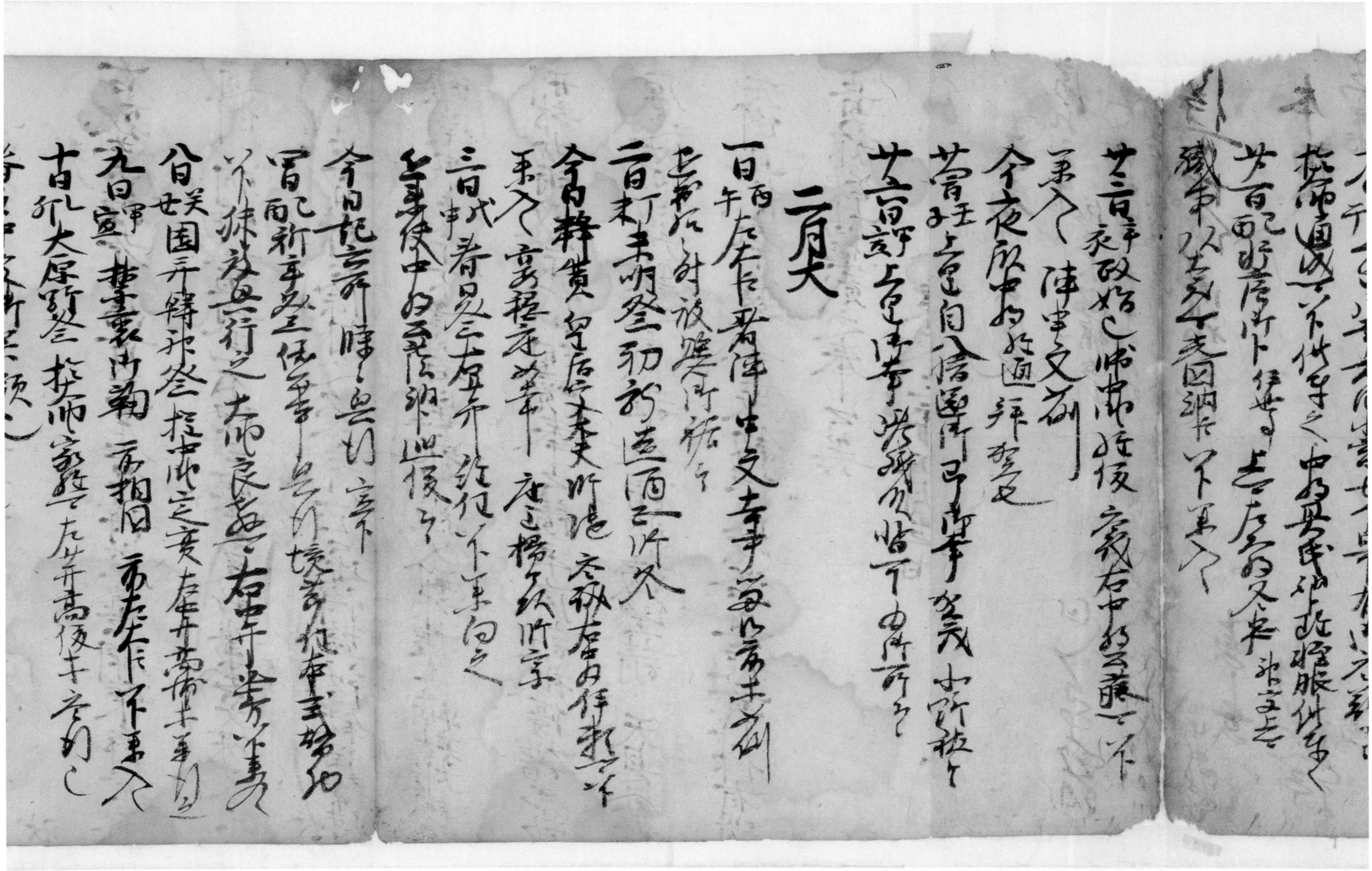

(6)

十日 [illegible]

[illegible]

十一日丙辰 [illegible]

[illegible]

今日 [illegible]

十二日丁巳 子刻 小地震

十六日辛酉 [illegible]

[illegible]

十八日癸亥 [illegible]

五

今日 [illegible]

十九日甲子 [illegible]

廿一日丙寅 [illegible]

[illegible]

廿二日丁卯 [illegible]

[illegible]

廿五日庚午 [illegible]

廿七日壬申 [illegible] 地震有[illegible]

今日 [illegible]

廿八日癸酉 [illegible]

[illegible]

今日 [illegible]

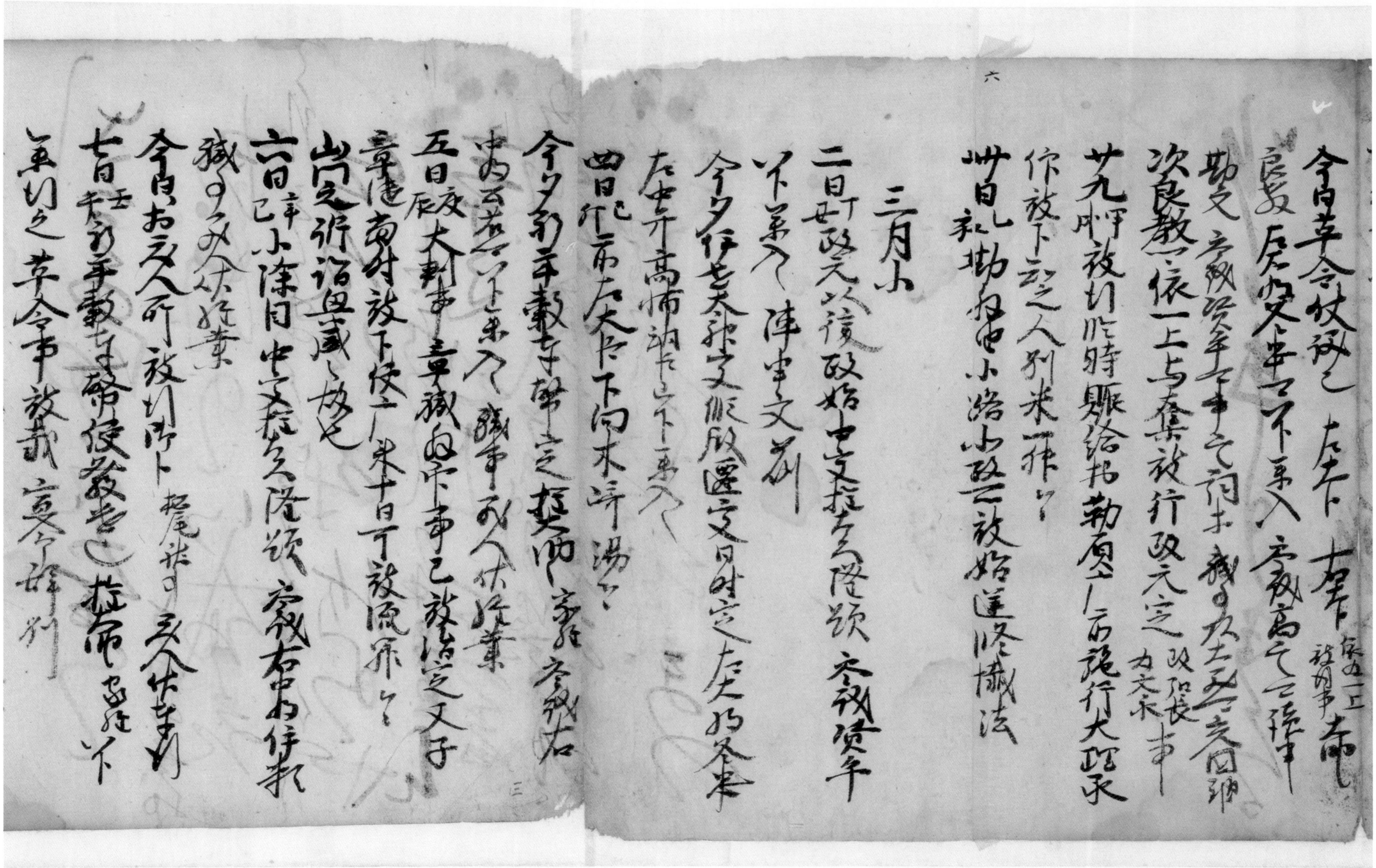
六
三月小
三

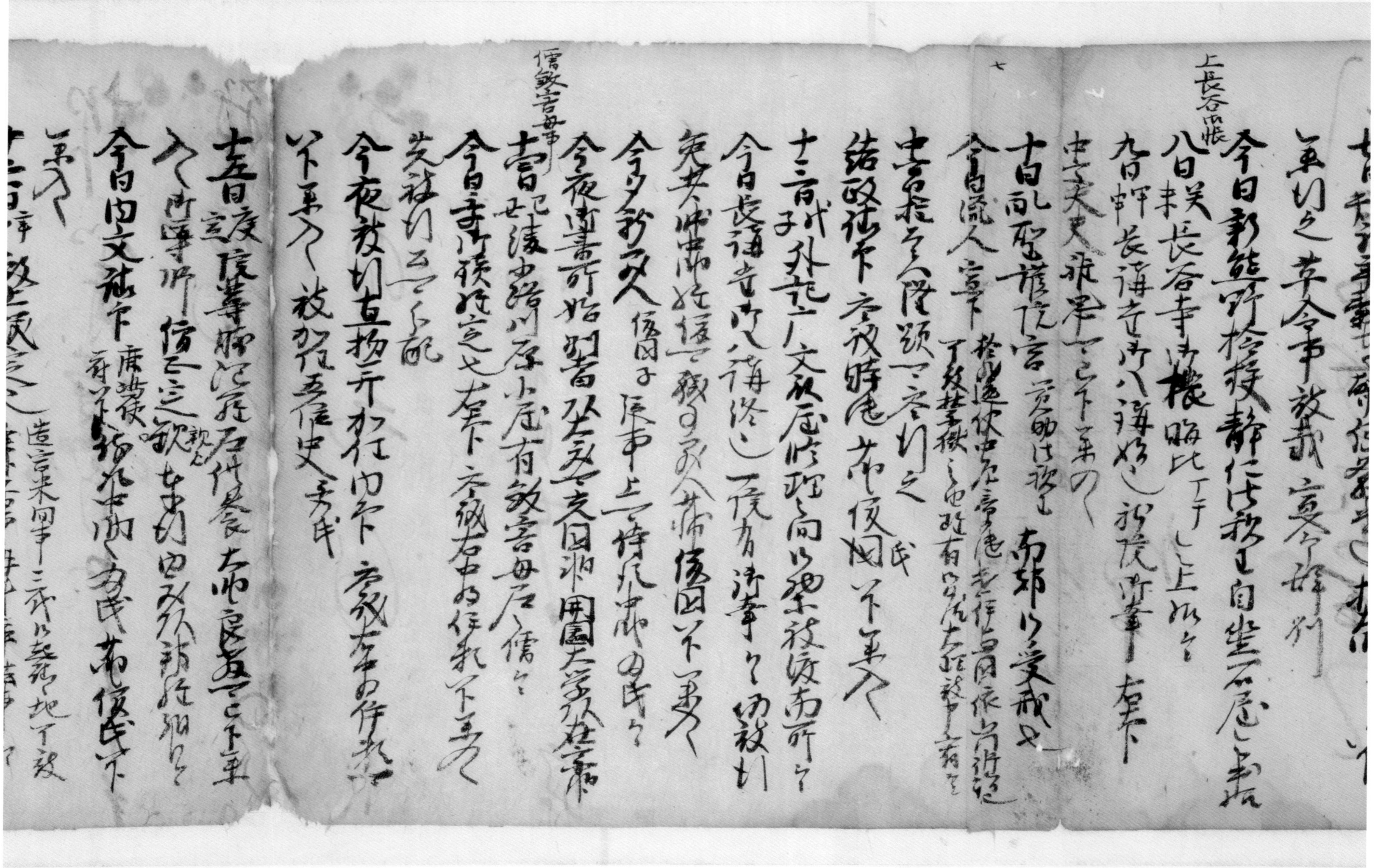

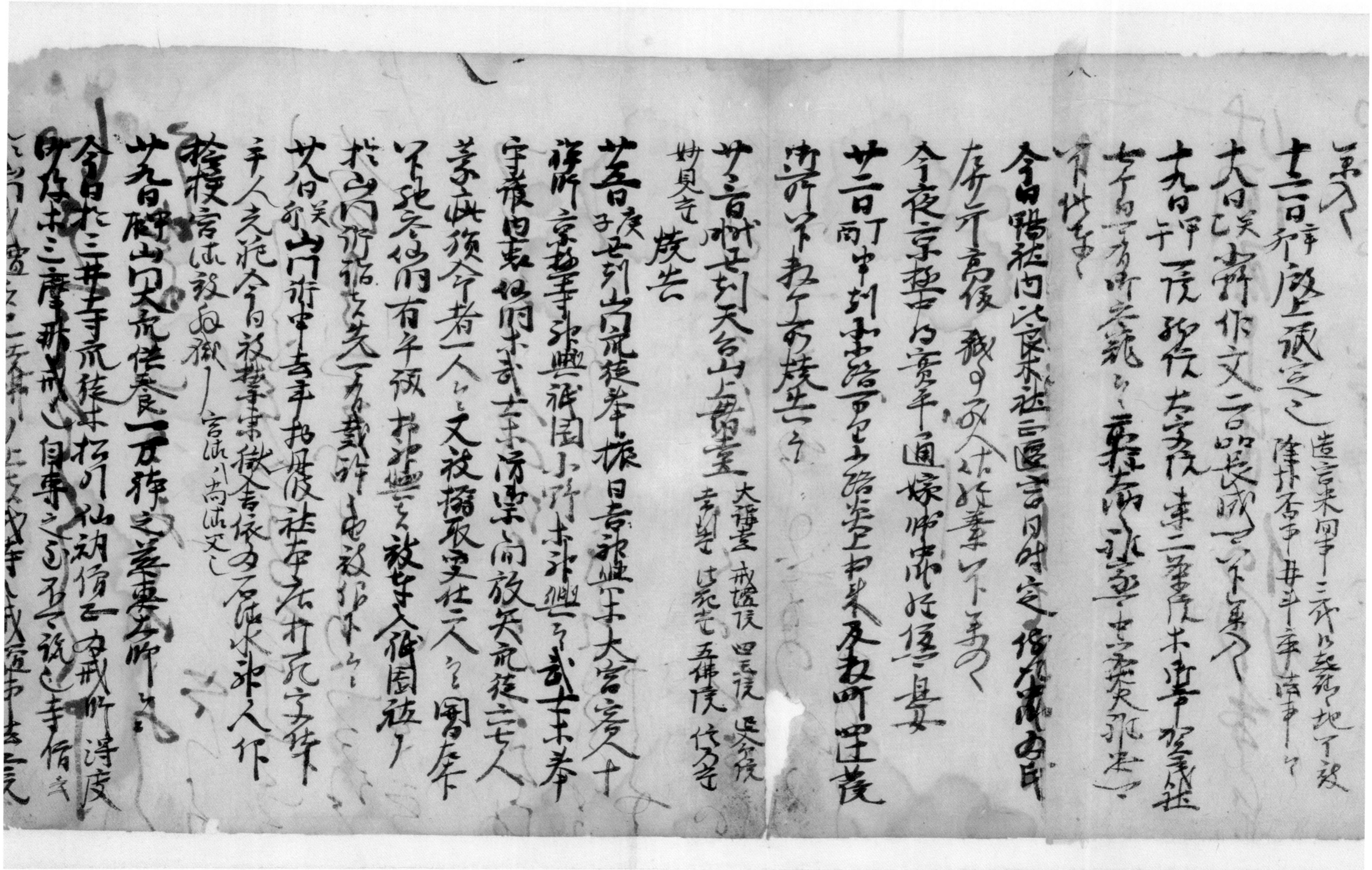

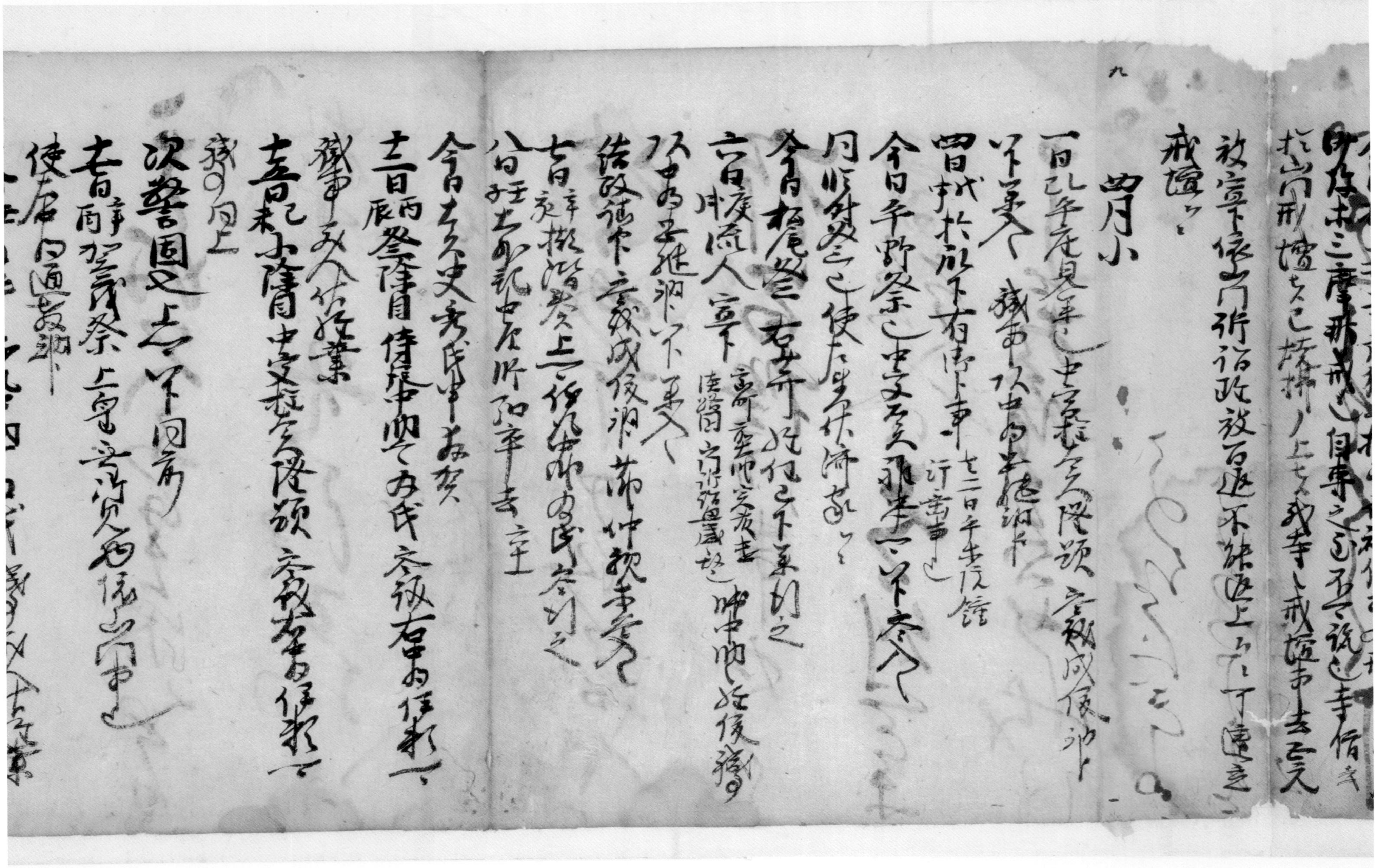

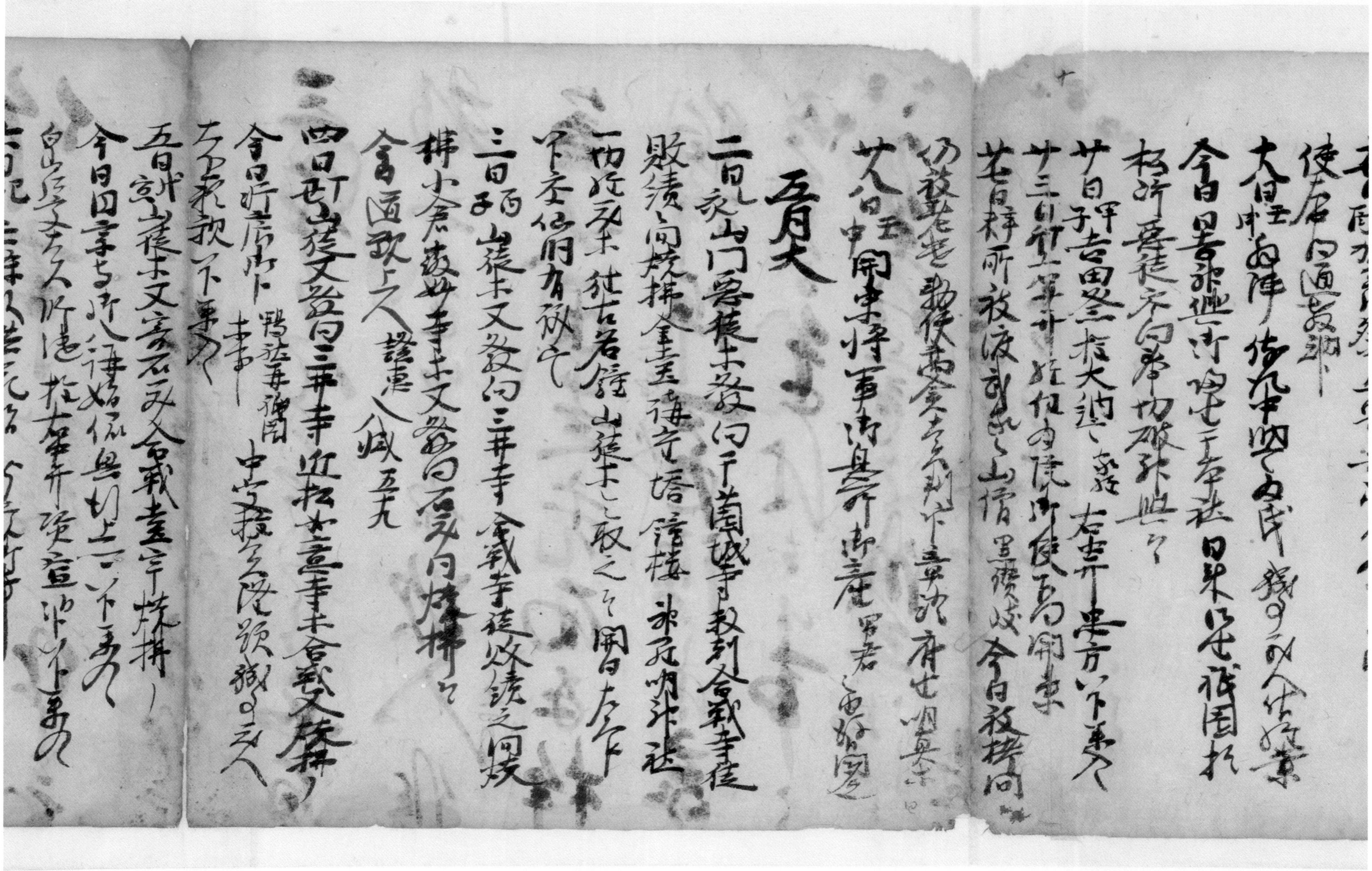

（12）

皇后宮大夫以下参入、於左衛門陣資宣以下[illegible]

六日己卯、[illegible]

七日庚辰、[illegible]三日也、皇后宮大夫以下参入、

八日辛巳、[illegible]皇后宮大夫以下参入之、不参、

九日壬午、流人　伊賀国住人左兵衛尉某　依大宰府訴訟被任旨　宣下、権中納言[illegible]

以下参入、

[illegible]左衛門[illegible]於左衛門陣資宣

納

十日癸未、出雲杵築[illegible]

十二日乙酉、雨[illegible]頭左中弁[illegible]

以下参入、

十一

十五日戊子、三社[illegible]

[illegible]

十七日[illegible]

[illegible]

十九日[illegible]左中弁資宣[illegible]

廿三日[illegible]

廿四日[illegible]

廿七日[illegible]

[illegible]

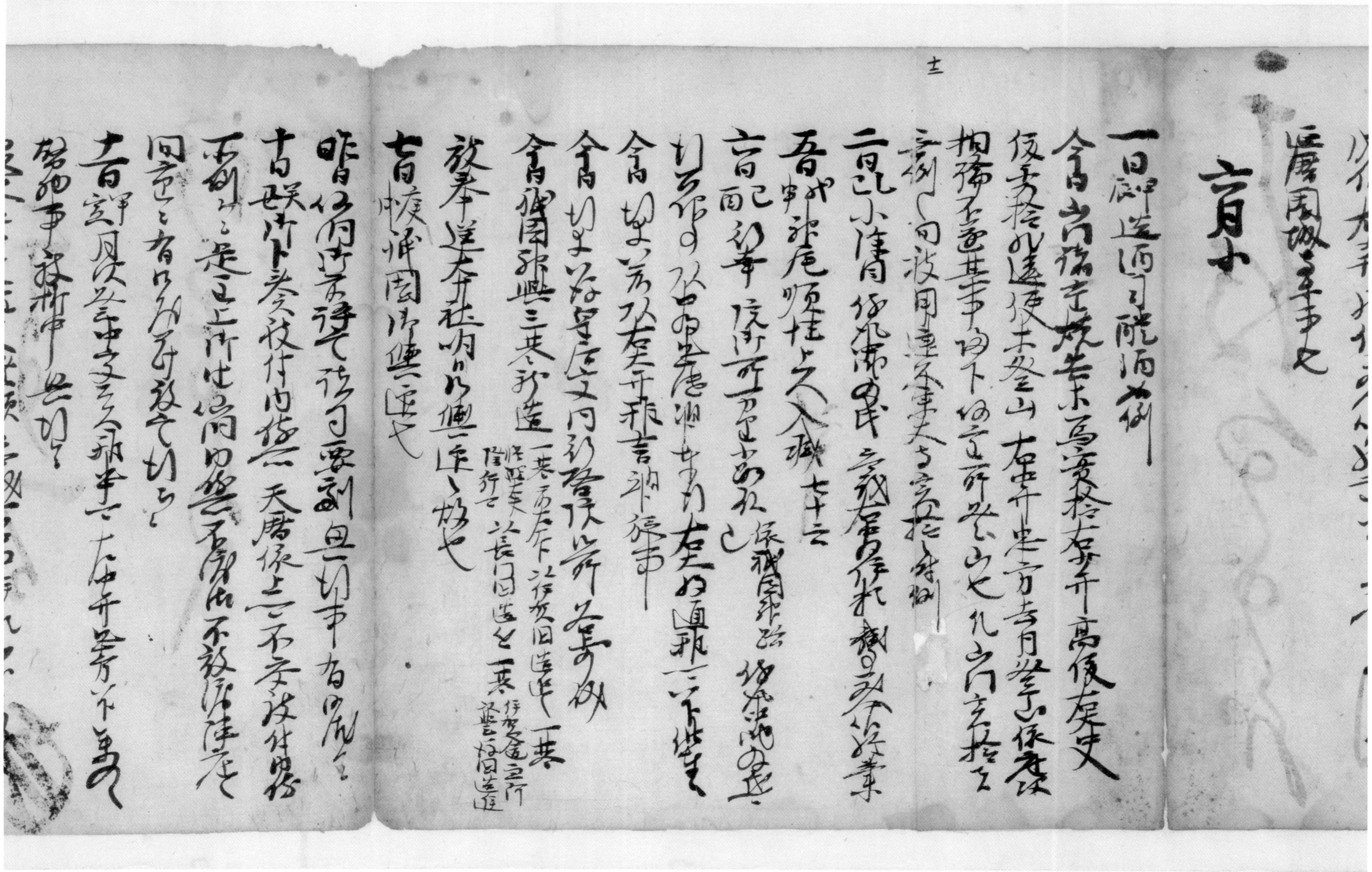
廿七日
[illegible]
一日 [illegible]
二日 [illegible]
五日 [illegible]
六日 [illegible]
七日 [illegible]
昨日 [illegible]
十日 [illegible]
十一日 [illegible]

然而事被行中無切々
被定左中弁文脩頭　六級左京亮伊親下遣之
十一日丁卯　祇園御霊会也
今夕天皇遷幸二條殿　御讀經[illegible]
於中院　於大炊御門殿
十四日庚午　祇園臨時祭也、上卿文脩頭弁蔵人[illegible]
使高倉[illegible]
十五日辛未　山陰[illegible]　六級左京亮伊親
癸酉　小除目[illegible]
十九日乙亥　天台[illegible]
被定[illegible]
職事[illegible]
廿一日丁丑　[illegible]
[illegible]
廿二日戊寅　[illegible]
酒肴[illegible]
今日[illegible]
今夜[illegible]
廿三日己卯　[illegible]
於此[illegible]
廿七日癸未　午中刻[illegible]雷火[illegible]
秋大[illegible]
皆悉焼亡
今日自九条[illegible]

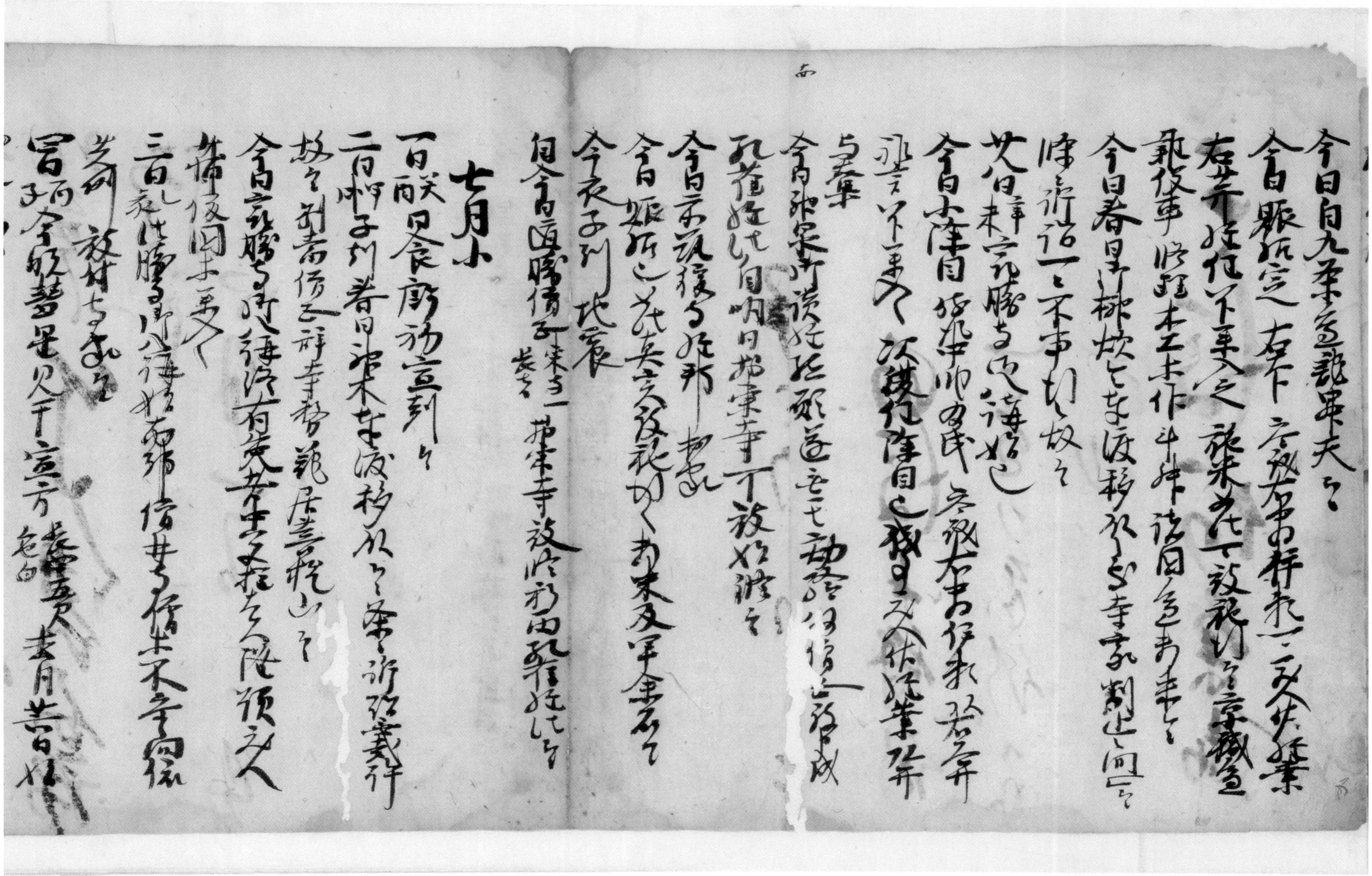

（16）

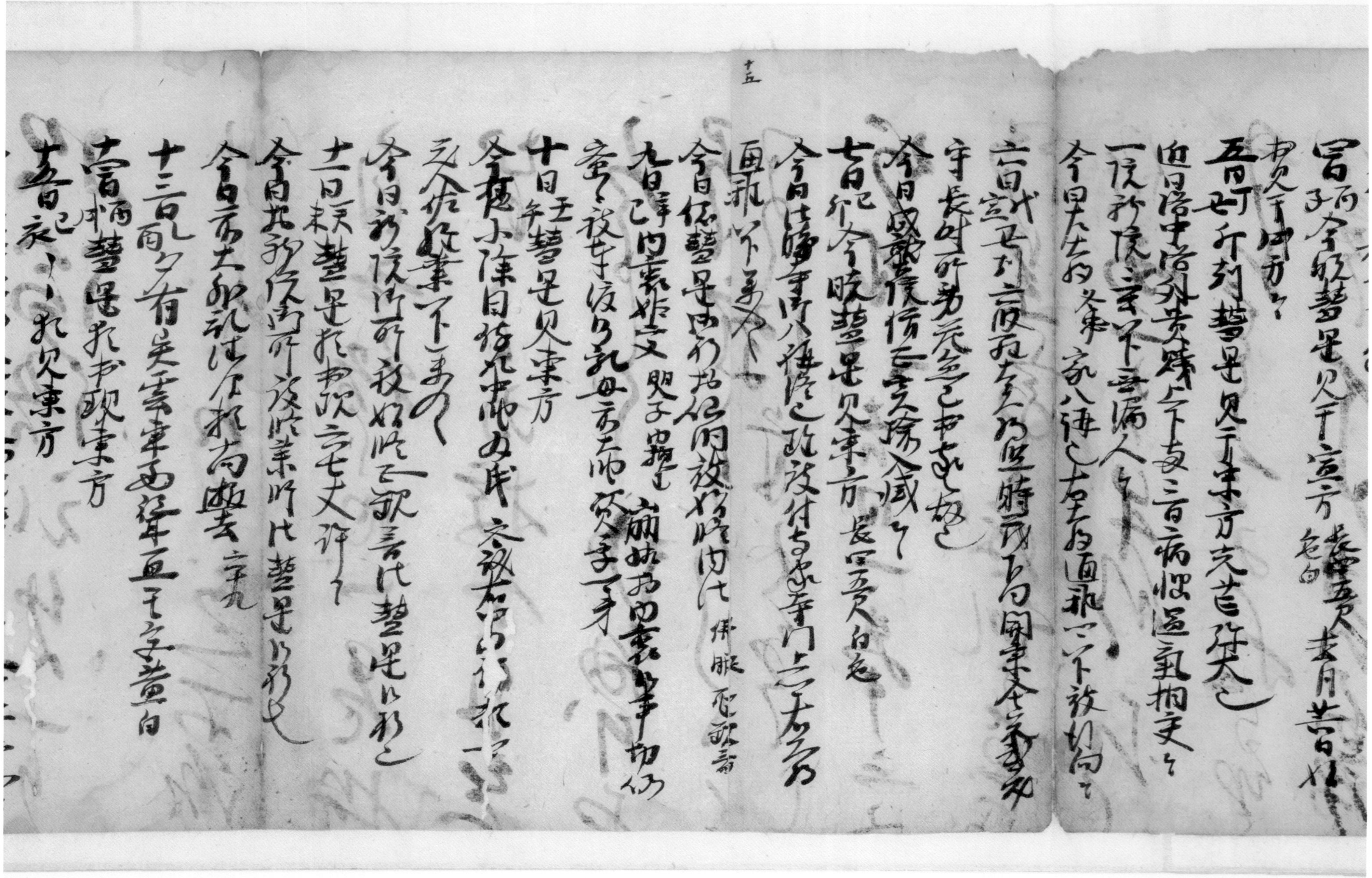

十五日己亥　〻〻丸見東方
今日於禁裏被始行金輪法、彗星以祈之、阿闍梨信〔　〕
十六日庚子　彗星見丸未現
今日依彗星所祈、於〔　〕被始行〔　〕
五壇〔　〕代　金輪代　中壇代　〔　〕代〔　〕
今日〔　〕
今日於〔　〕被行〔　〕彗星以祈之
十七日辛丑　彗星見丸未現、〔　〕
今日於〔　〕彗星以祈　金剛童子代
八字文殊〔　〕
今晩〔　〕

十六

十八日壬寅　彗星見丸未現
今日〔　〕三年〔　〕
〔　〕
今日〔　〕
十九日癸卯　彗星見丸未現
今日〔　〕
今日於禁裏被始行五大虚空蔵法、彗星以祈
廿日甲辰　彗星見丸未現
廿一日乙巳　彗星見丸未現、〔　〕
廿二日丙午　彗星見丸未現
今日〔　〕
廿三日丁未　〻〻丸未現
今日天台三塔〔　〕

今日天台三塔衆徒参[illegible]、今日吉事寄[illegible]百ヶ日比叡社
日吉百ヶ日〻〻〻、[illegible]三井寺[illegible]文書到来
廿五日、丁酉、晴、無殊事
廿六日、戊戌、晴、無殊事
今日、[illegible]横行[illegible]人集来〻〻
廿七日、己亥、〻〻、無殊事
東塔衆徒於教〻別[illegible]、[illegible]房之回[illegible]〻〻
[illegible]
今日[illegible]日[illegible]事
廿八日、庚子、〻〻、無殊事
今日、[illegible]
廿九日、辛丑、晴、無殊事
今日、[illegible]下[illegible]
下[illegible]之

八月大

一日、壬寅、晴、無殊事
今日[illegible]
[illegible]
二日、癸卯、晴、無殊事
[illegible]
[illegible]
今日[illegible]
[illegible]
[illegible]

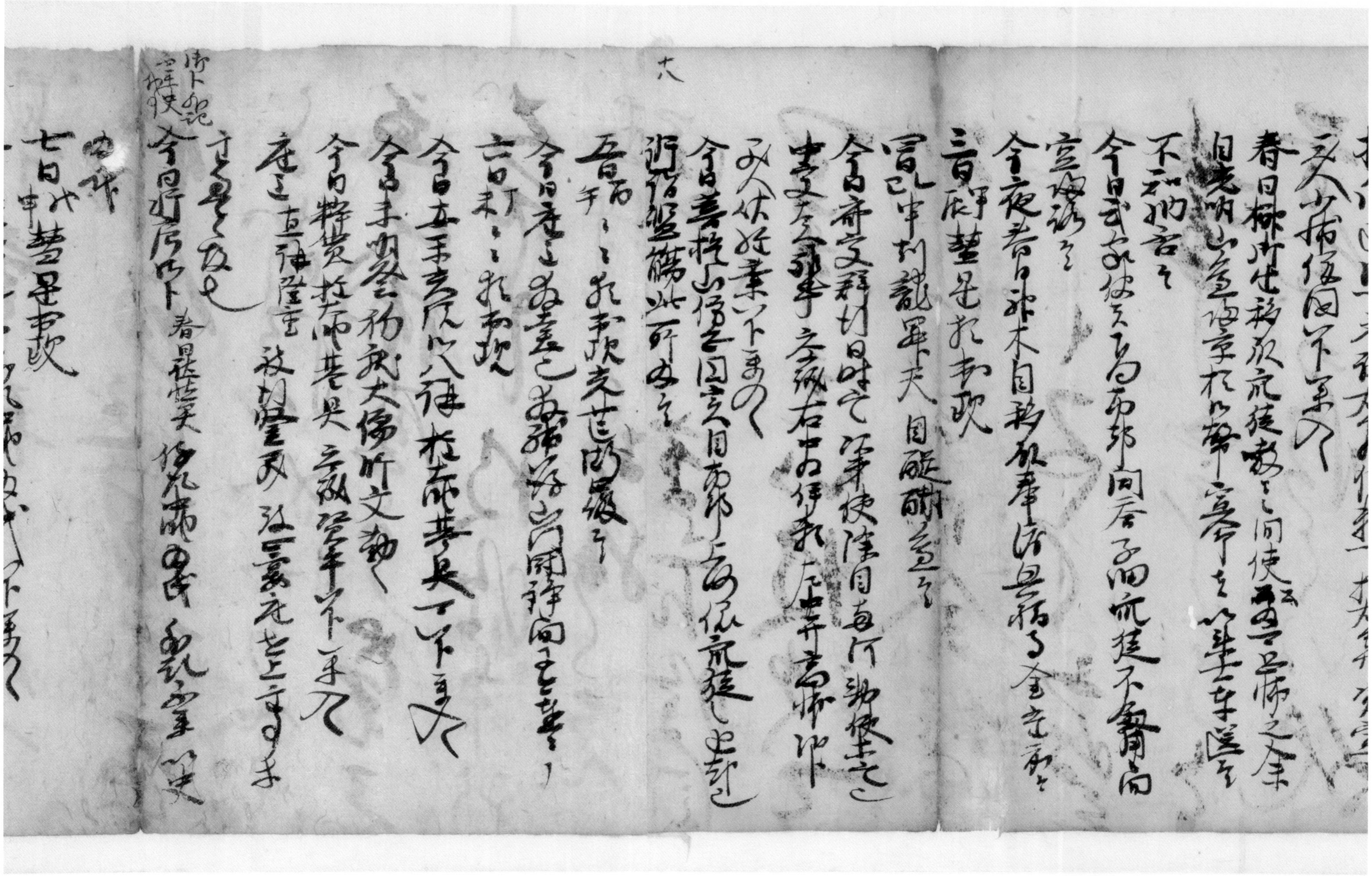

七日戊申 彗星出歟
今日出見来 仍出現也、以下准之
八日己酉 三々出歟
九日庚戌 三々出歟
今日外記文殿御下 前云郷守 出来於之降頭 年齢
仲秋御下 御覧申十五年号文後者也
以内文殿御下之下日前云々入大外記業
今日上皇依彗星御祈仁寅之刻被始行
於山陵 成菩提院 法住寺 大原 安楽寿院 金原 自今日七ヶ日被行之
右大弁面孔以下参入 中納言左少弁 奉行
十日辛亥 彗星如見之 其光甚盛
今夜大津国中之者云々降頭 云秋右少弁 奉行
云々入大外記業未参来也

十九

十一日壬子 彗星出歟
今日出一丈許 其形如筆 非常下降 出空三丈許 其光芒
改謝中々 中之程大之降頭 以下准之
今日大文殿新造所 御祈事 仍被行之 院御使
御厨事 定之 云御国改元歟
今夜天列国 同様長出上東来 其後出路
大文大夫史子氏宅
十二日癸丑 彗星如見之 其光芒 漸減
十三日甲寅 三々出見
十四日乙卯 三々出現
十五日丙辰 彗星云 於大内其後 云成資平以下参之

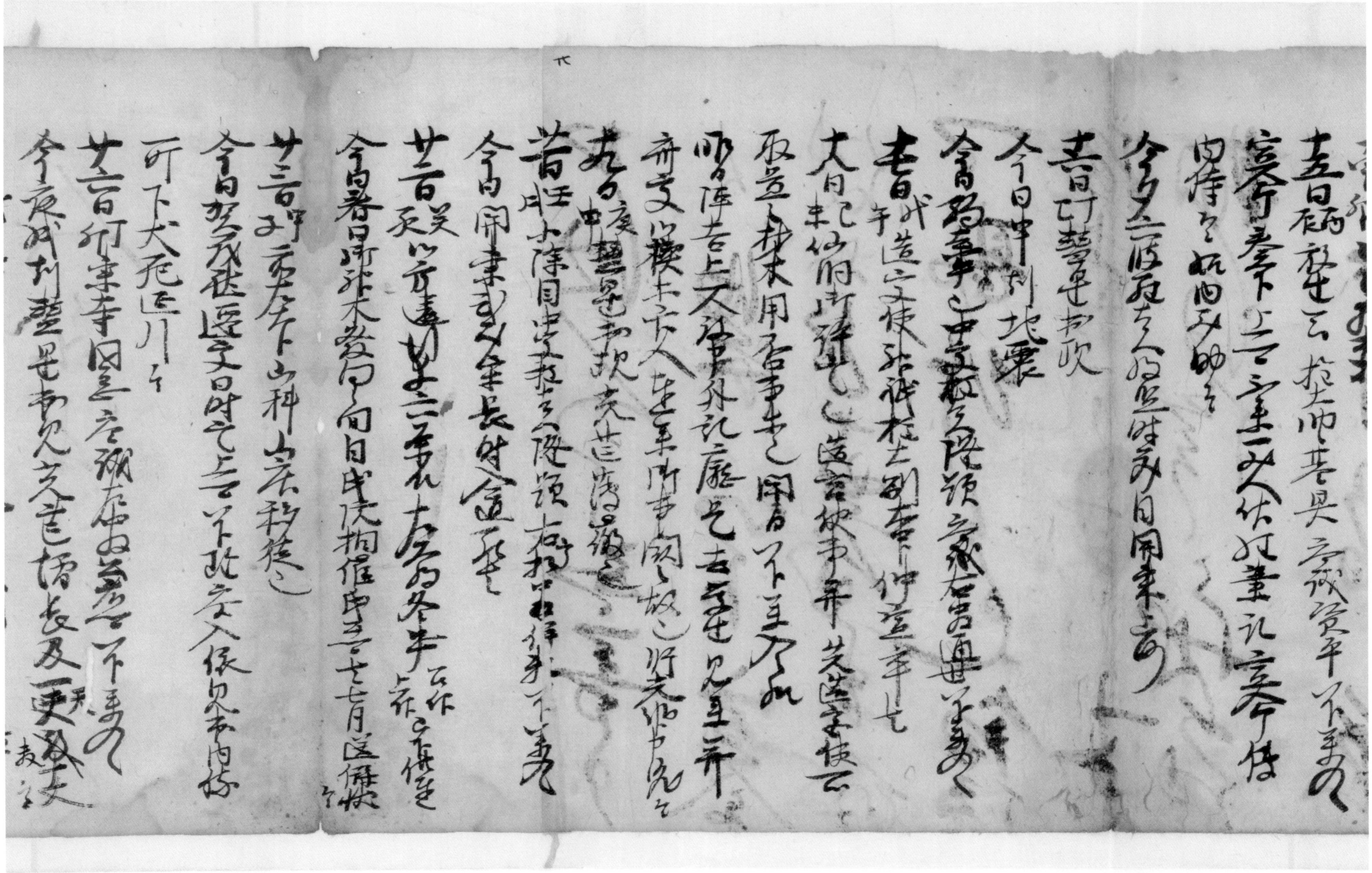

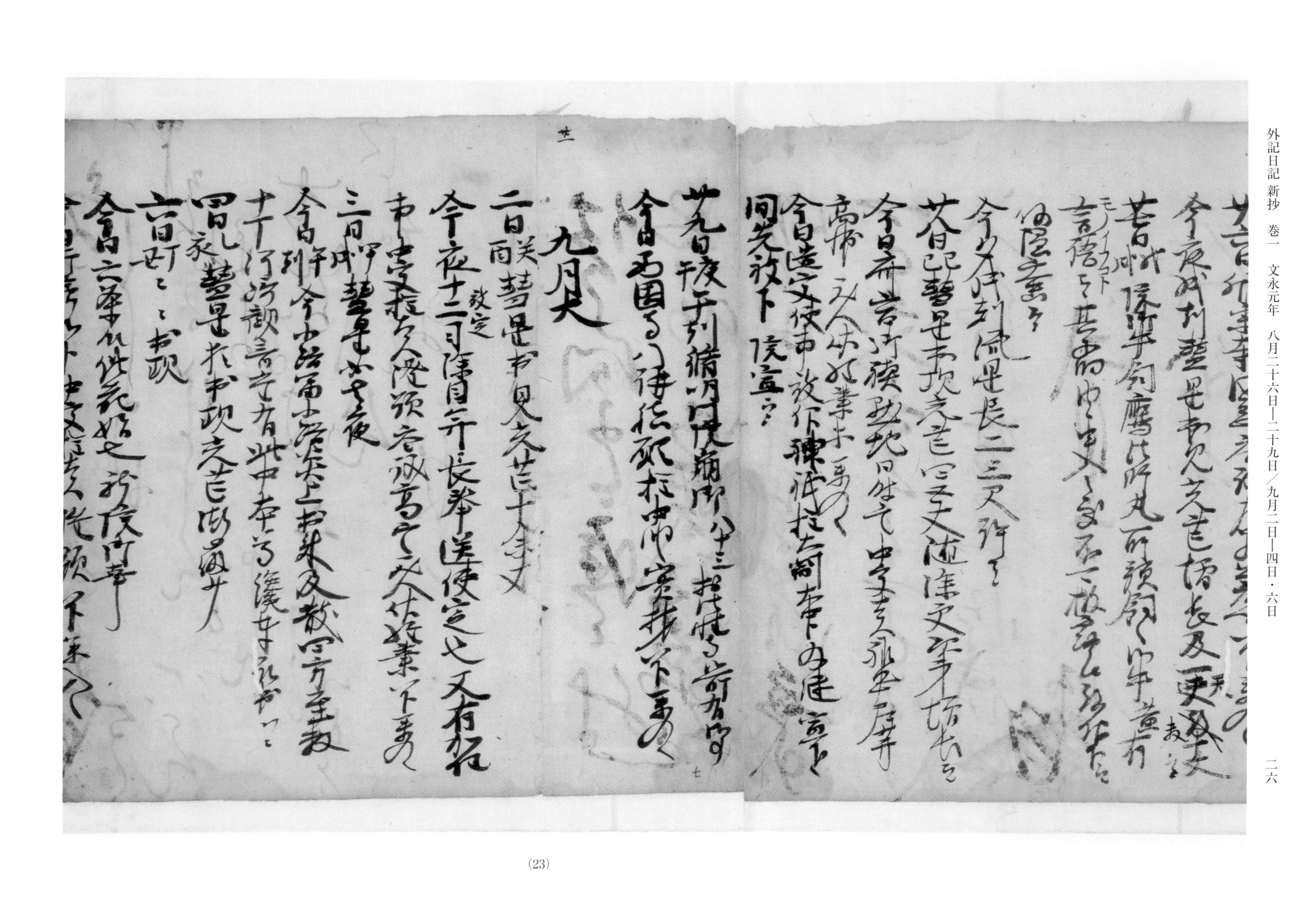

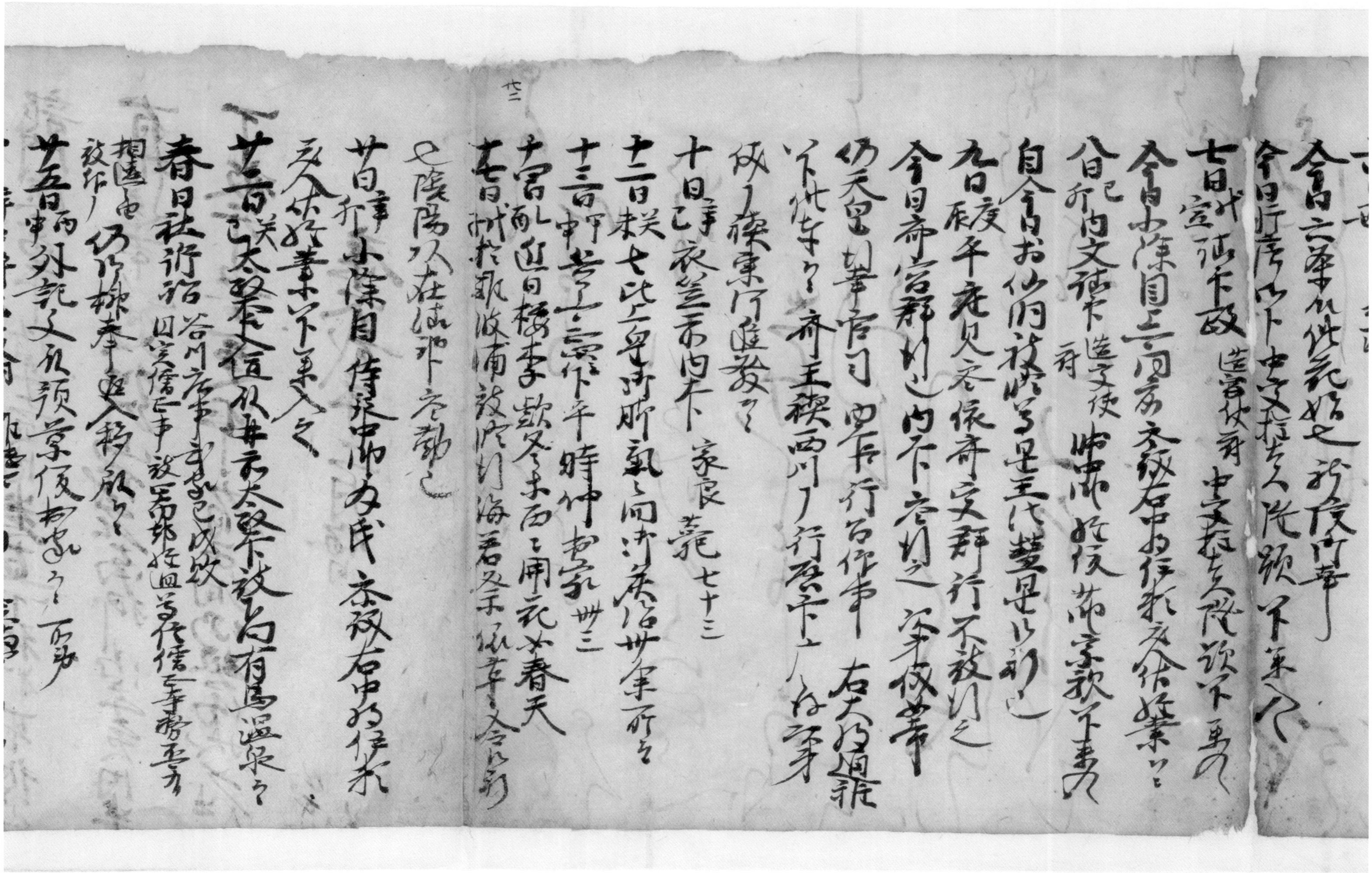

廿五日丙申 外記文殿預草仮於宅云々 不予

卅日辛丑 中将飛鳥井雅邦 子 雅経 三品雅有 子 宮内卿 赴向西山

勝月入室於家云々

十月大

一日壬寅 定年見参 執筆内大臣 中宮大夫参入降殿云々

巳下略之

二日癸卯 小除目并僧任除目 執筆内大臣 参議

右中弁伊教 以右筆承書下略之

次同上言被切流人宣旨 執筆還御中之宣旨

参議右宰相中将伊教 執筆複任下名 太宰 結政請印

三日甲辰 将房卿下 位記請印 御中執筆複任下略之

并職事略之

五日丙午 丑刻大地震 有音

六日丁未 丑刻又地震

七日戊申 申又寅庚地震

廿三

十一日壬子 浄金剛院御八講結願 被行勧賞者中止云々

降殿 参入 蒲俊国下略之

十四日乙卯 暑 飛鳥井七条坊門造之令且被率奥社

伊勢国伊賀仲等作之 被用途三千七百貫 是右方未以新

以参川国一段之用途所進之 以右方庚仲遂進

造進ノ仲喜と嫡子刑ノ蒲仲能し預領云々

飛鳥井所下代之奴人

十五日丙辰 小除目 執筆内大臣 参議右中弁伊教卿

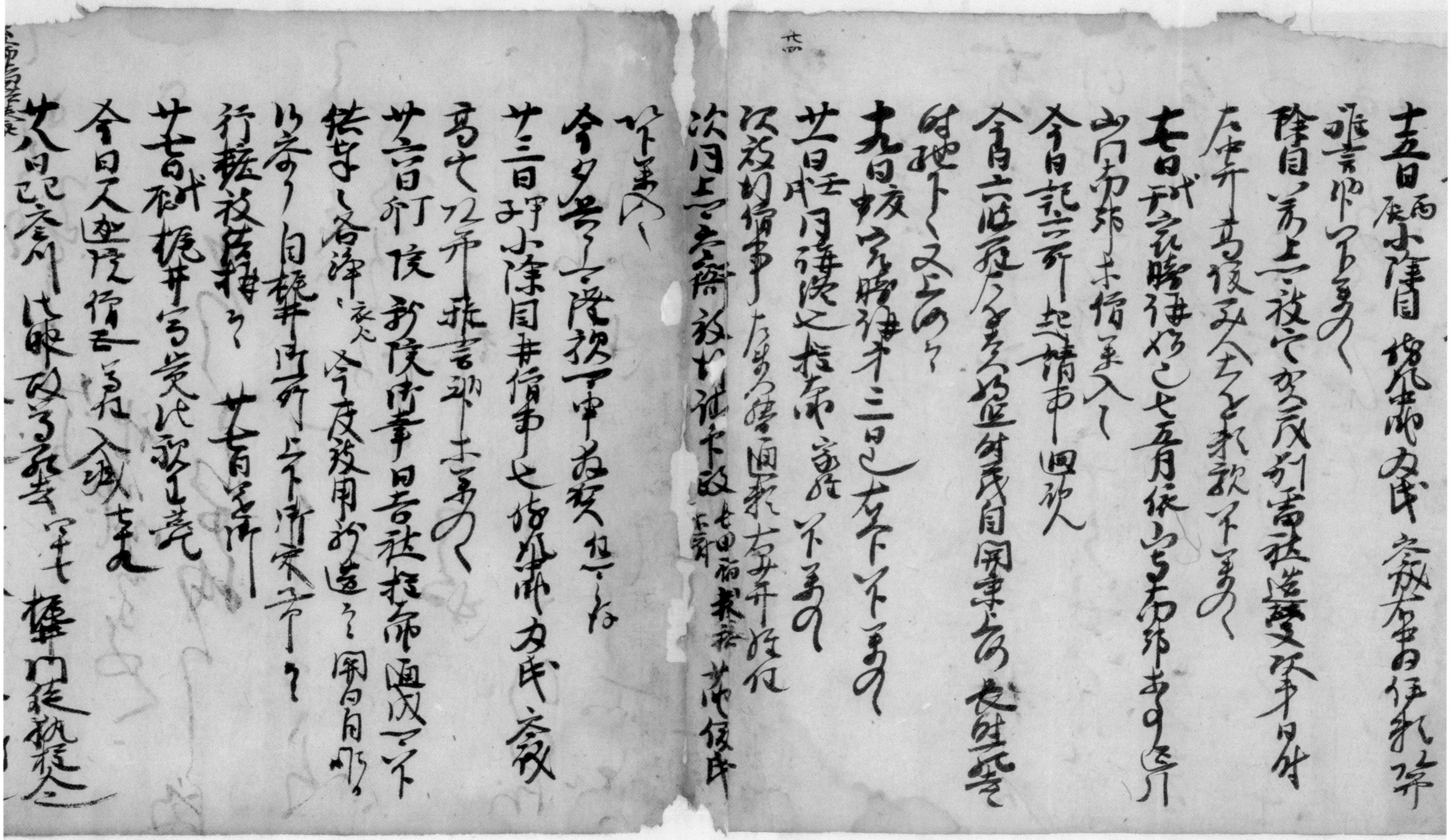

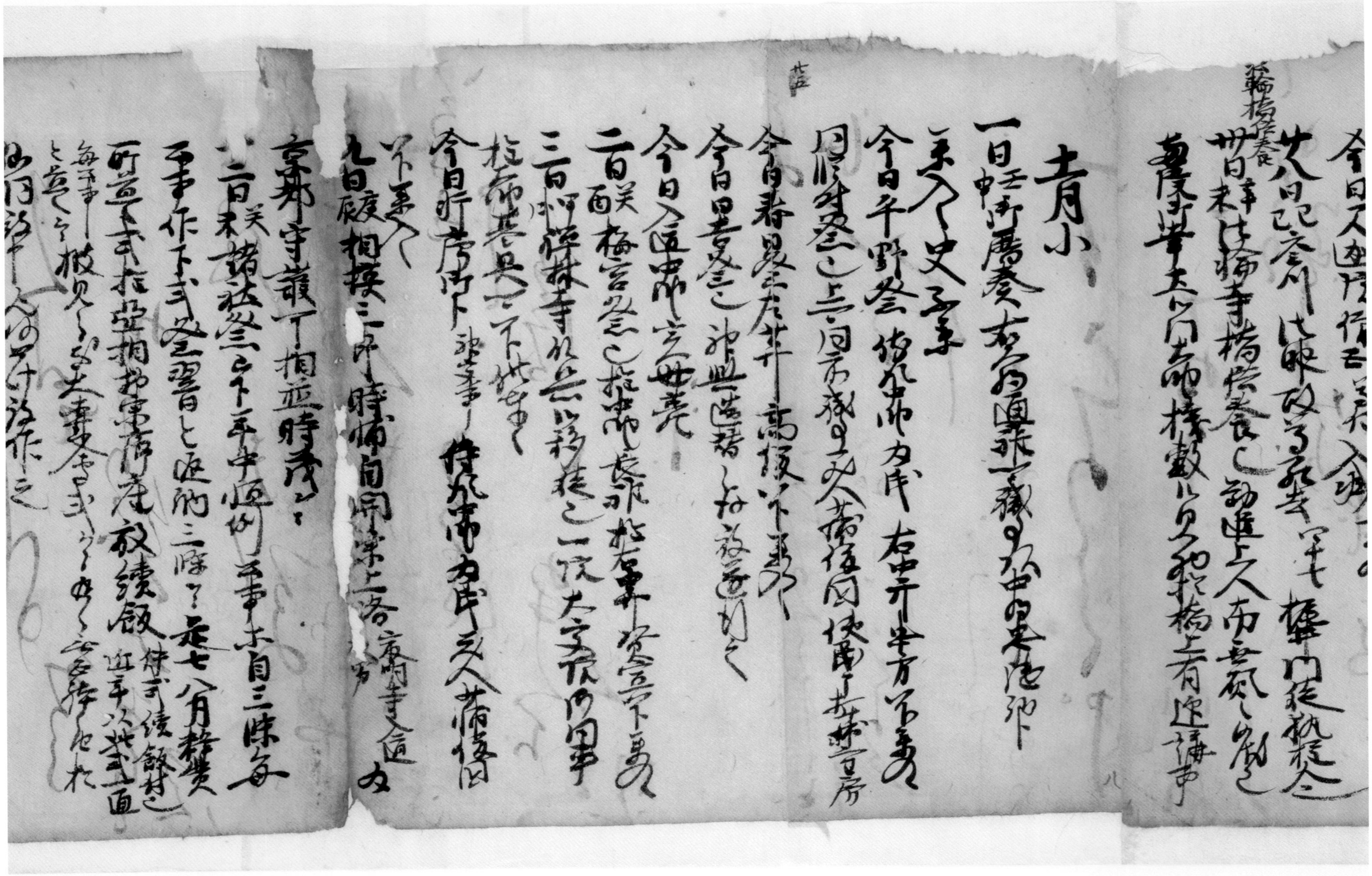

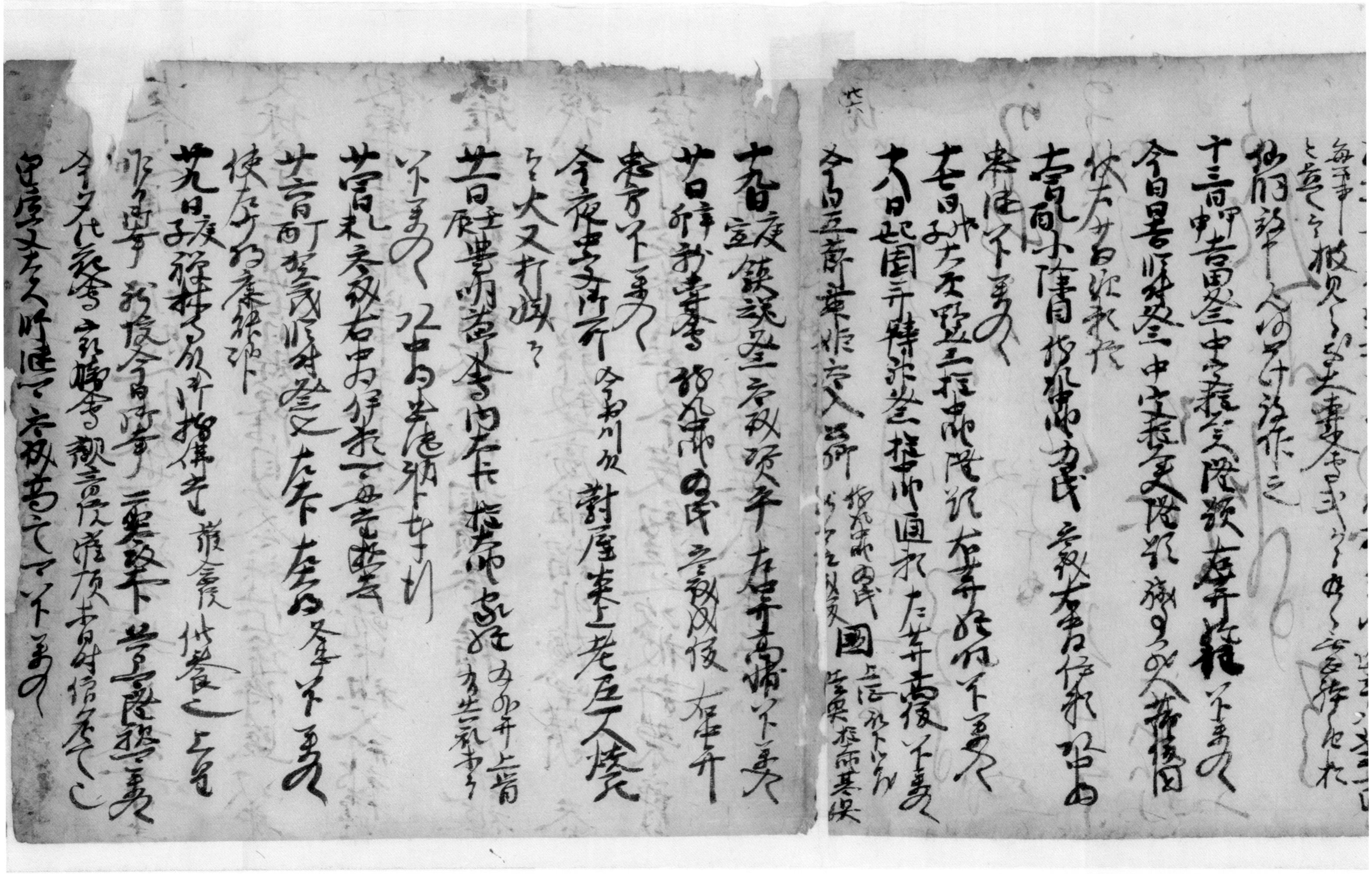

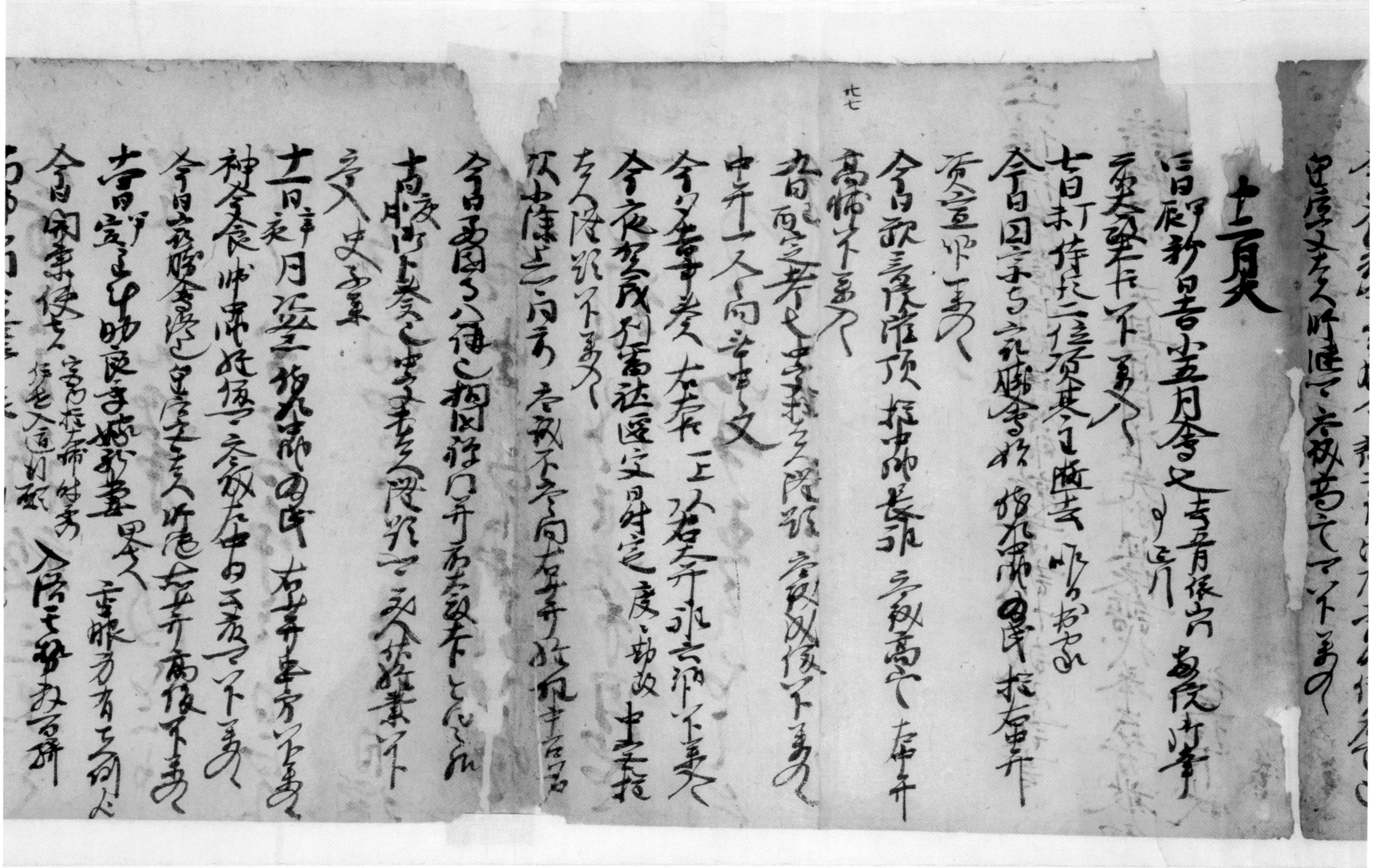

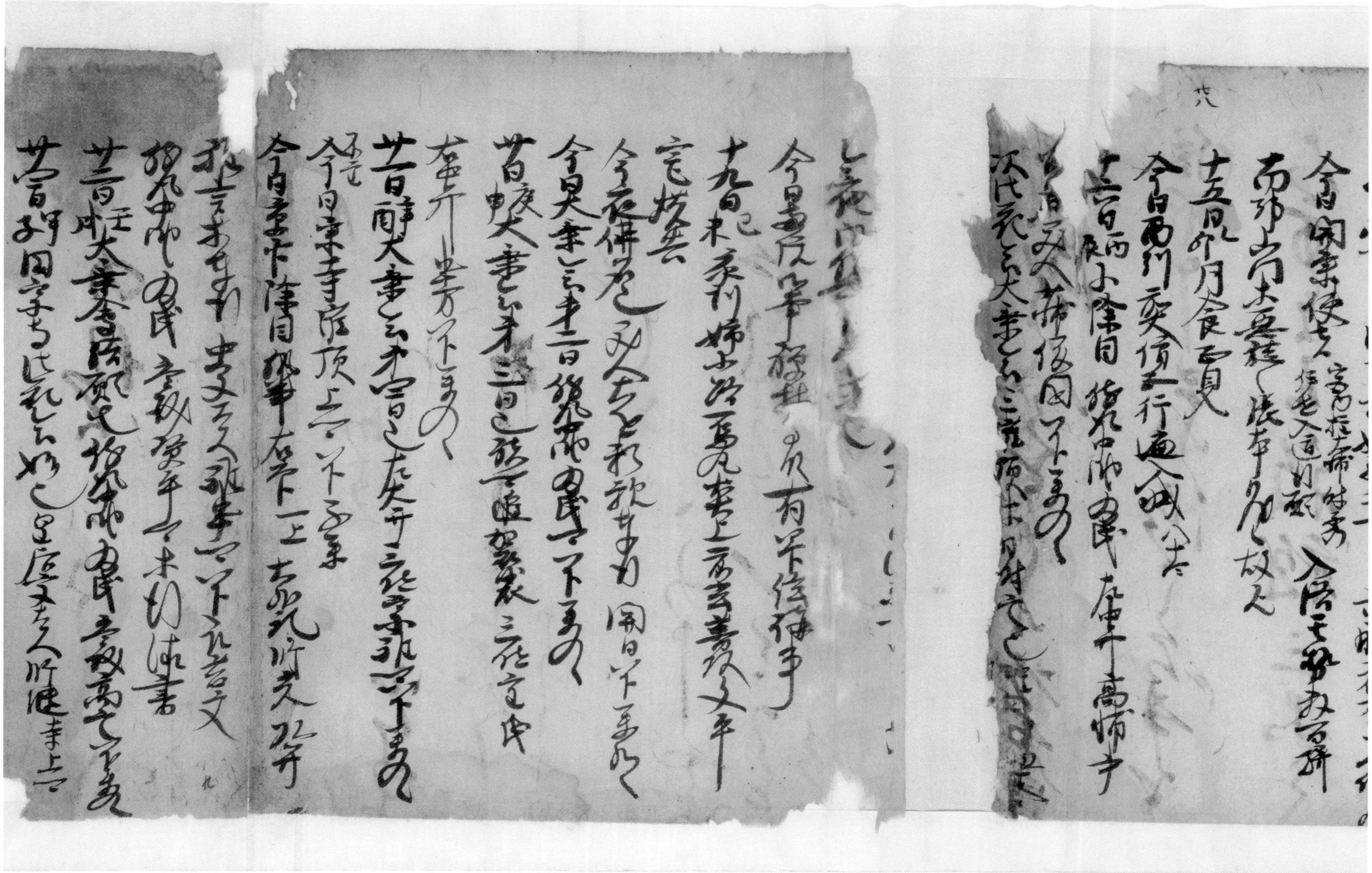

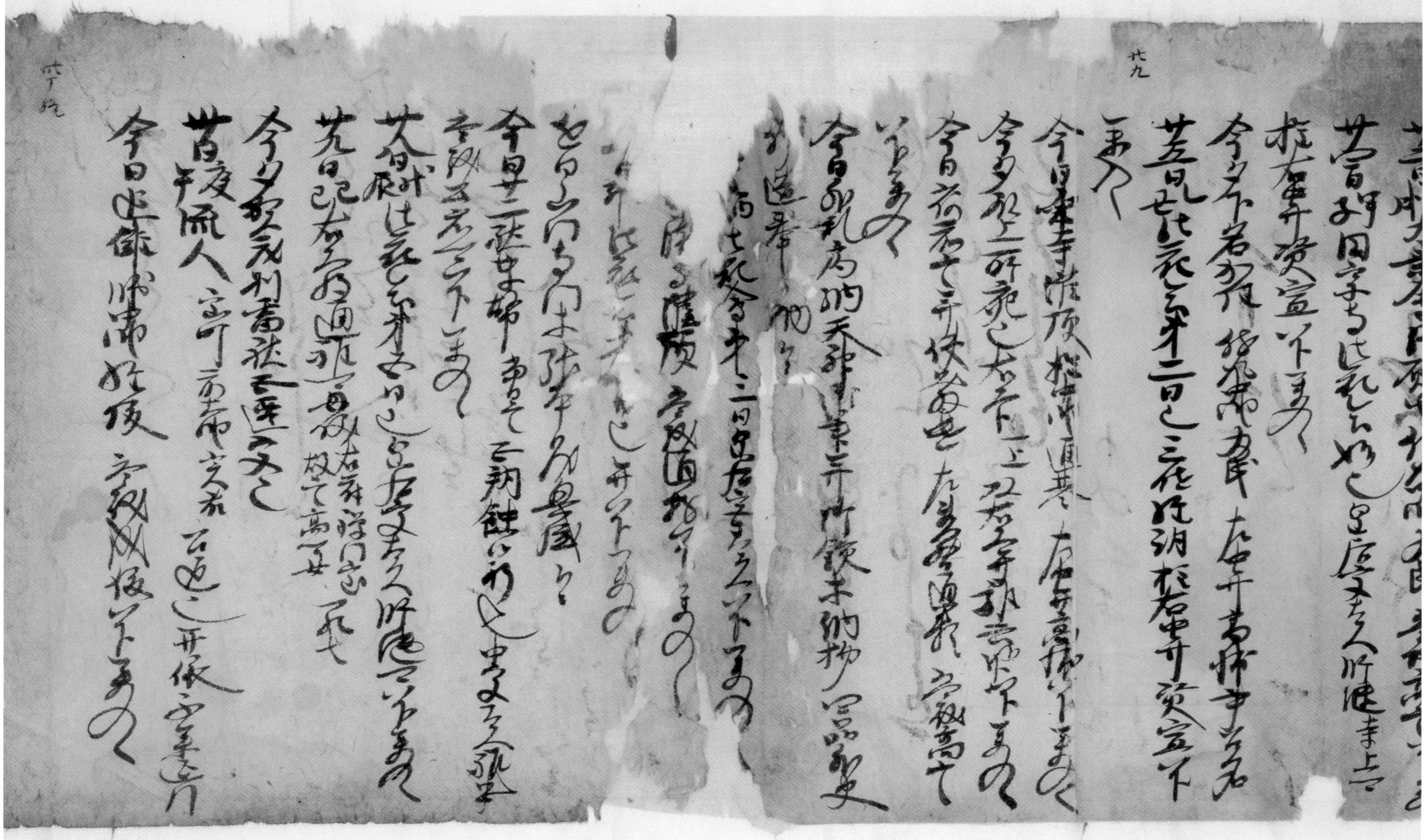

寛永廿一年
七月日

巻一紙背

（31）

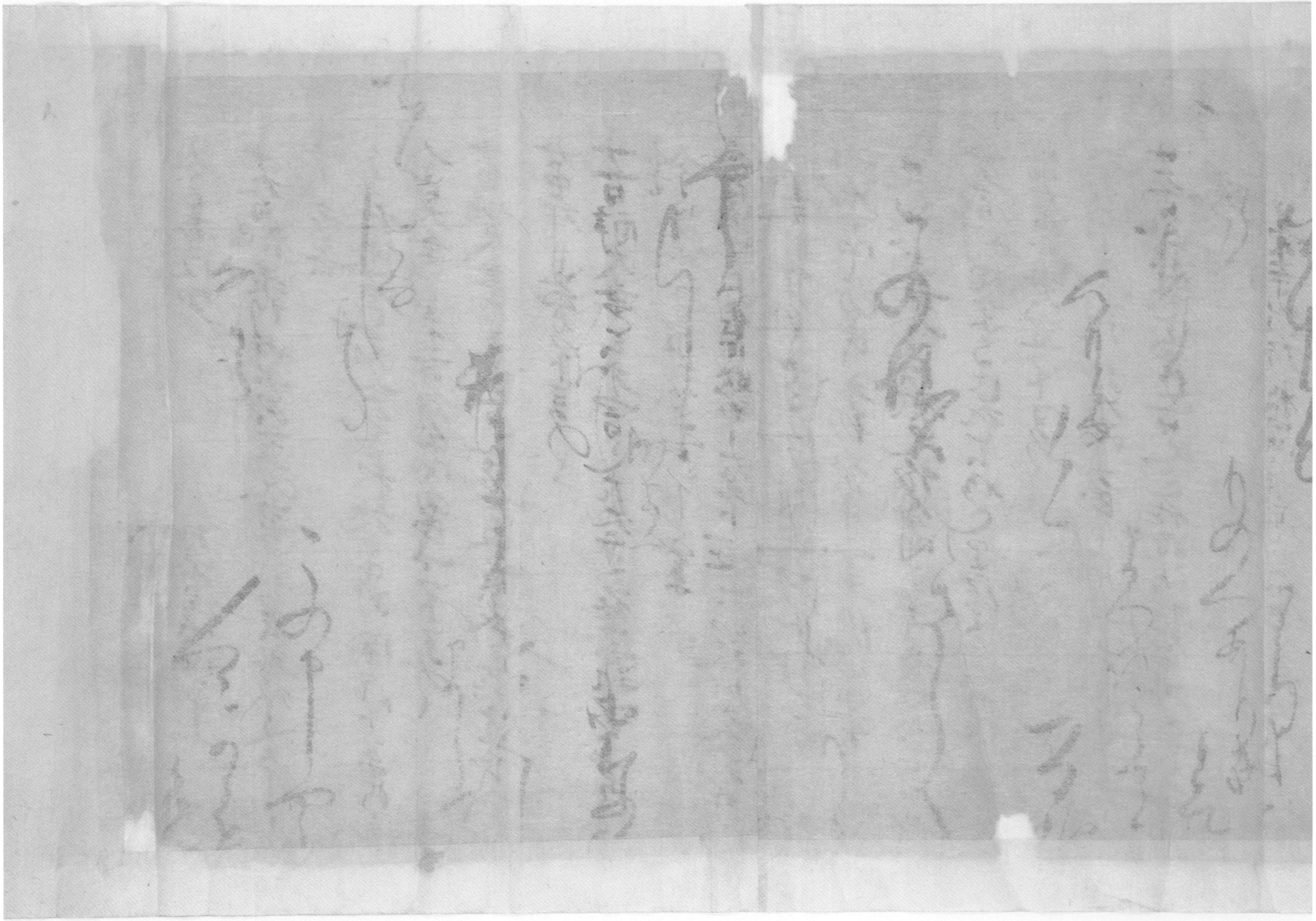

(30)　(31)

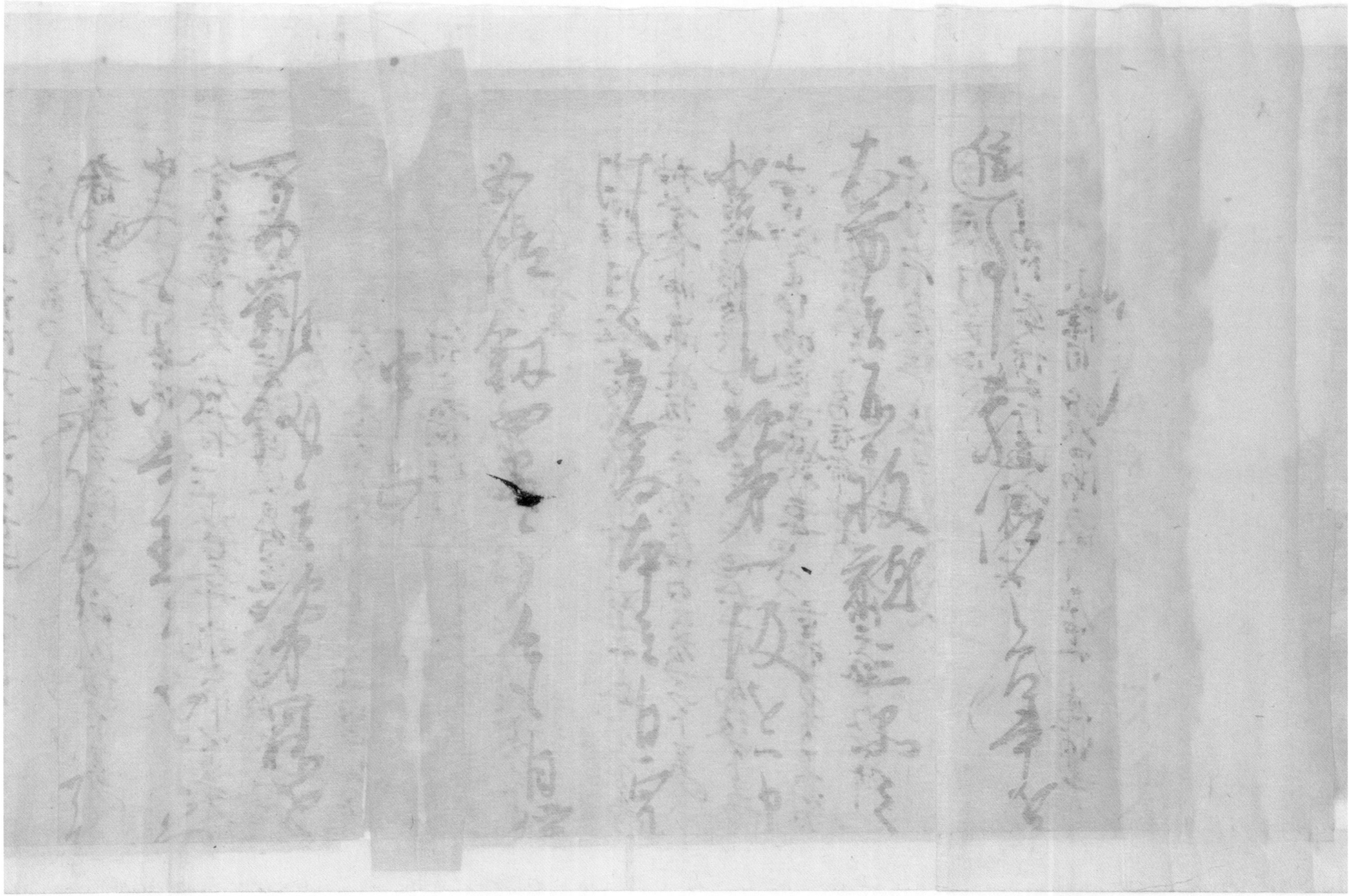

（29）　（30）

(28)　(29)

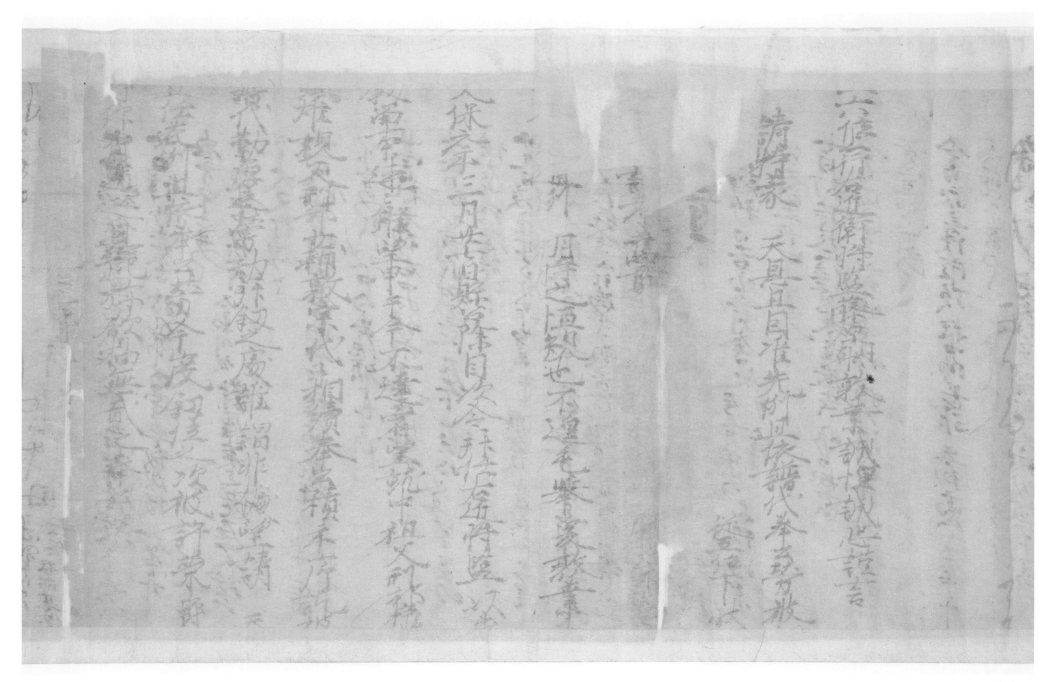

（27）　（28）

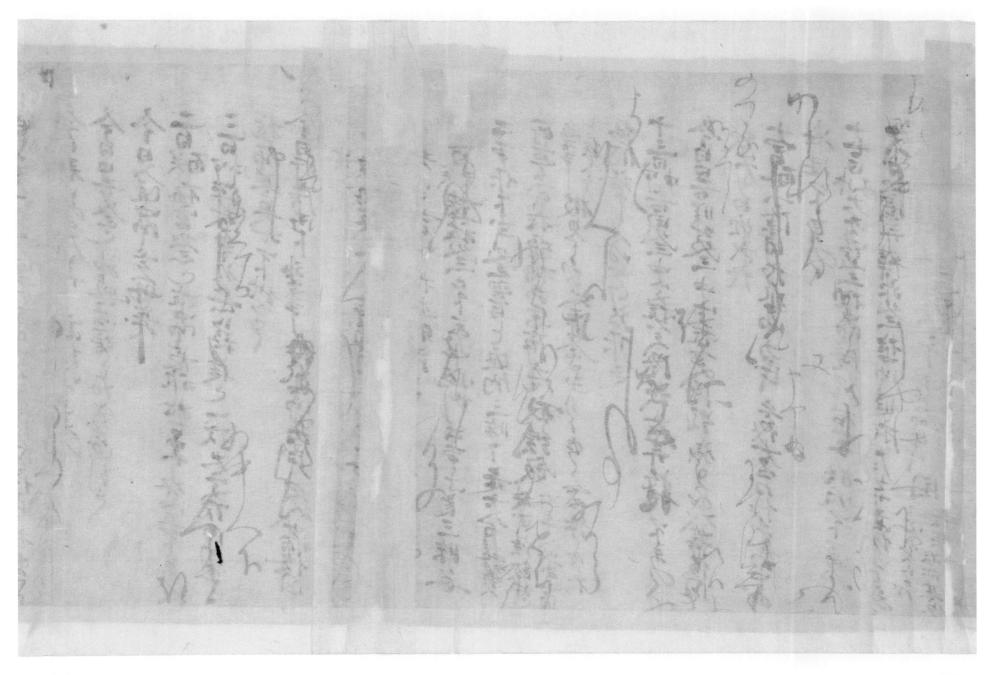

(26)　(27)

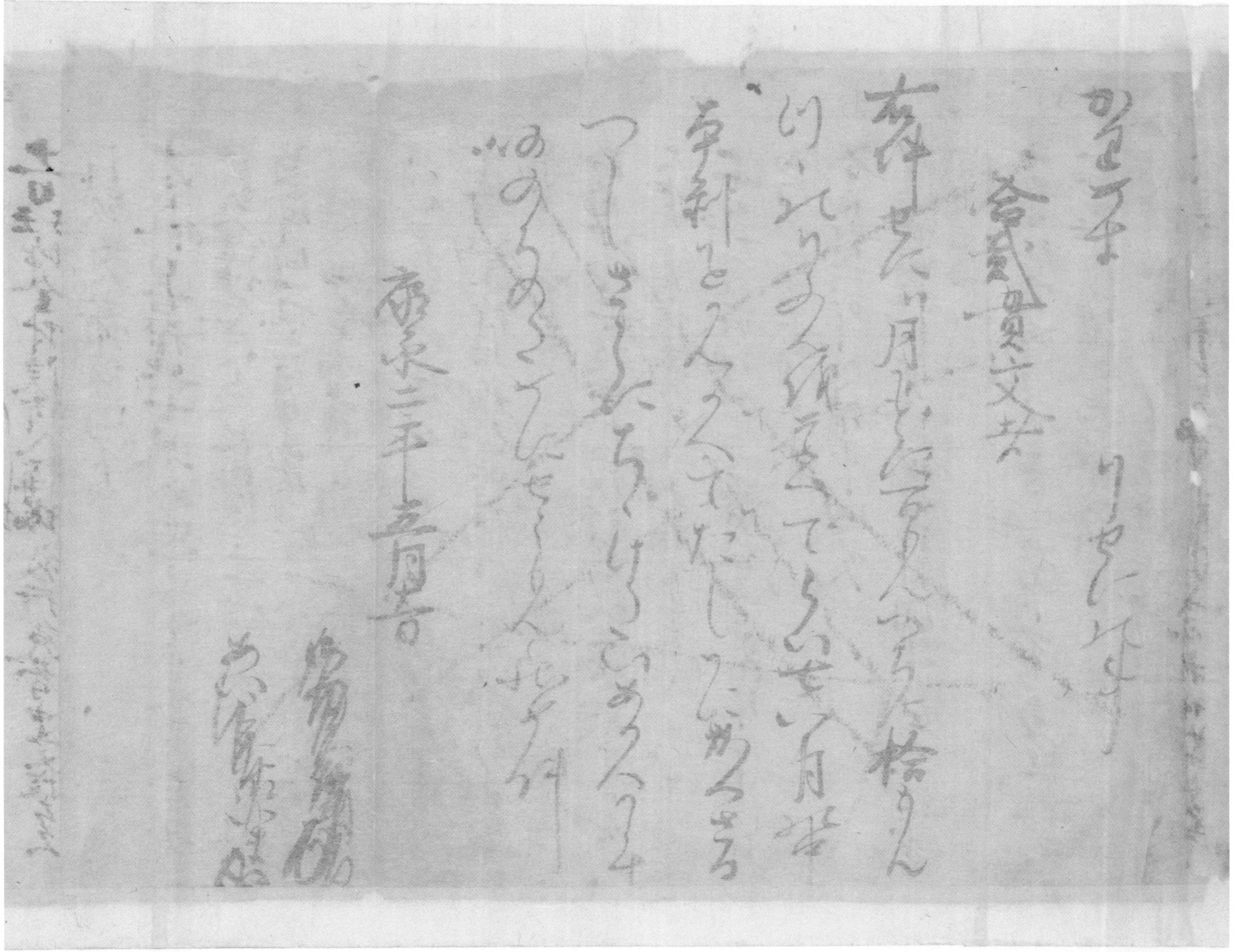

（25）　（26）

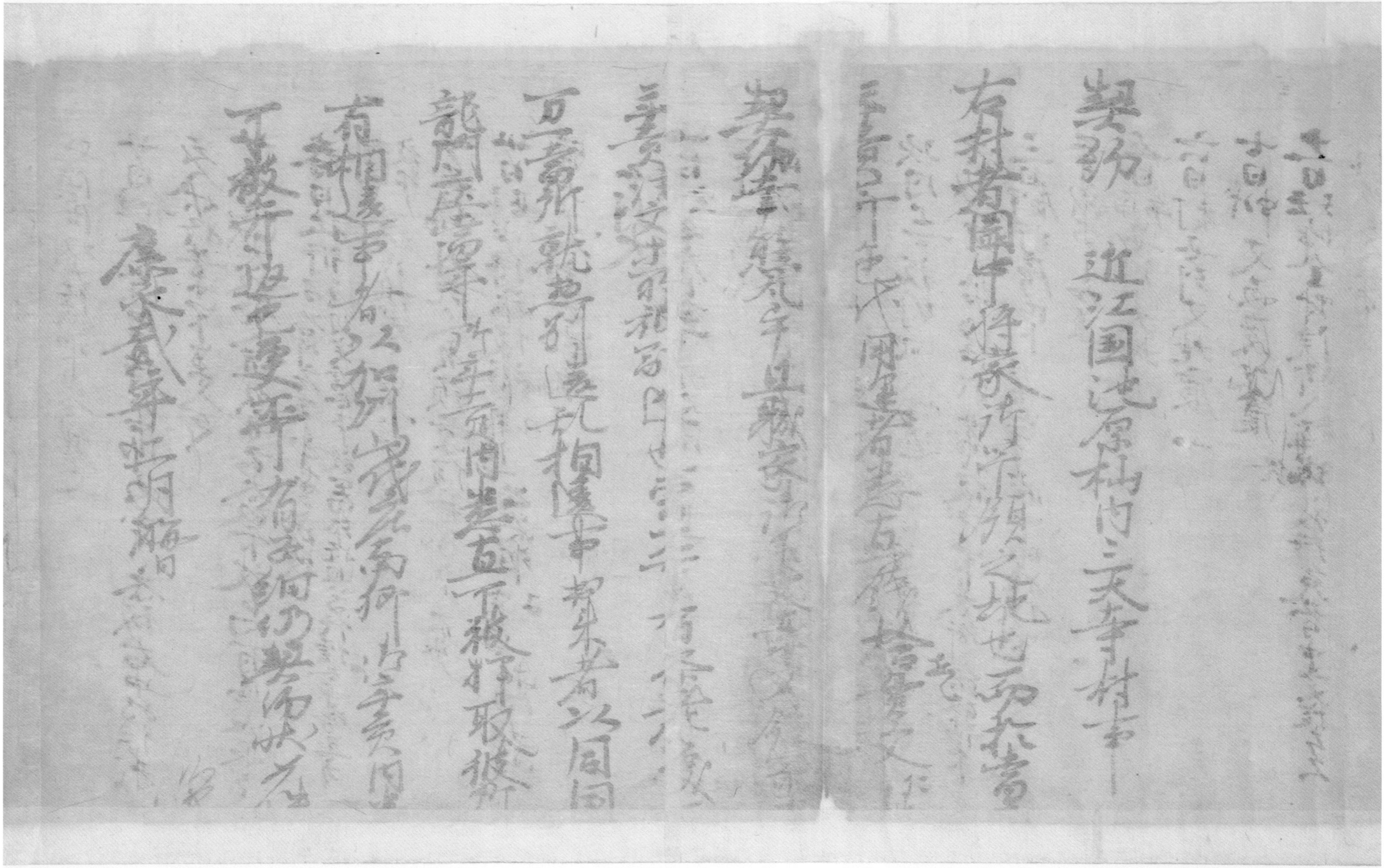

(24)　(25)

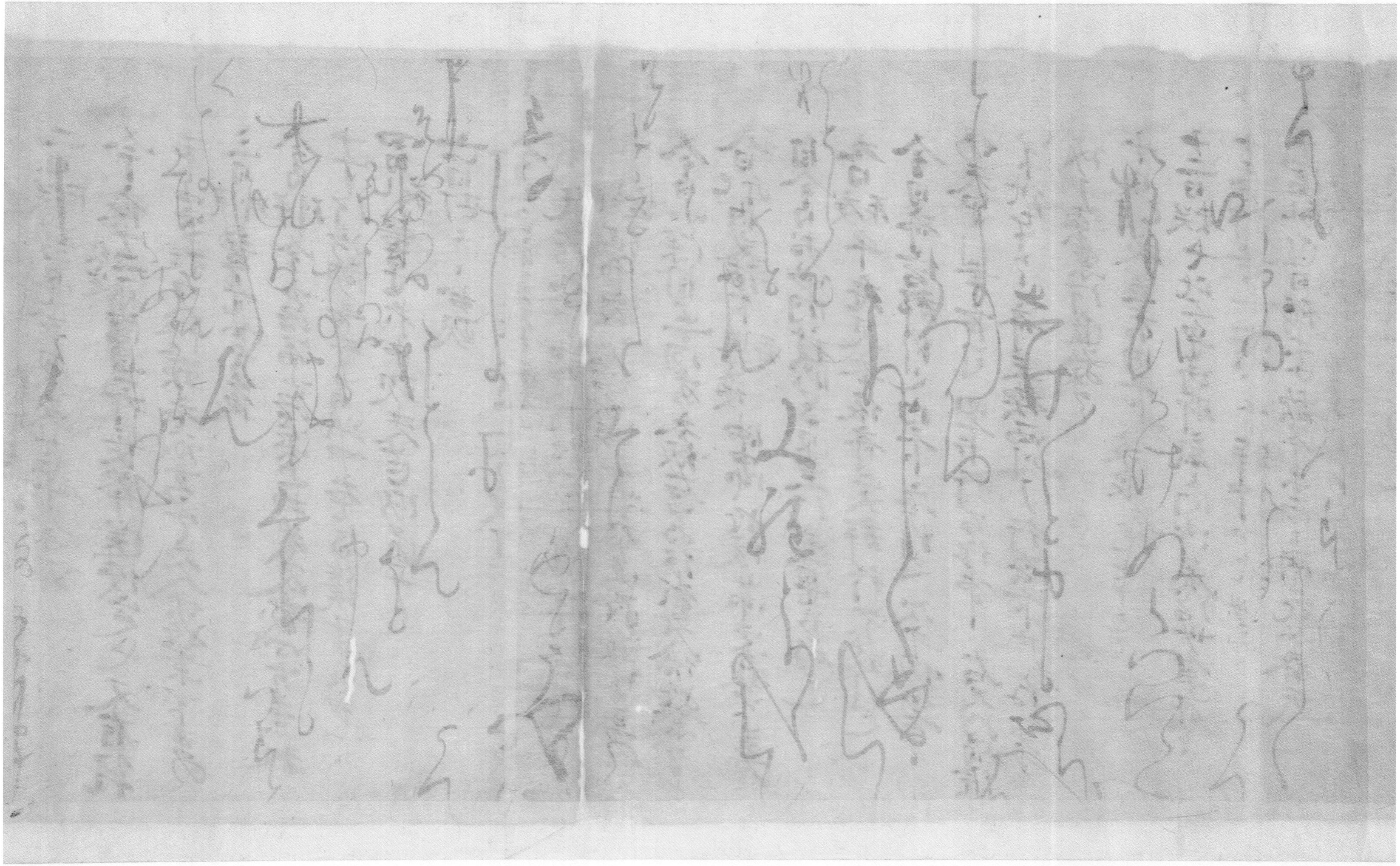

（23）　（24）

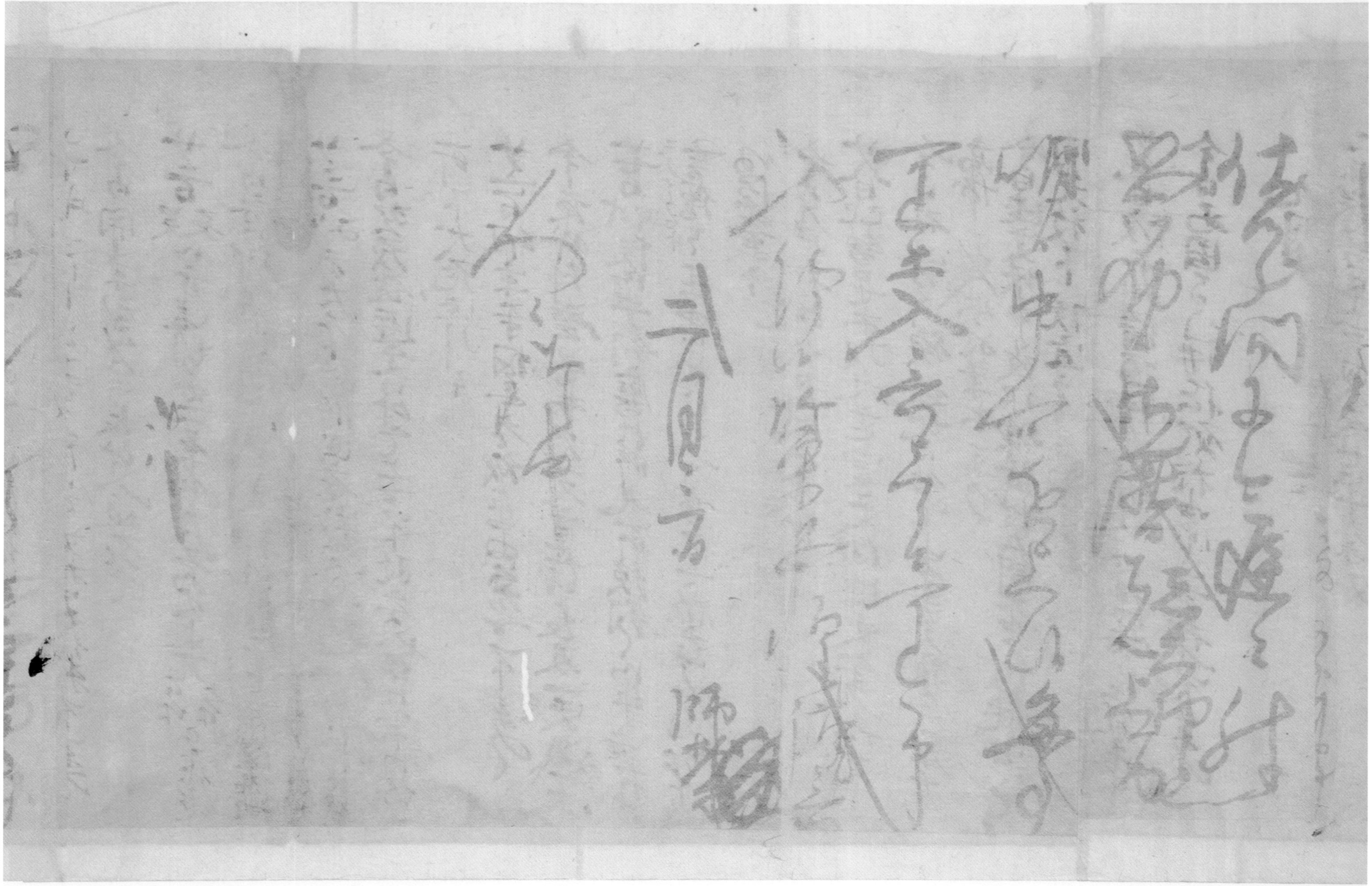

（22）　（23）

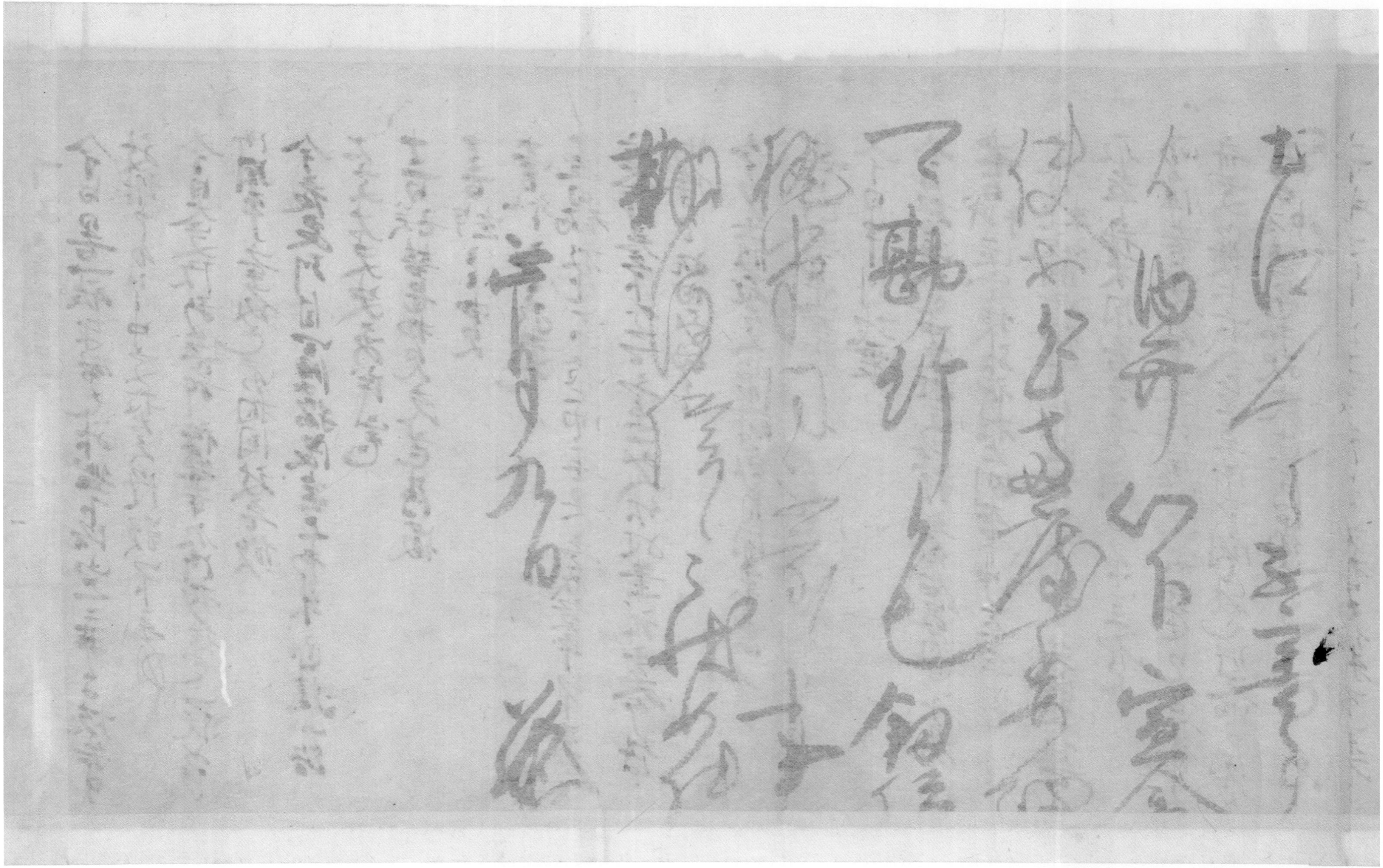

（21）　（22）

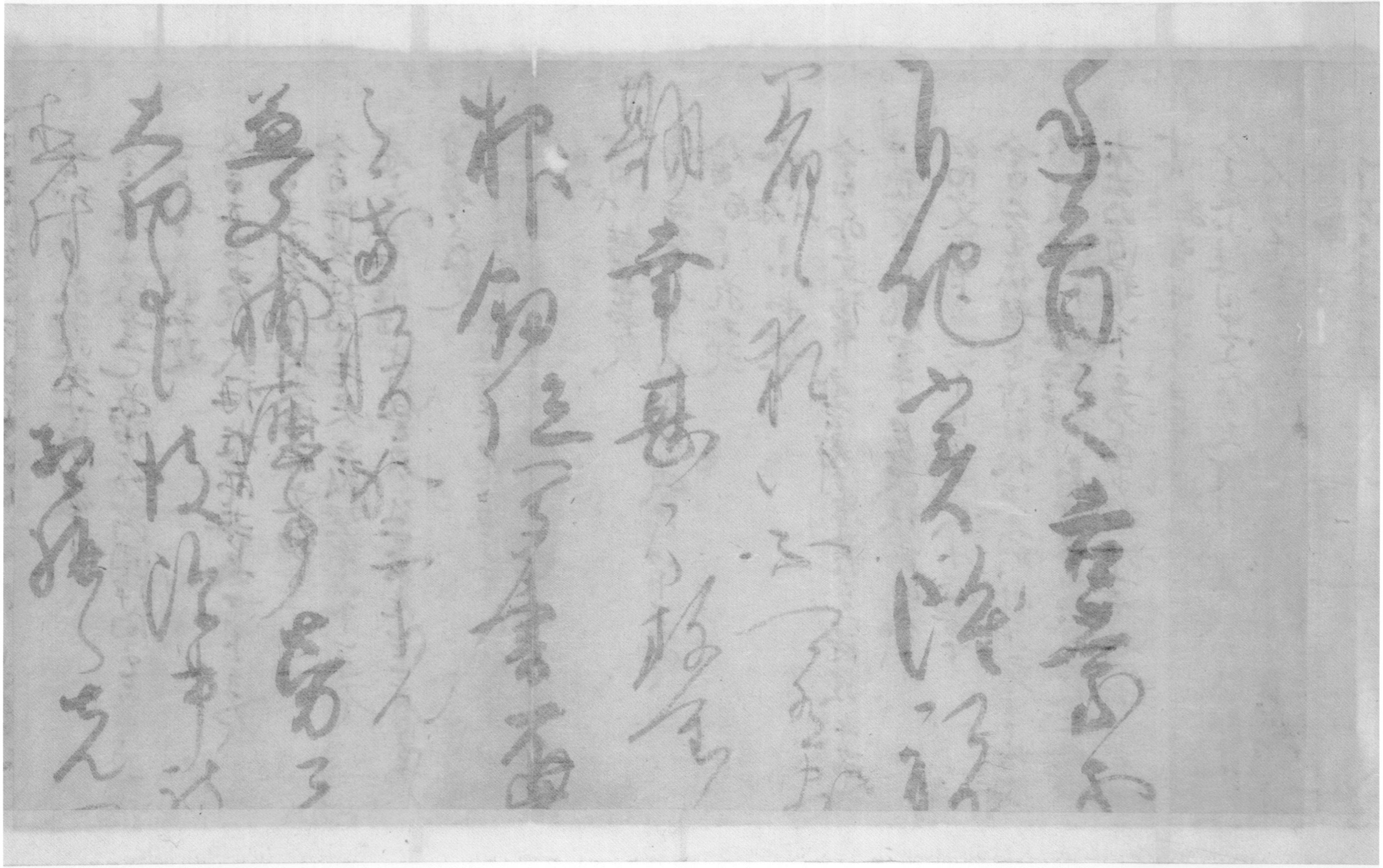

(20)　(21)

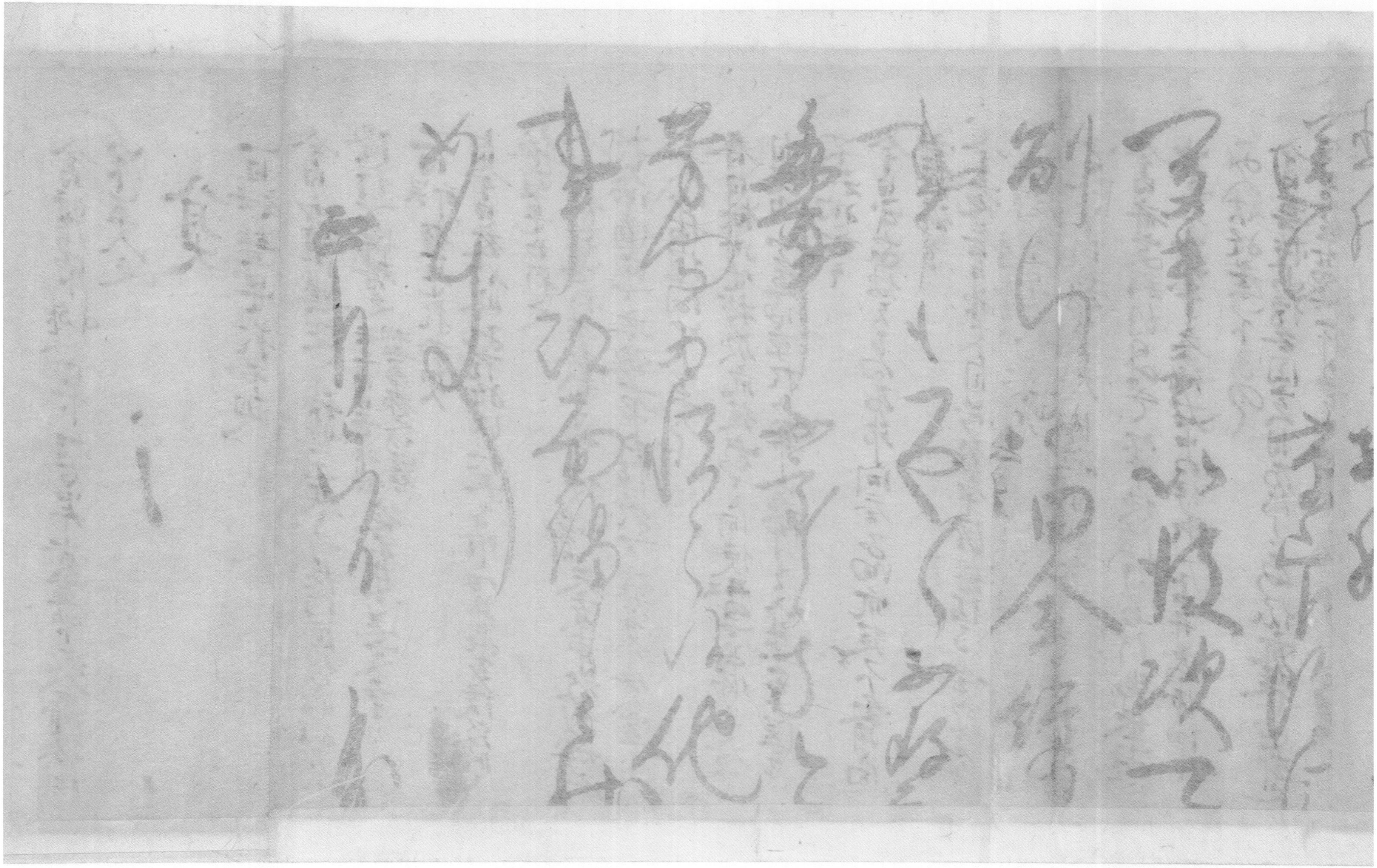

(19)　(20)

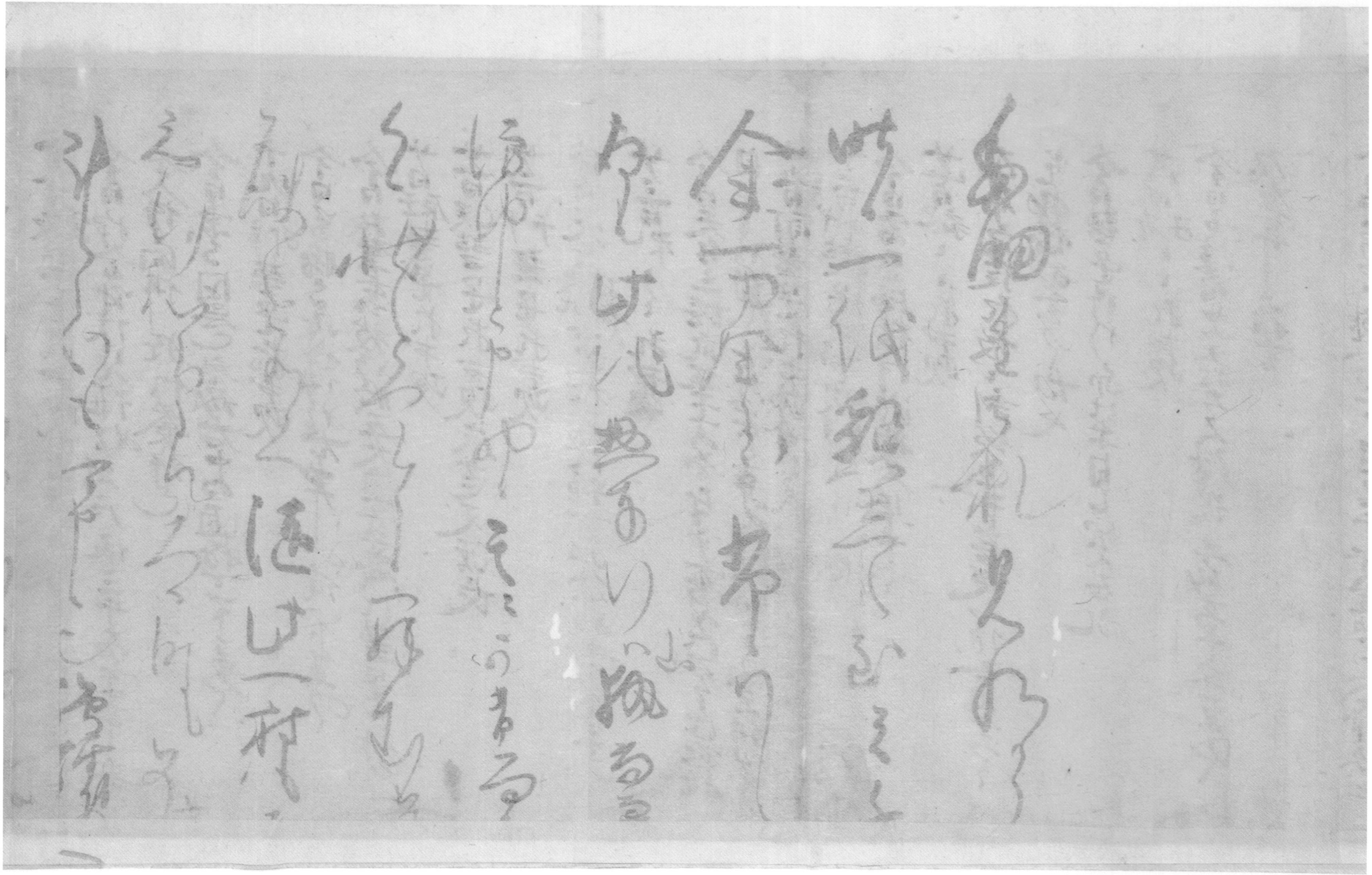

（18）　（19）

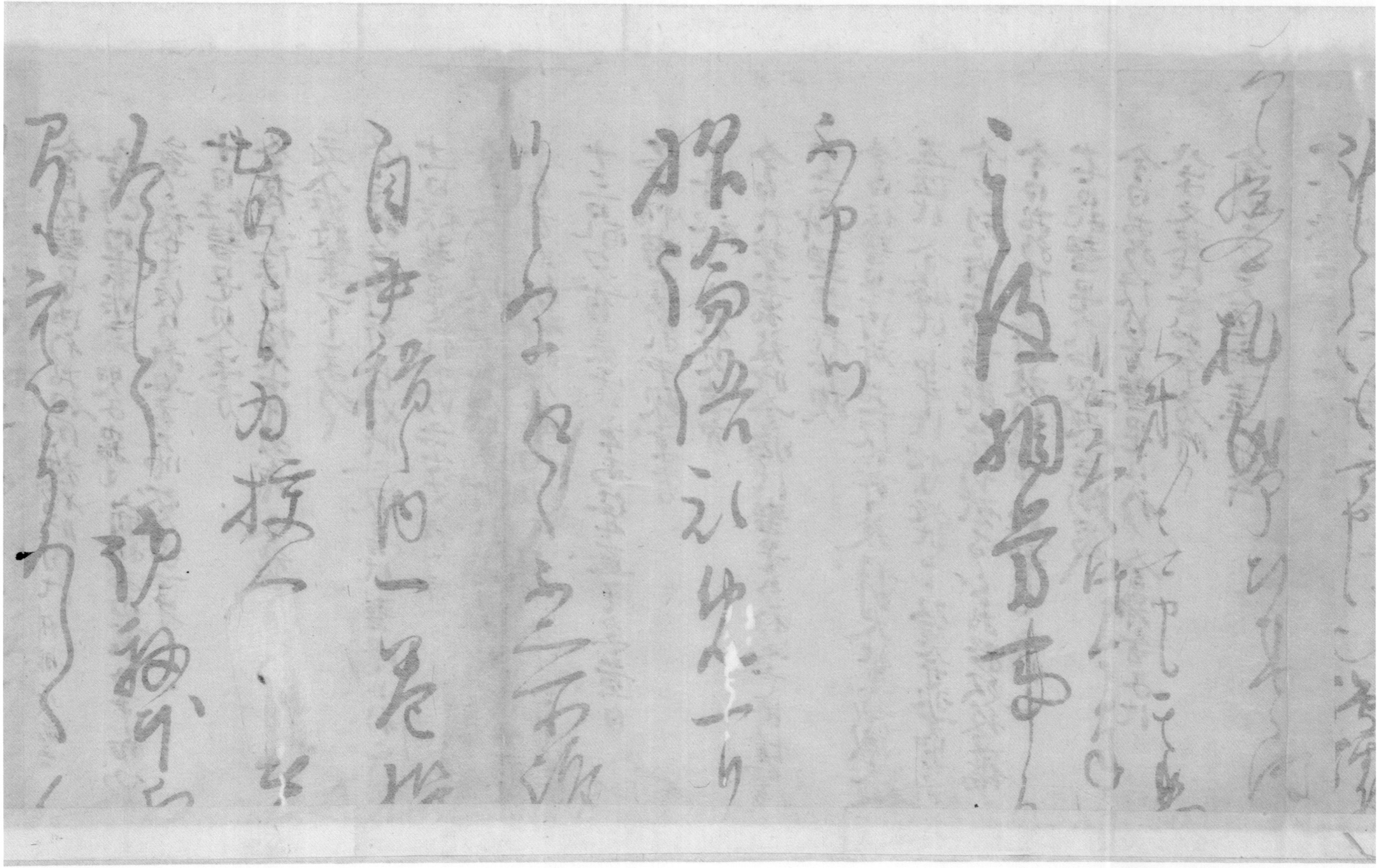

（17）　（18）

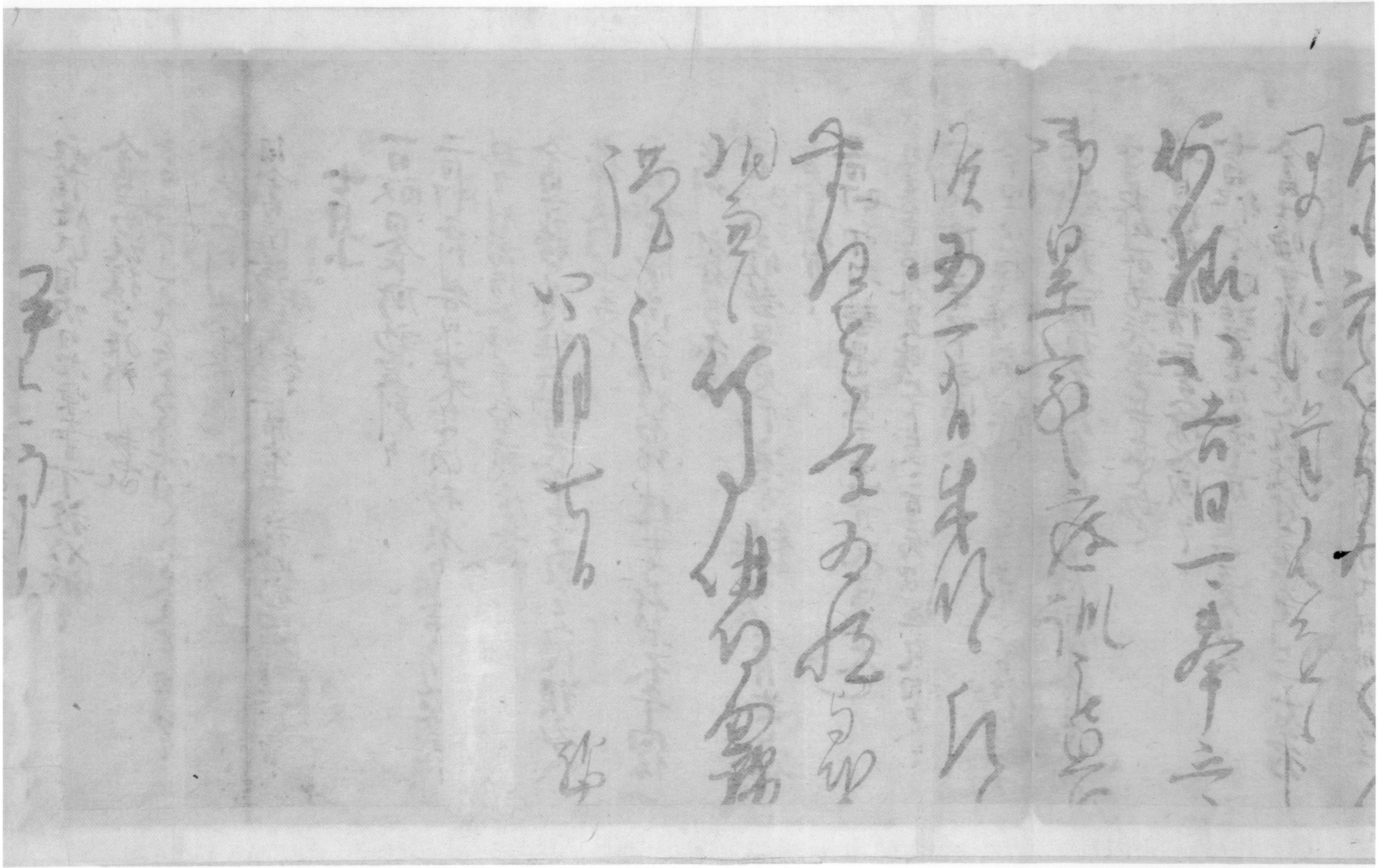

（16）　（17）

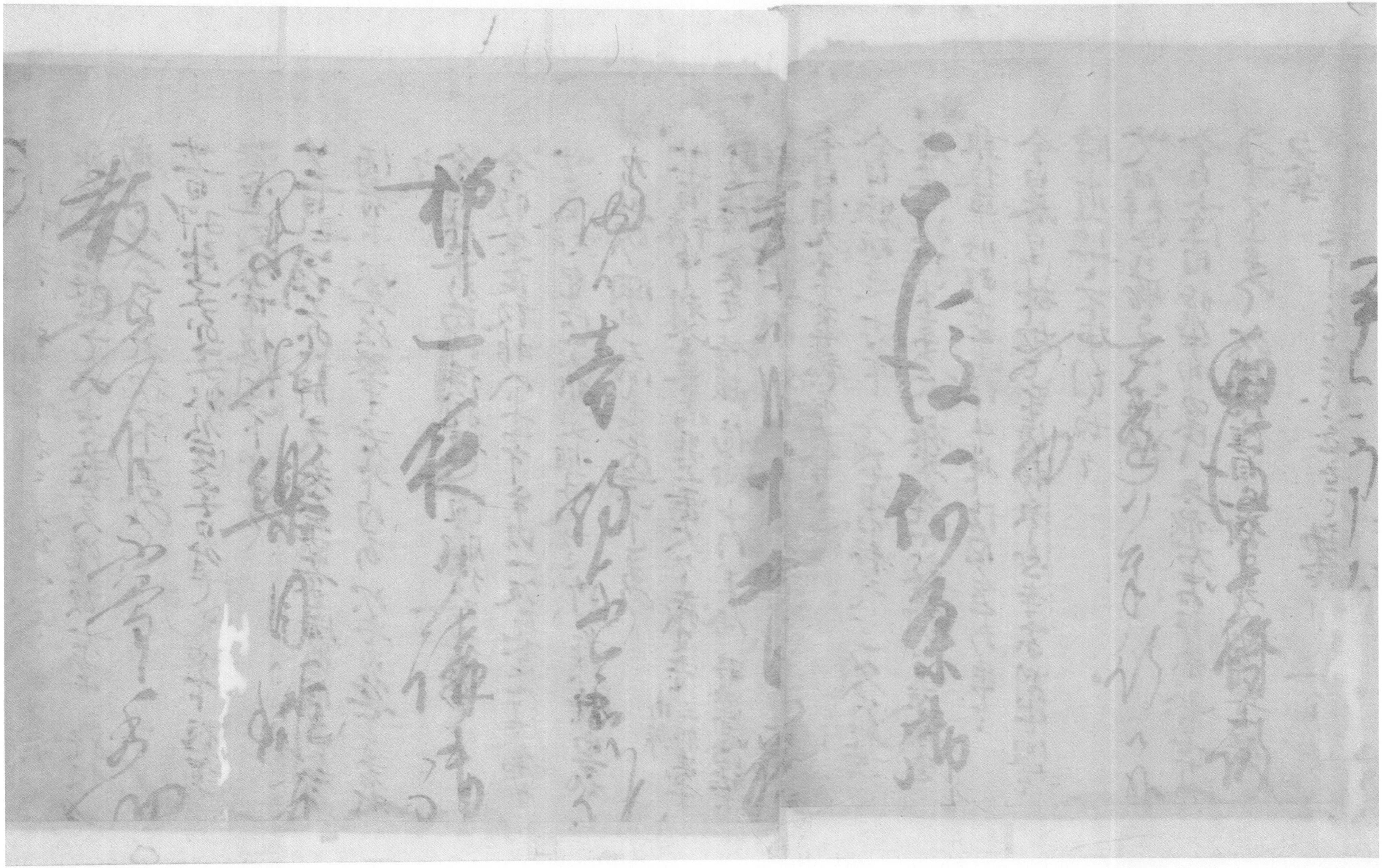

（15） （16）

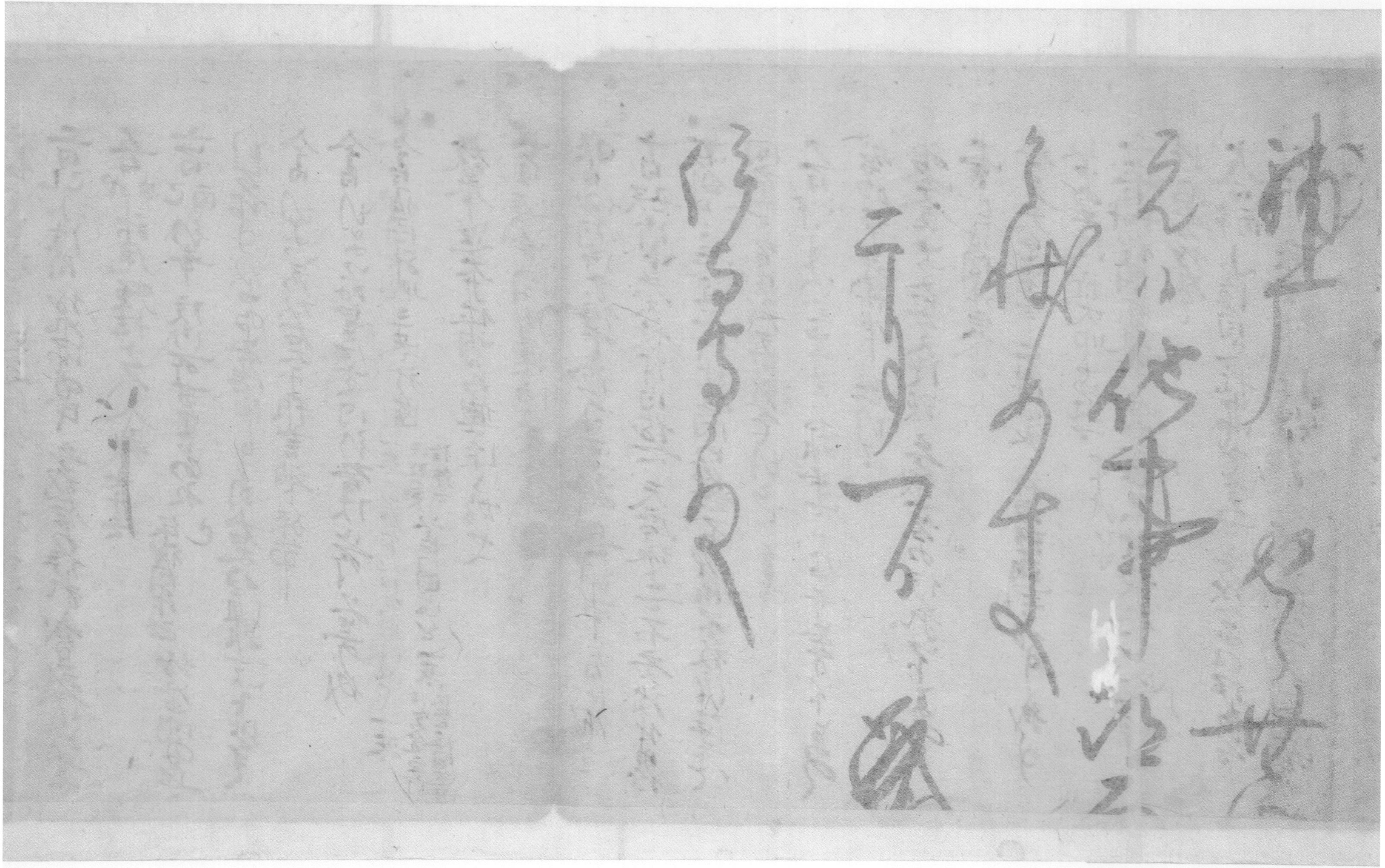

（14）　（15）

(13)　(14)

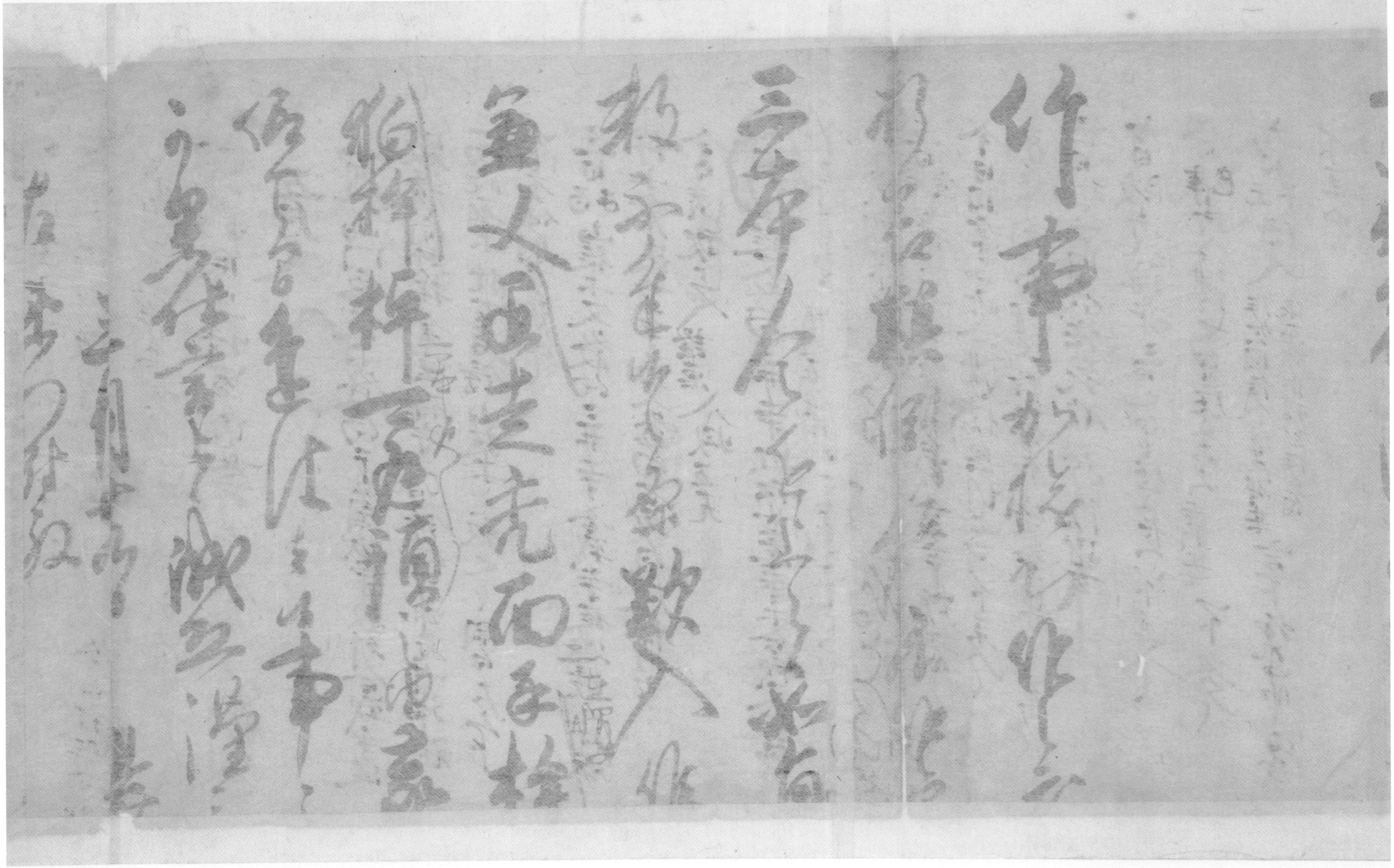

（12）　（13）

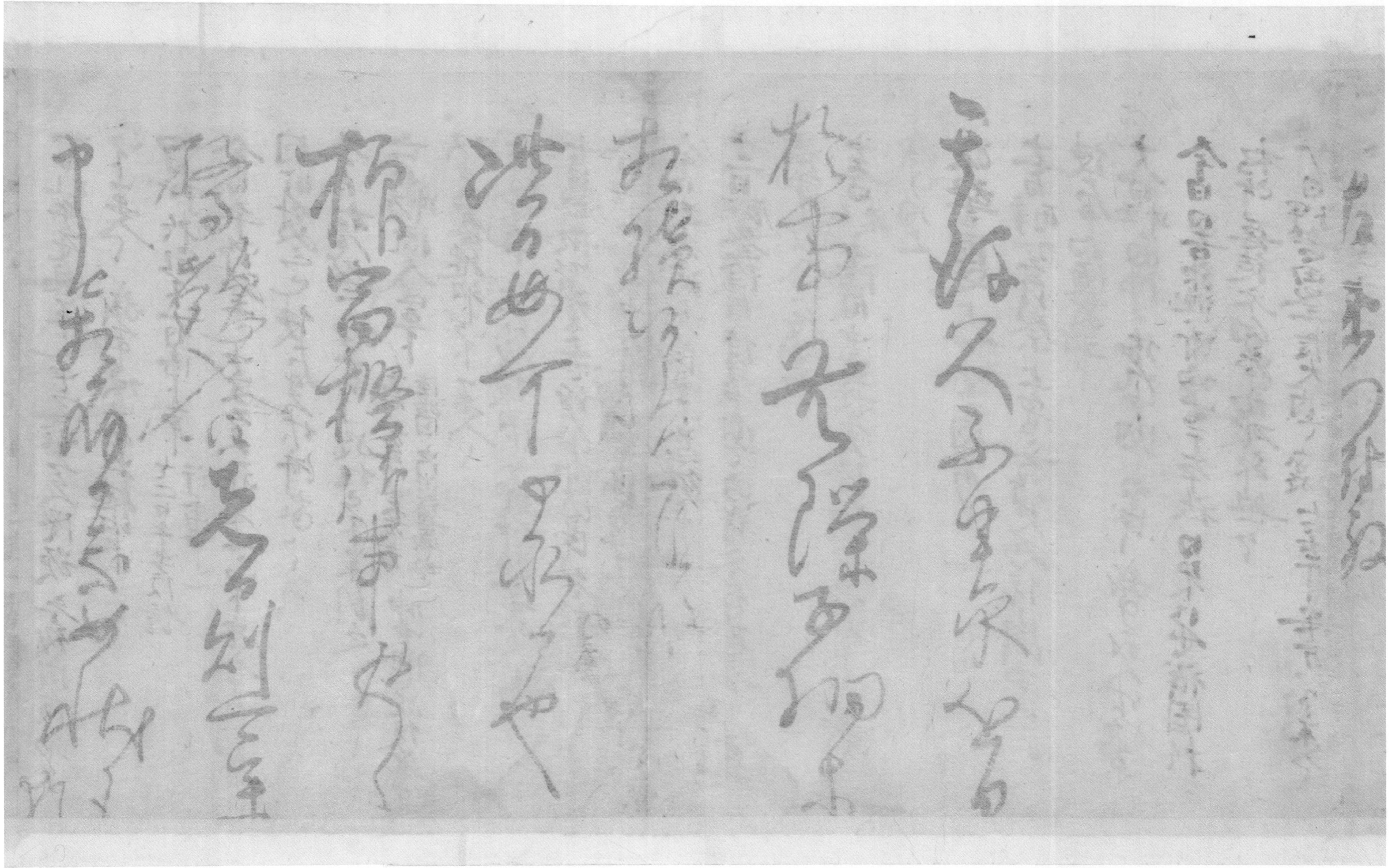

（11）　（12）

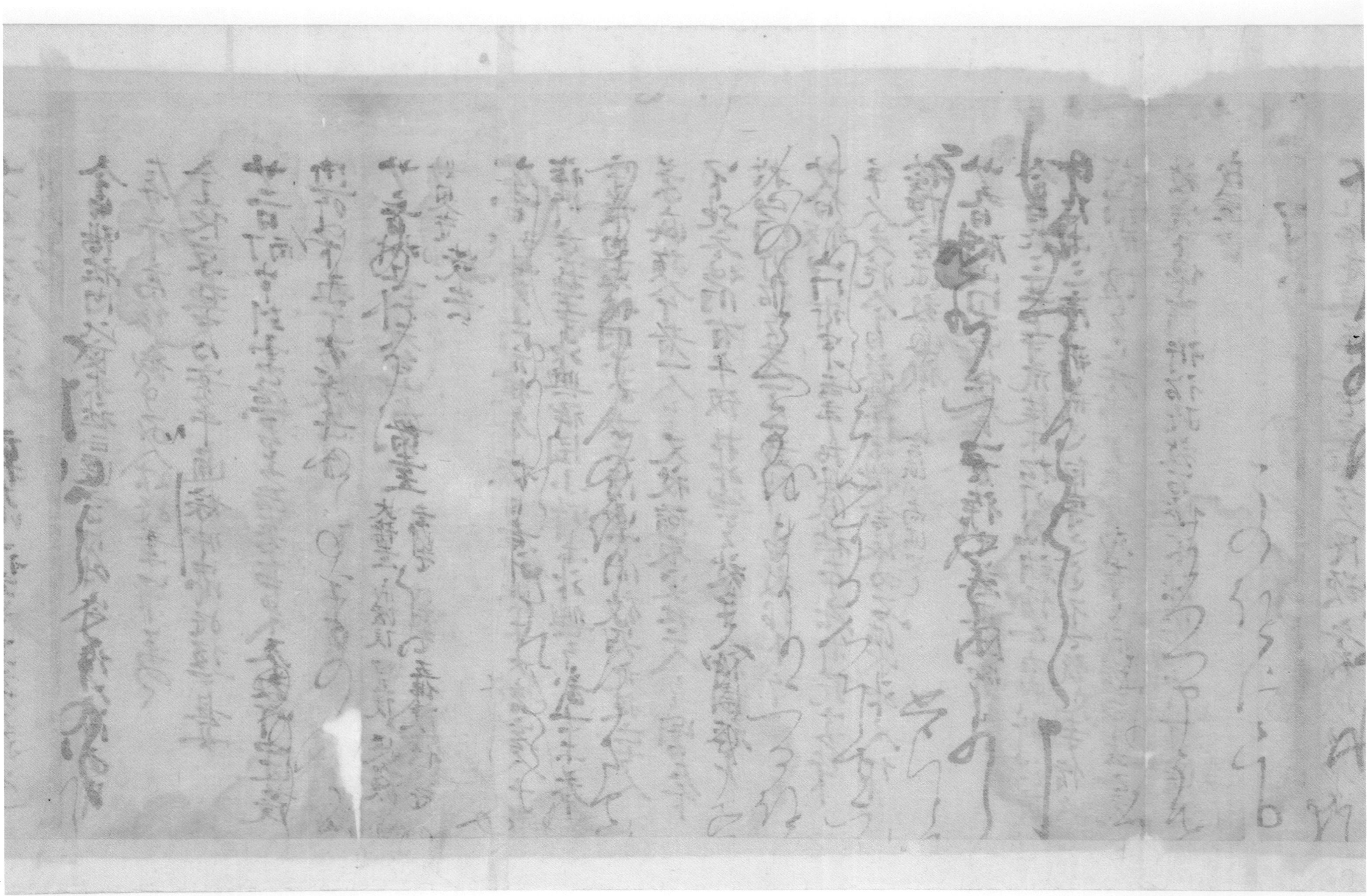

（10）　（11）

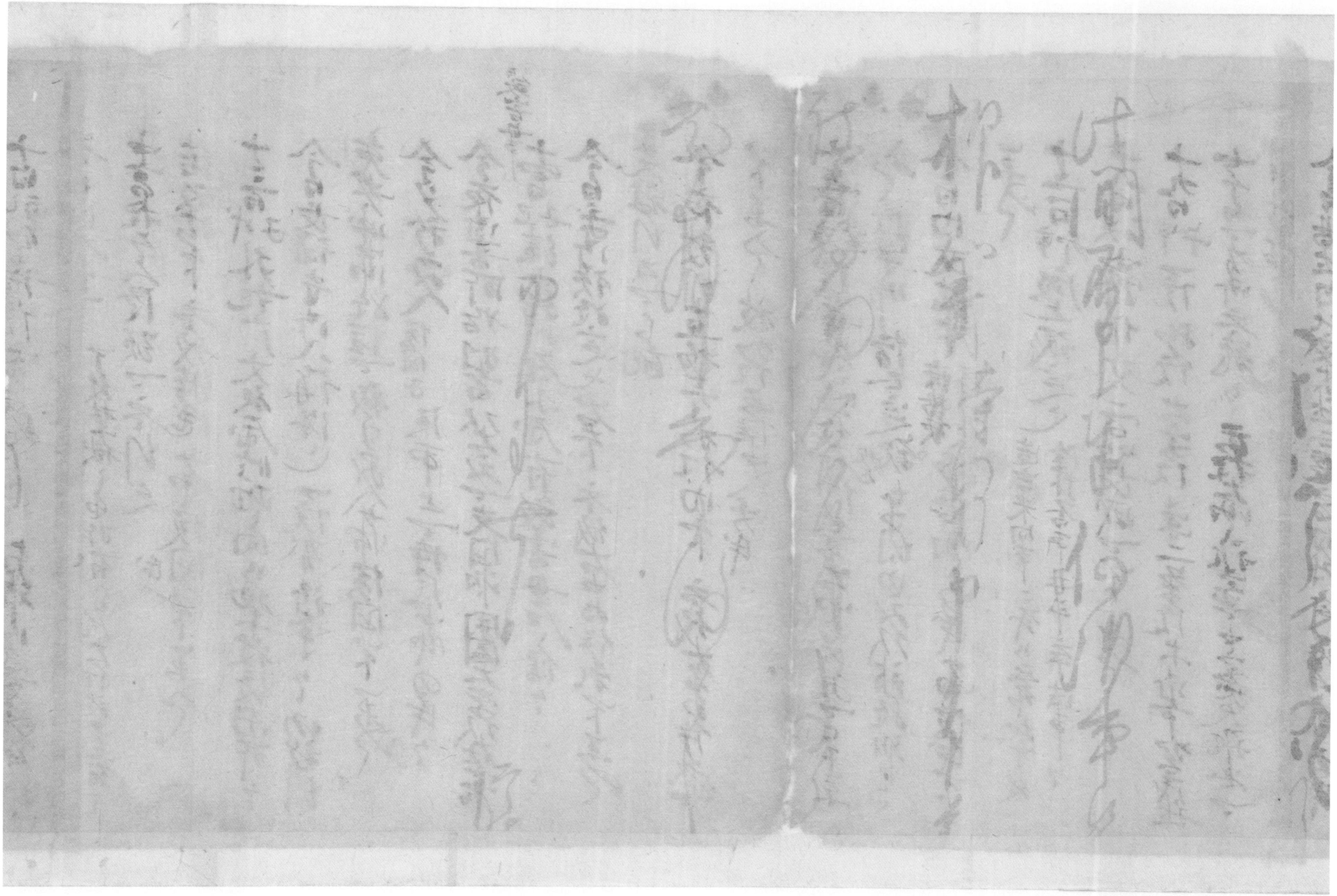

（9）　（10）

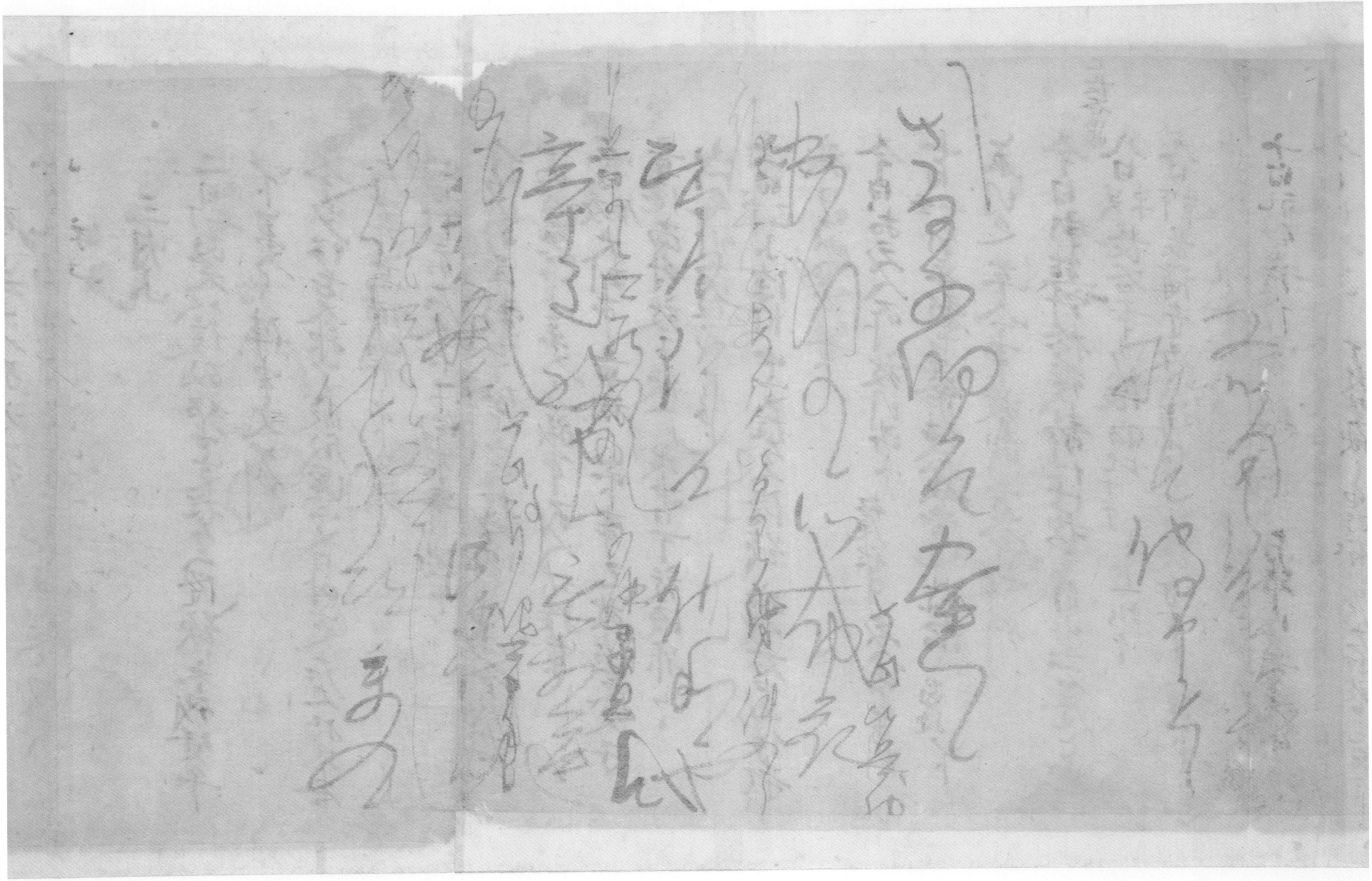

(8)　(9)

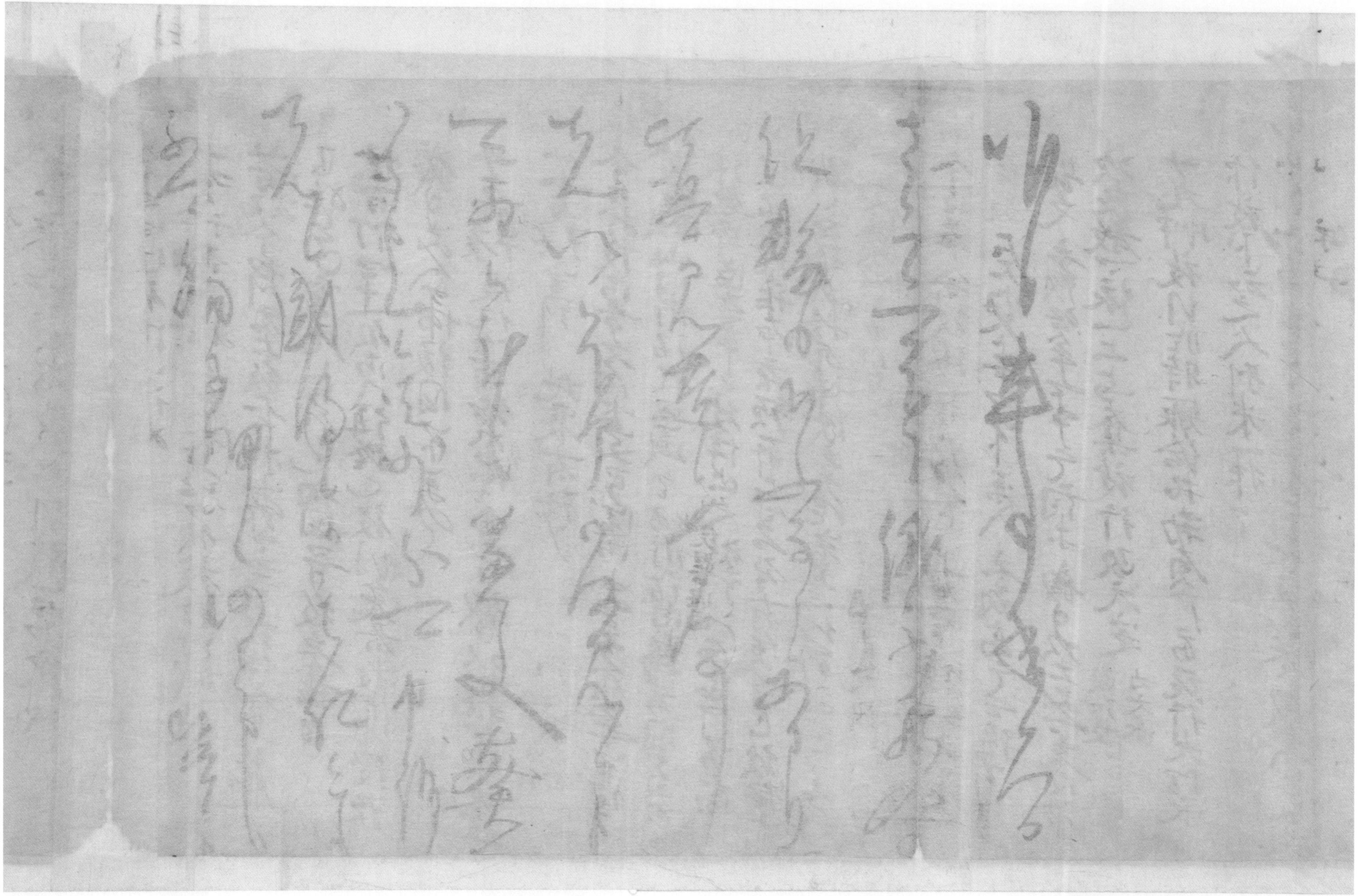

(7)　(8)

正六位上行右近衛将監藤原朝臣敦真誠惶誠恐謹言
請特蒙 天恩因准先例且依譜第奉公労被叙栄爵状
右敦真謹考旧貫為右近将監之輩関栄爵之
例 明寺之高顕也不遑毛挙爰敦真去長保文保之
月若有勝負除目之次令拝任右近将監
雖学中[illegible]今不達者豊就中敦真[illegible]才[illegible]
刑部少輔敦宗代々相続奉公積年所執被優譜第
厚之労勤拝叙之處雖人謂非嫡望請 天恩且
先例且依奉公労今度叙従五位下者将仰有
貴[illegible]欲拘無貳之奉公矣
寛弘三年正月五日

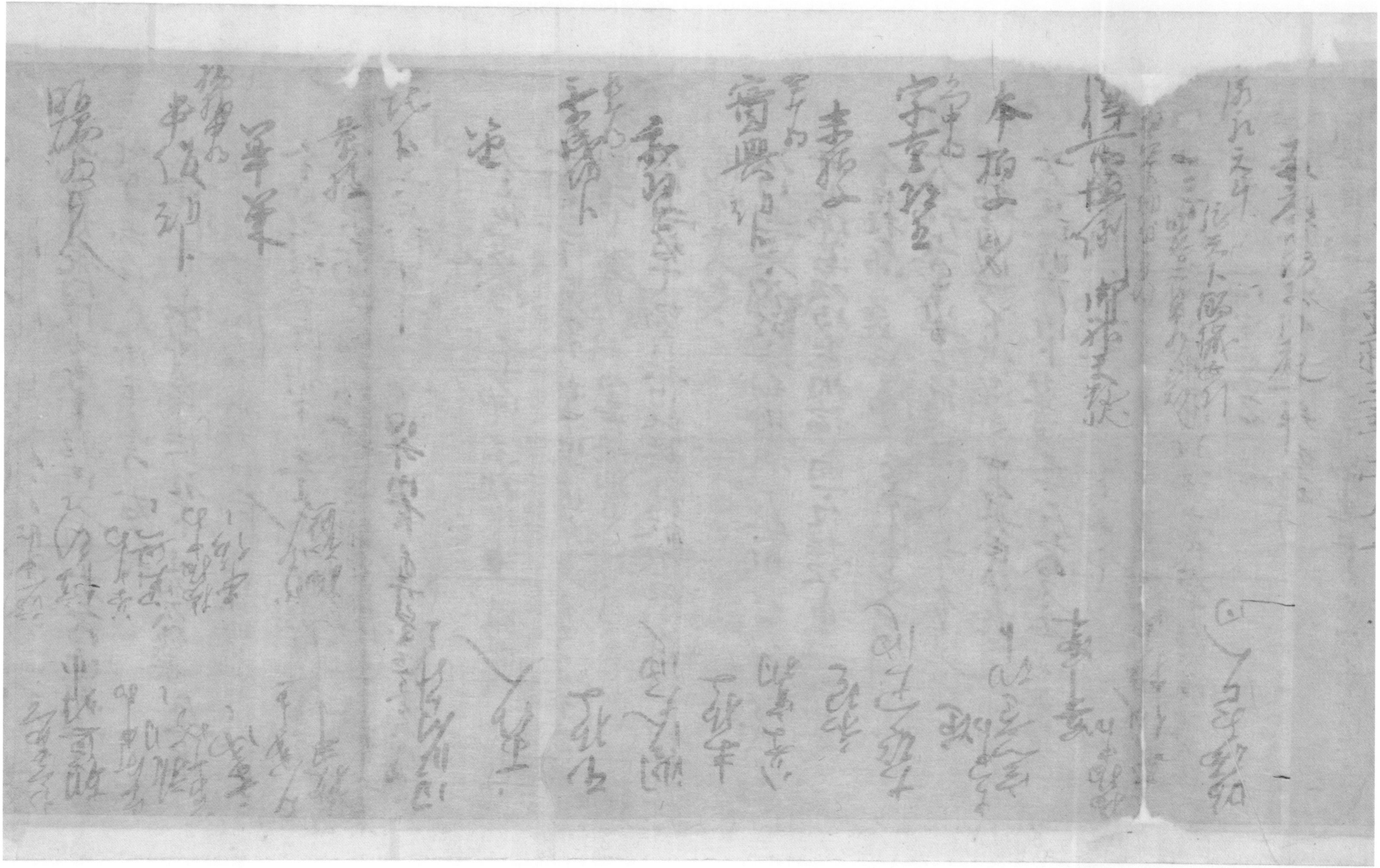

（5）　（6）

(4)

(5)

(4)　(3)

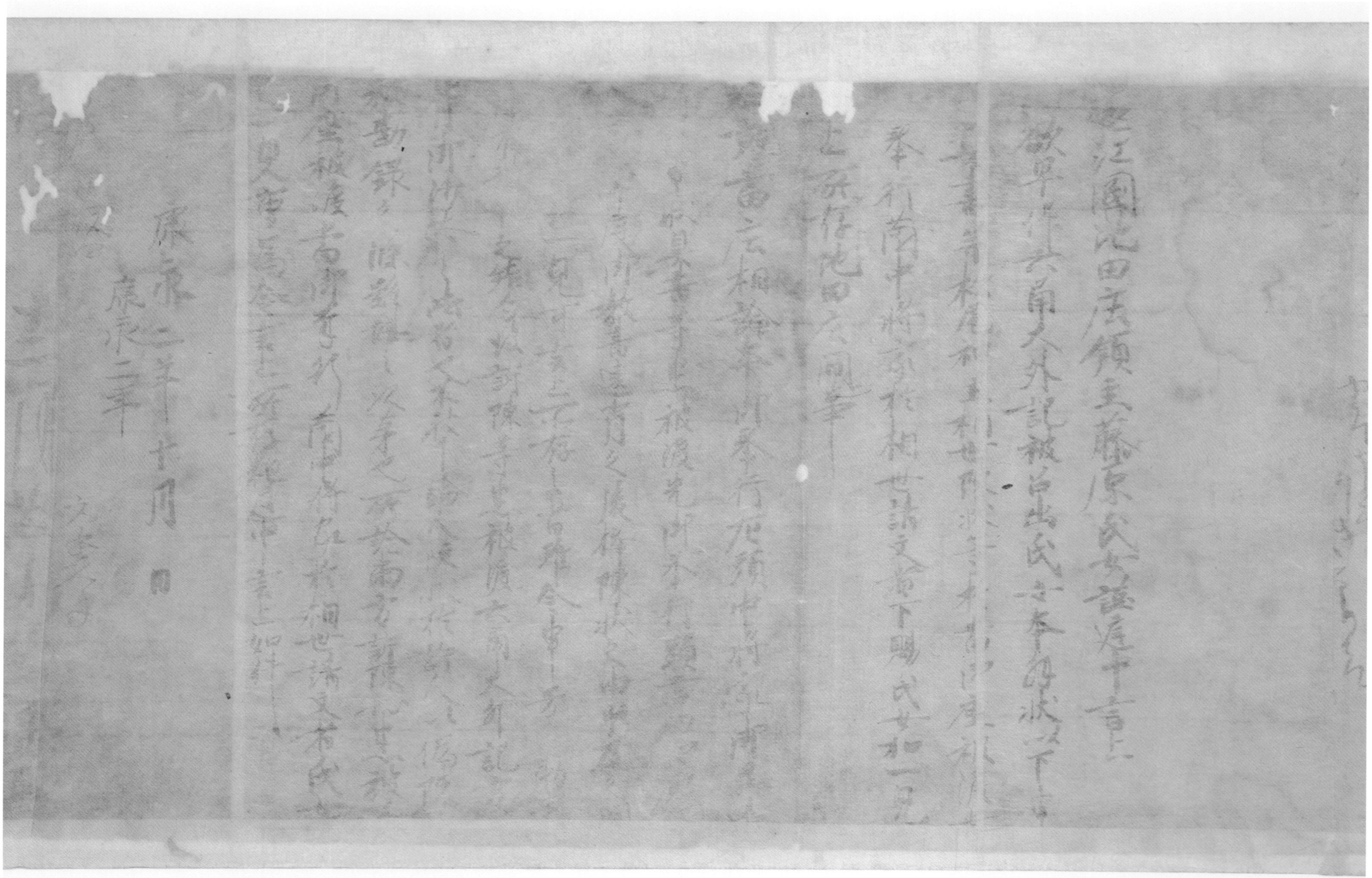
近江國池田庄領主藤原氏女謹言上

康永二年十月　日

康永二年

(2)　(3)

(1)　(2)

巻二

文永二年

文永二年
外記日記
巻二

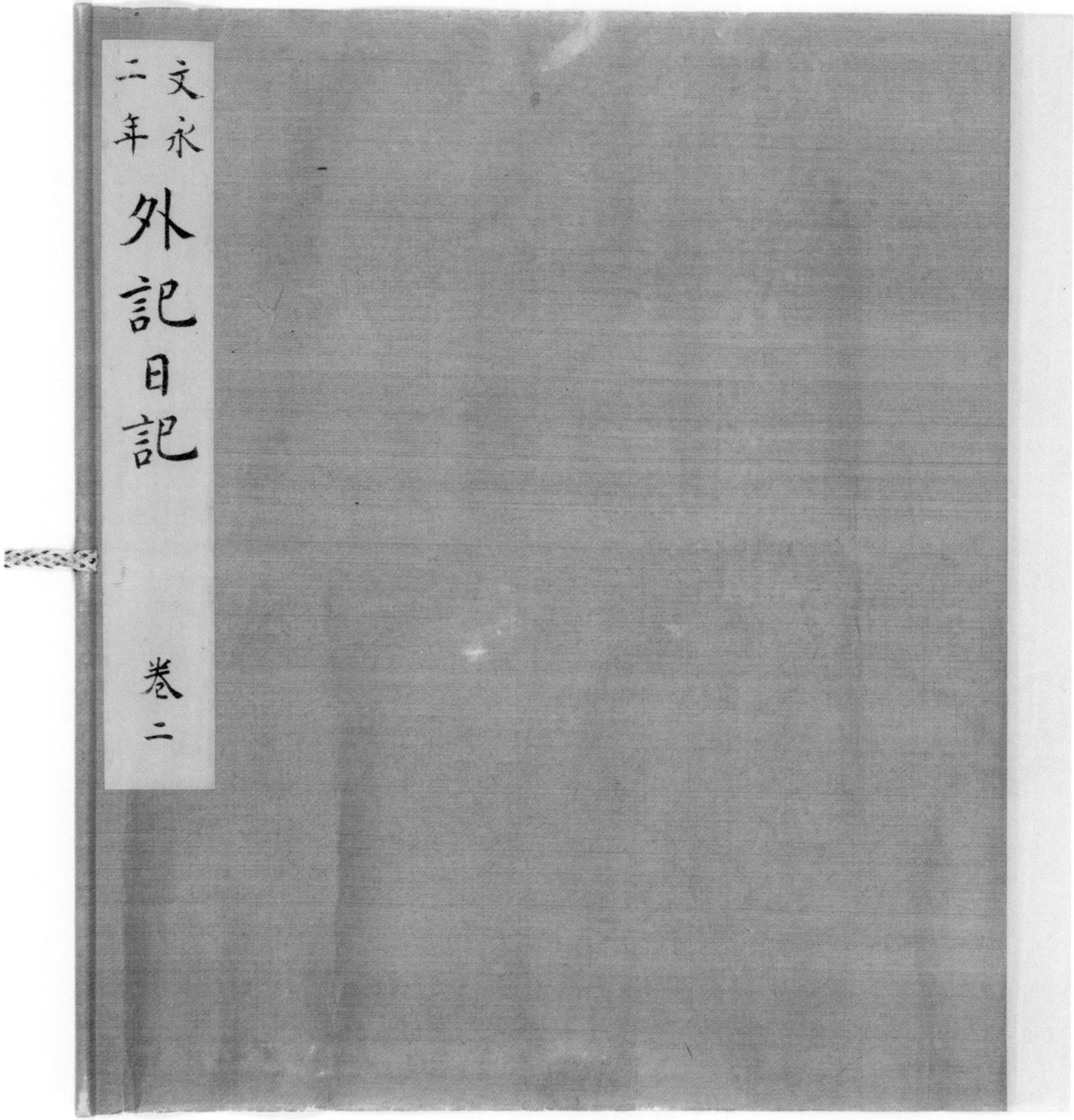
文永二年
外記日記
巻二

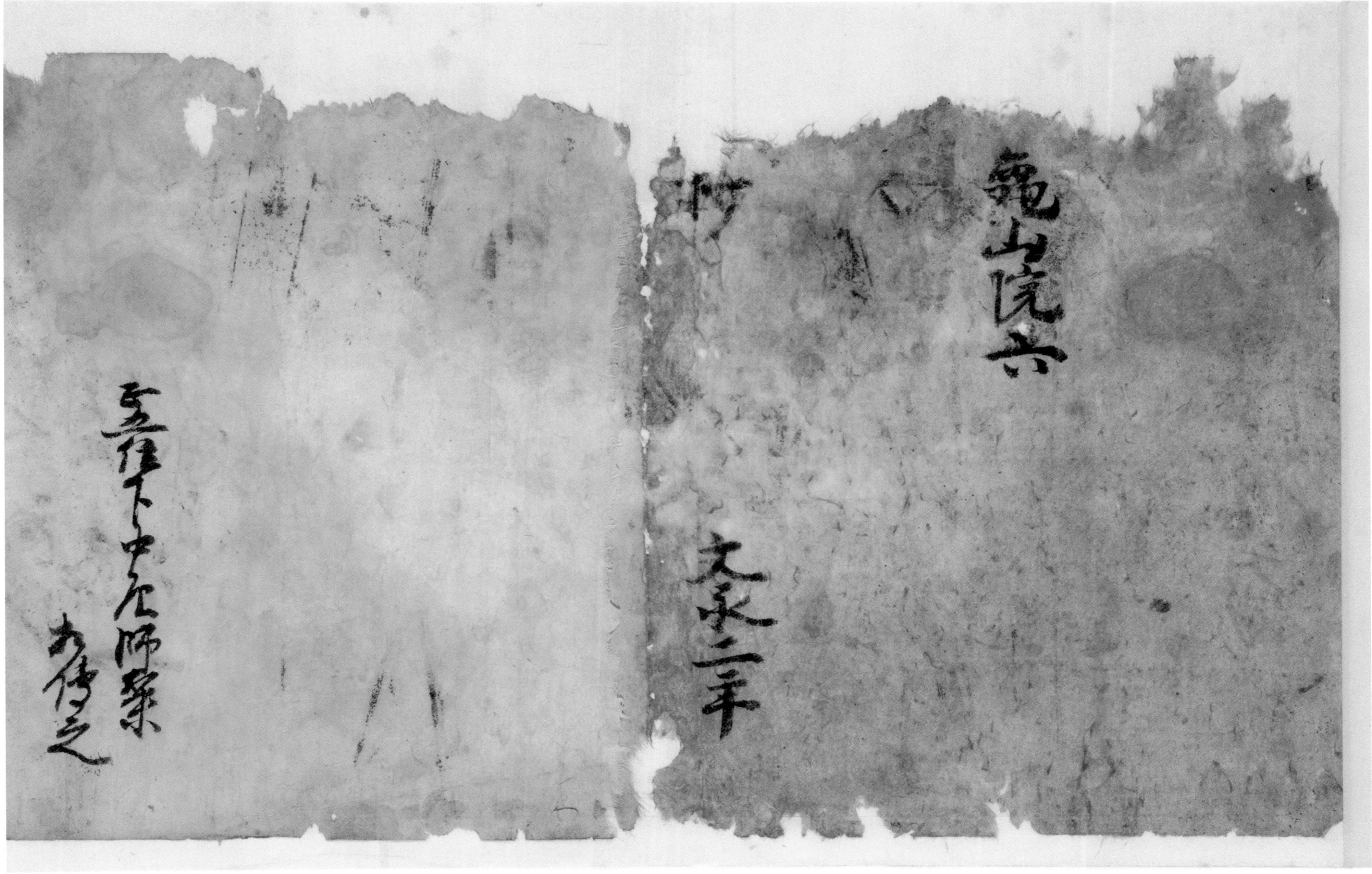
亀山院六
抄
文永二年
正五位下中原師栄

(2) (1)

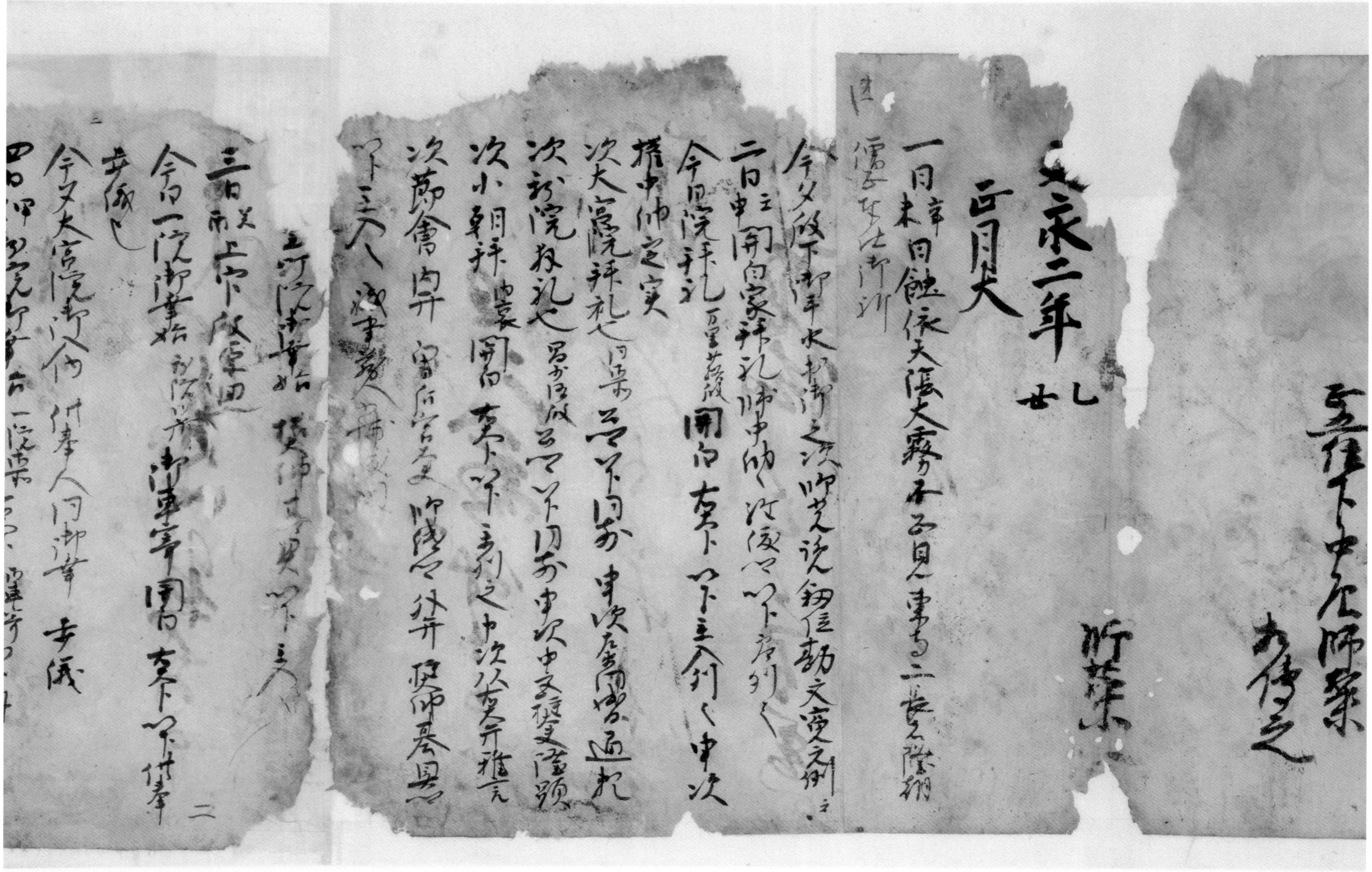
文永二年 乙丑
正月大

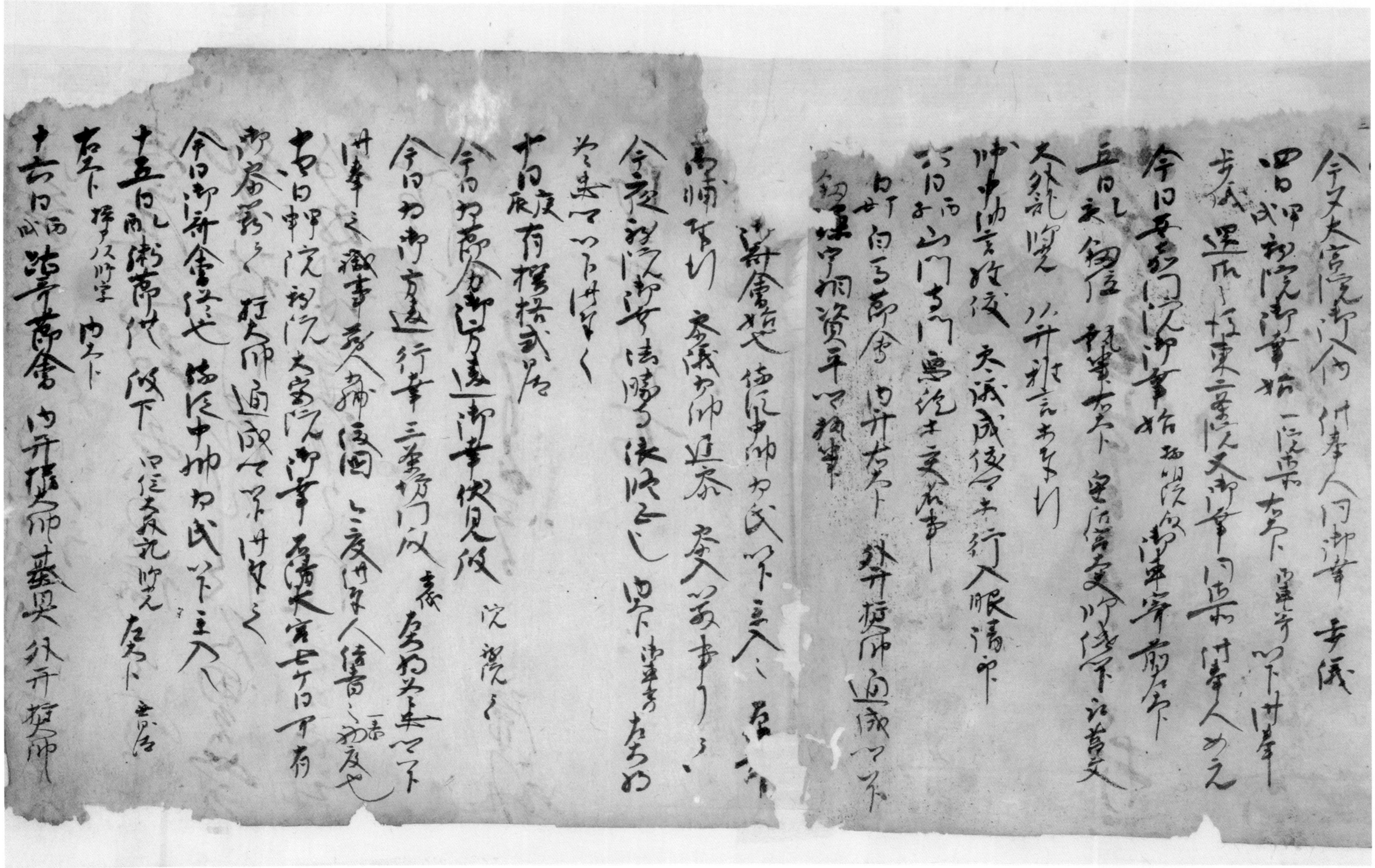

(4)

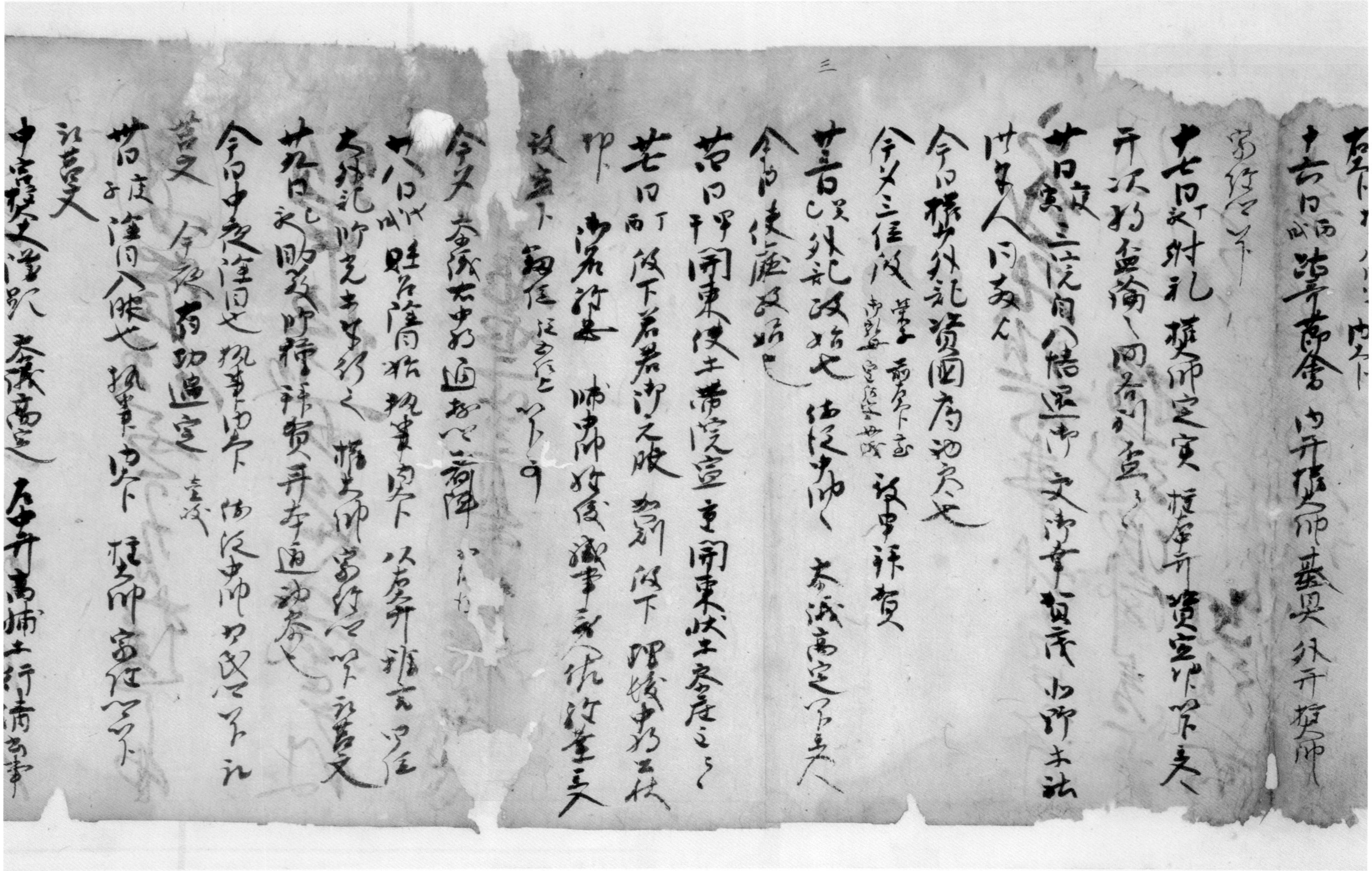

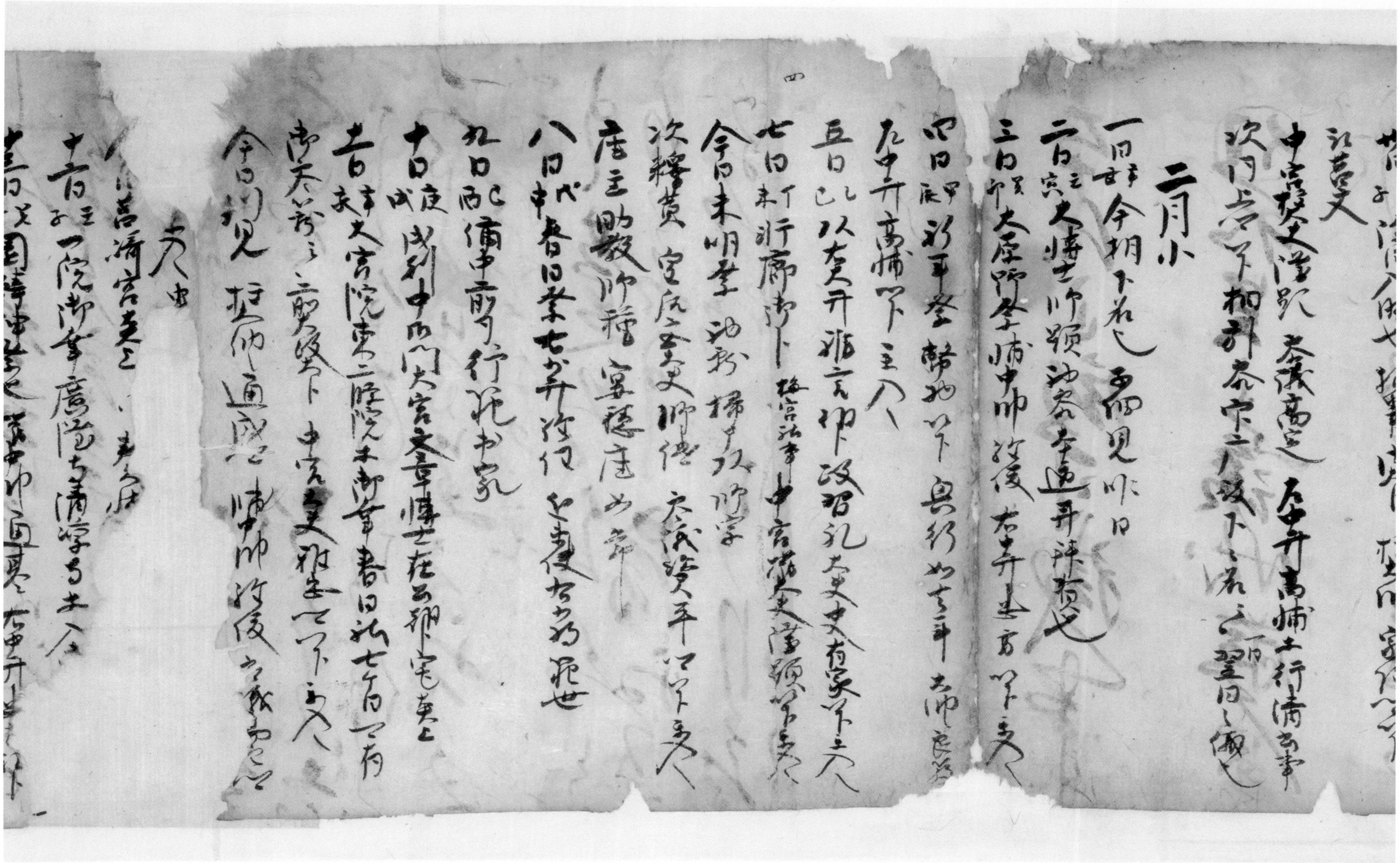

(6)

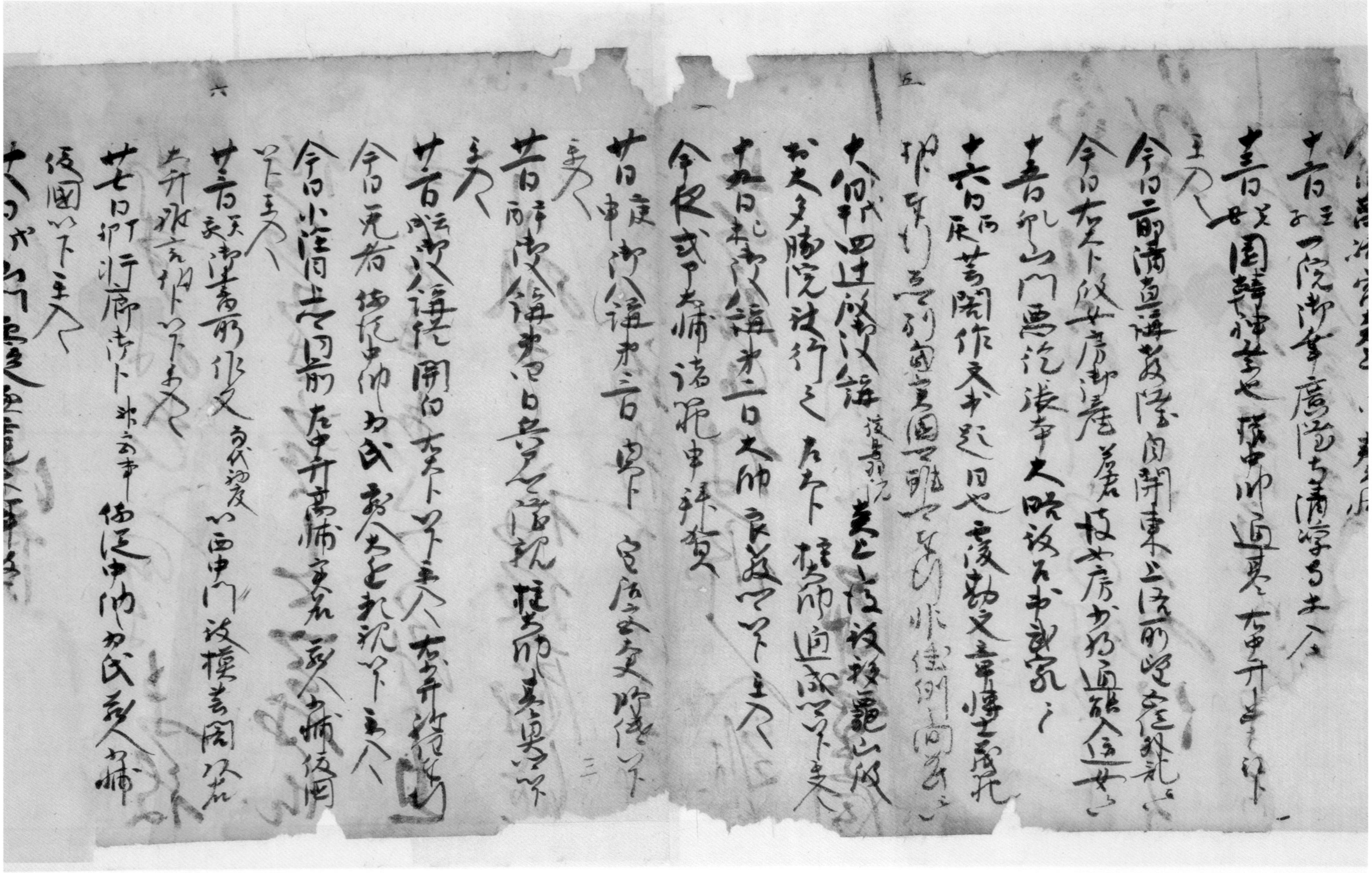

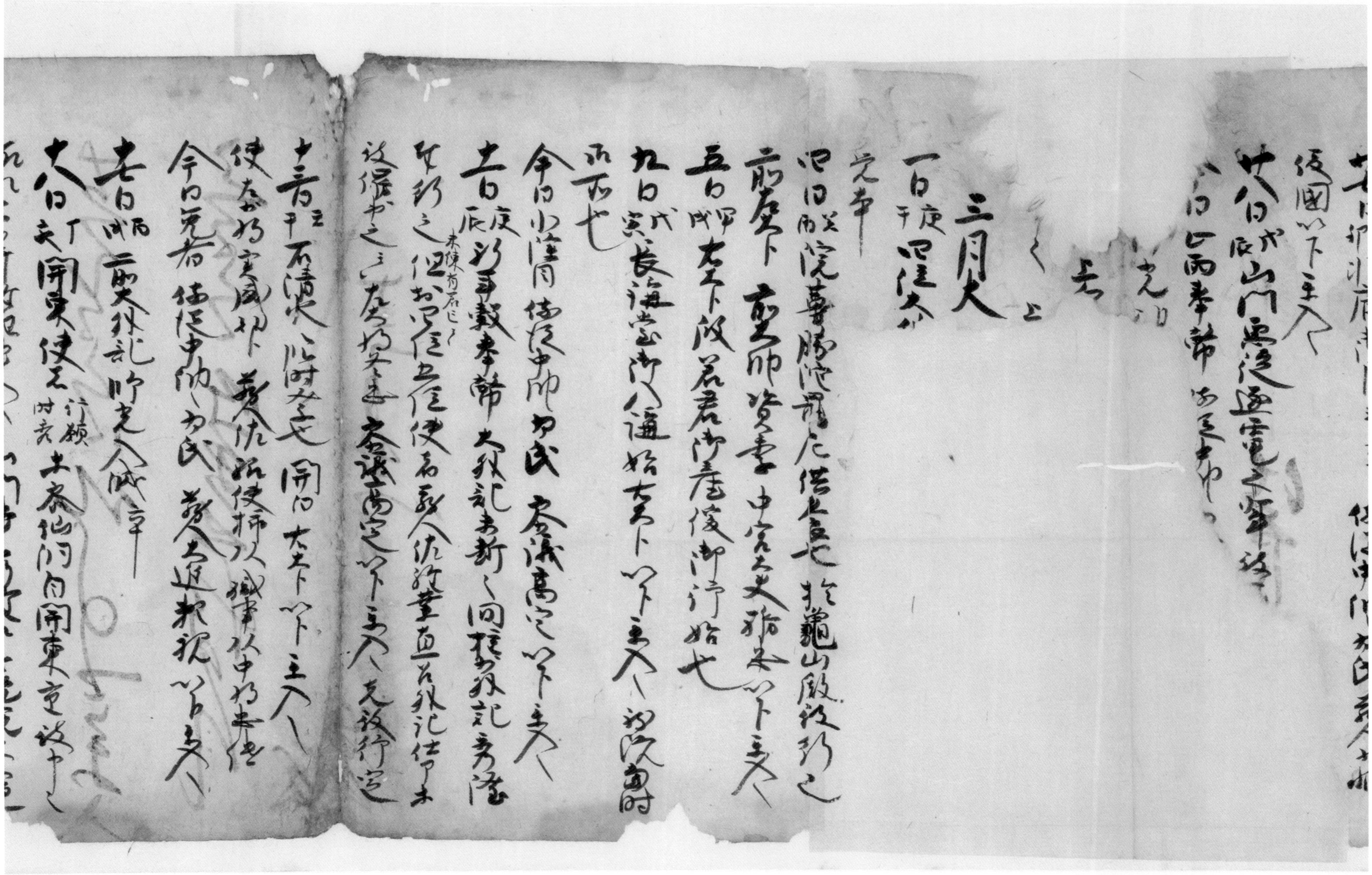

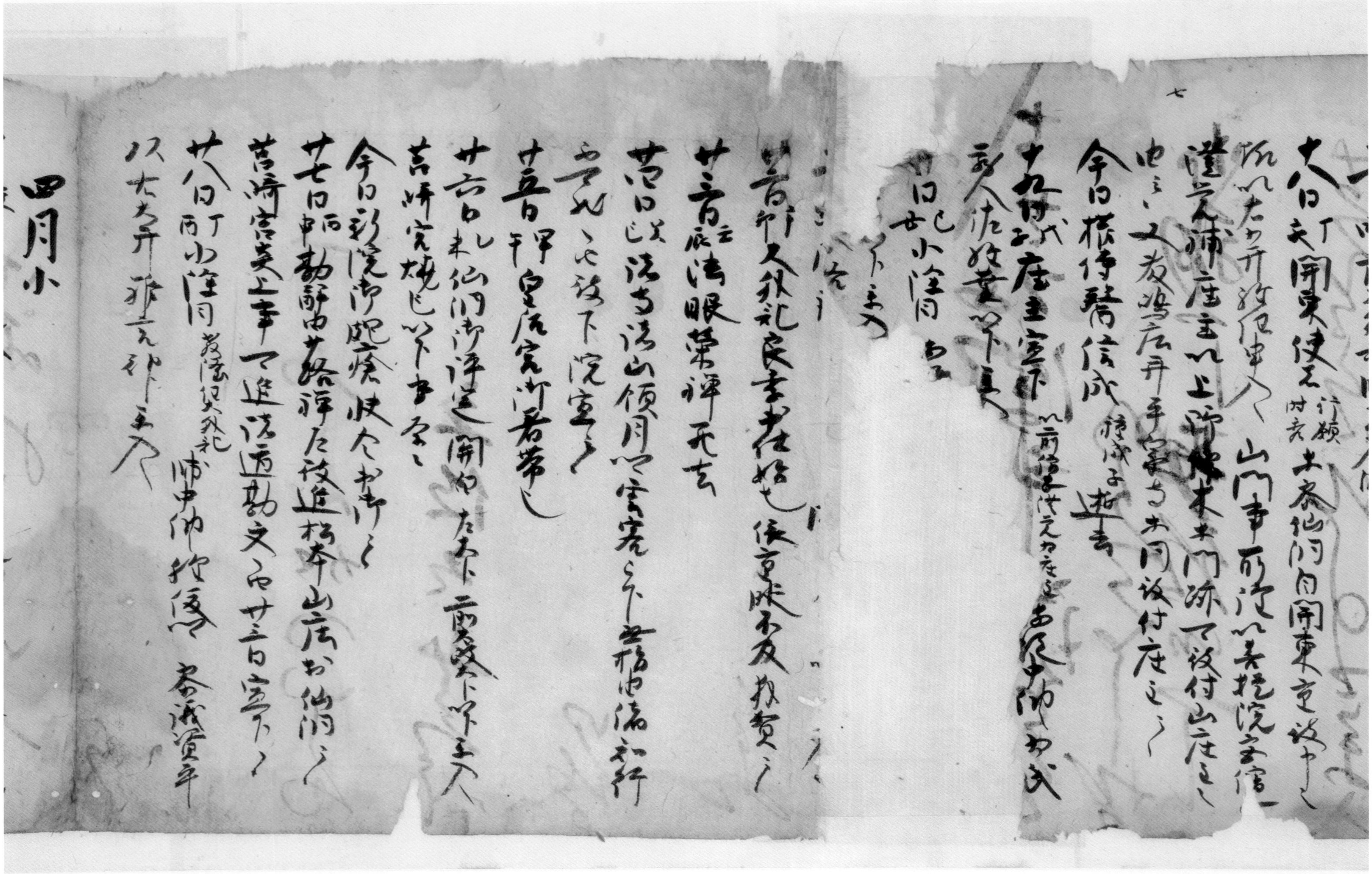

八

四月小

一日庚子 平座見参 左衛門督通雅 中宮権大夫隆親

奏議成役以下五人

六日乙巳 午刻地震 有声

七日丙午 擬階奏 帥中納言被候 参議経俊以下参

今日行啓御卜 前関白亭 按察師通成以下参

次同上卿被行荒序事 継成還宮日時定

次同上卿奏行八幡一社奉幣使事 奏議陳座下

弁官文 使中宮権大夫隆親

九日戊申 梅宮祭 権中納言通雅 右中弁忠方以下参

今日平野祭 権中納言顕 右中弁高嗣 頭弁近衛司

上卿上右権者例被行之間延引

同除時祭 権中納言以下参 使右衛門少将兼執

十日己酉 田中殿姫君 殿下御妹 寿安殿姫君 入滅

今日万寿庵始之

十一日庚戌 右衛門督資季長女入道死去 左大臣殿下家司

十二日辛亥 新院御所御修法被始之

今日吉田祭 帥中納言被候 右中弁資宣以下参

殿下御經曝之間 若訓殿被付請之

今日梅宮同 按察中納言氏 新宰相被候以下参

次同上卿被行行啓御卜 前左中将業之

十三日壬子 大外記師藤 申請 辞賀 廿五日宣旨 難遷之

下勘撰日之

十五日甲寅 ... 十七日文 新賞 ...

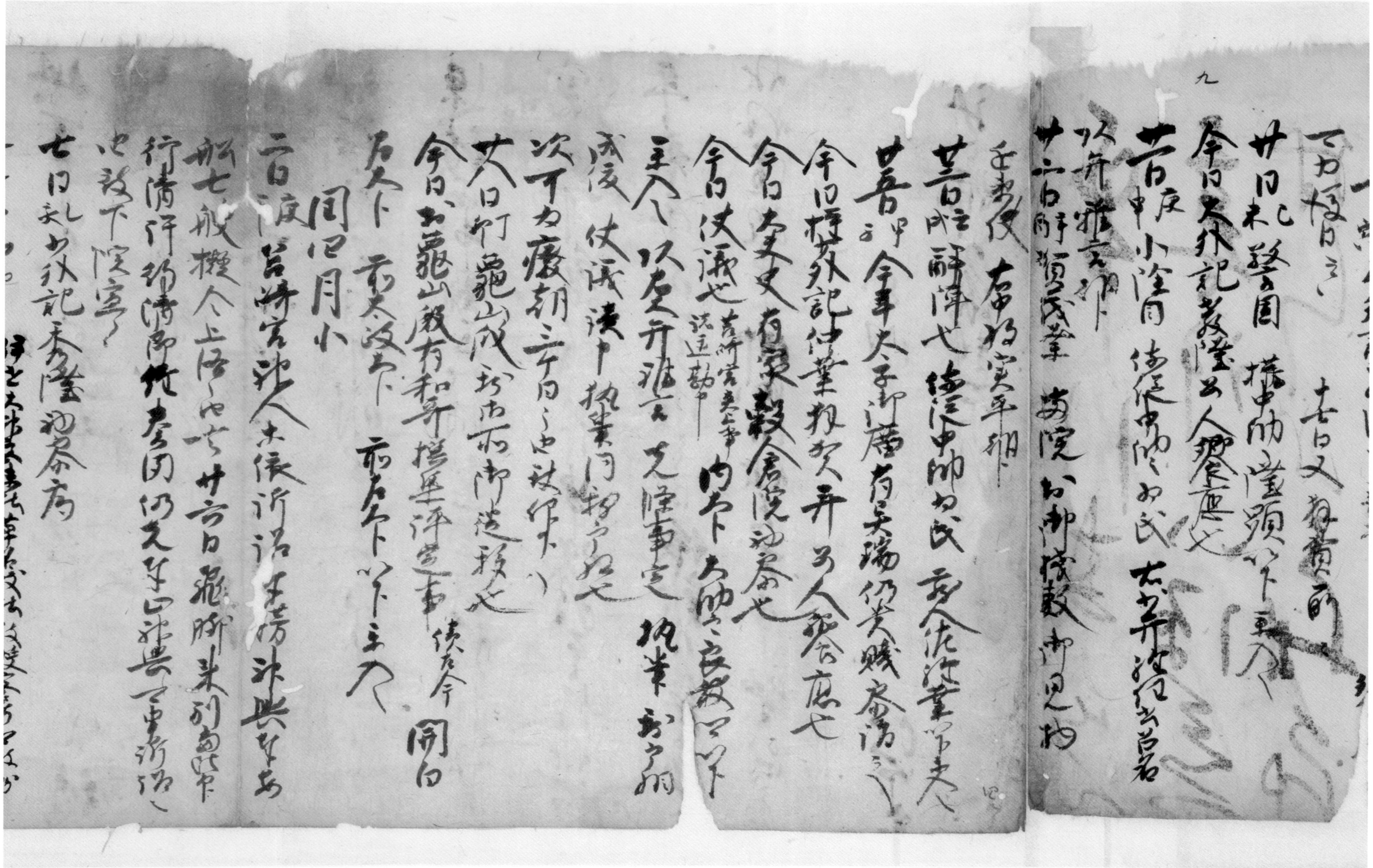

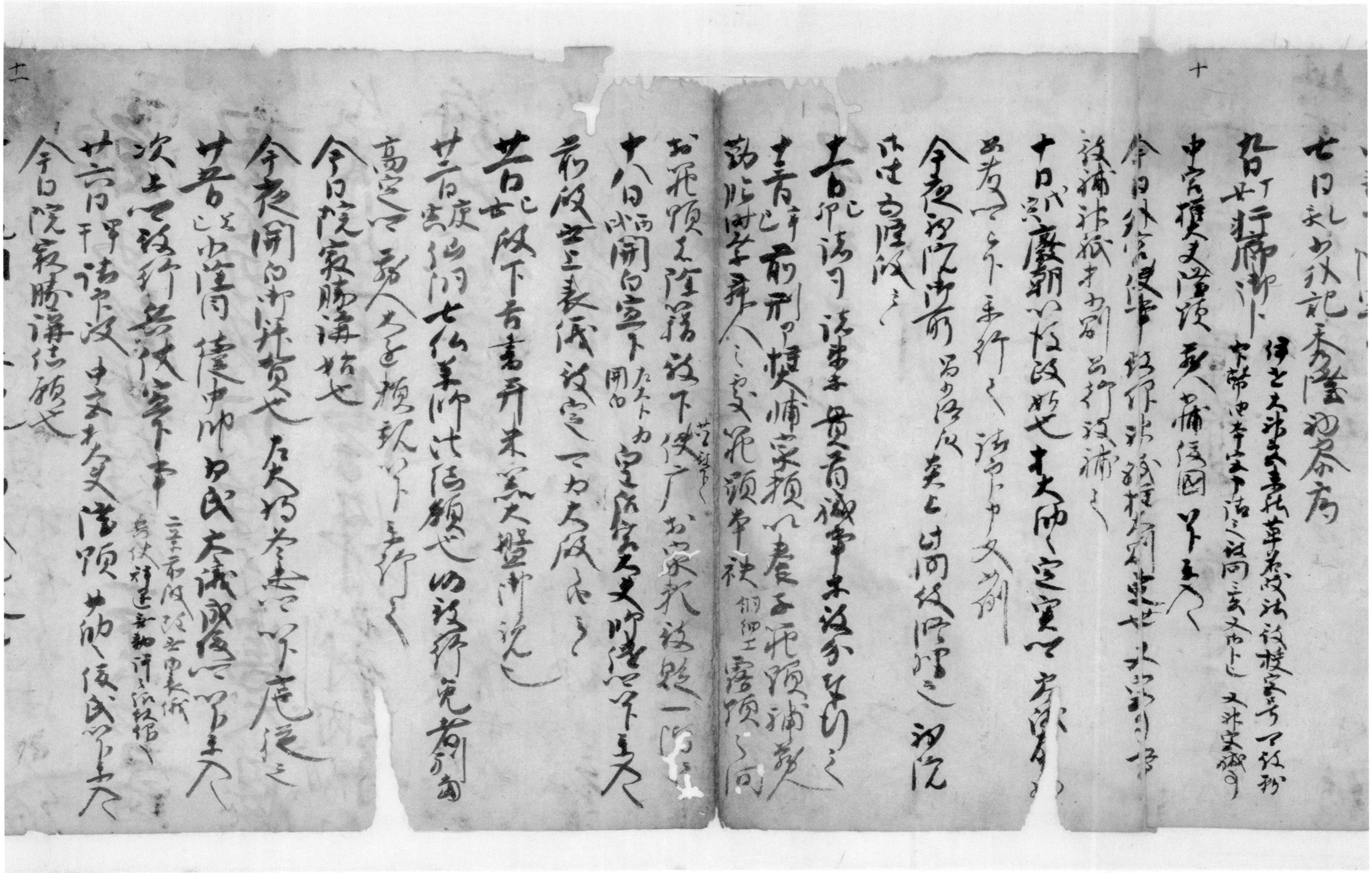

(12)

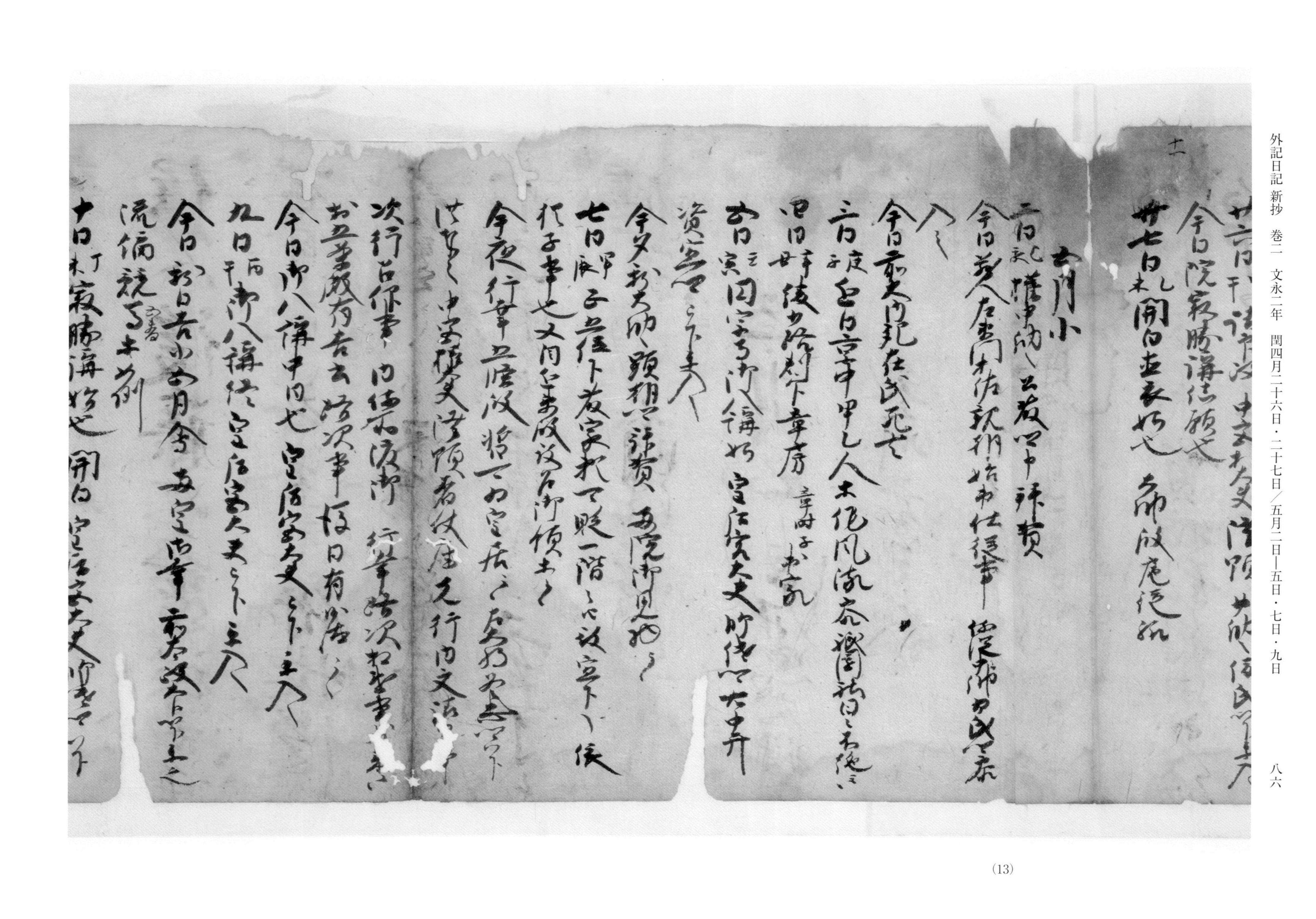

十二

廿六日〈丙午〉諸司召 中宮大夫清[illegible] 大外記[illegible]奉行
今日院最勝講結願也
廿七日〈丁未〉関白出家給也 病依危急

五月小
二日〈壬子〉権中納言〈公[illegible]〉拝賀
今日前人左衛門督[illegible]叙[illegible]任[illegible] 従[illegible]以下[illegible]
人々
今日前大納言[illegible]死去
三日〈癸丑〉庚申 申し人 不[illegible]風流 [illegible]
四日〈甲寅〉[illegible]下章房〈章房[illegible]〉
五日〈乙卯〉因[illegible]御八講始 官[illegible]大夫[illegible]大中弁
資[illegible]以下参入
今夕[illegible]大納言頼[illegible]拝賀 [illegible]
七日〈丁巳〉[illegible]叙[illegible]一階[illegible]
[illegible]
今夜行幸[illegible]
[illegible]
次行[illegible] 行幸[illegible]
[illegible]
今日御八講中日也 [illegible]以下参入
九日〈己未〉[illegible]御八講結[illegible]以下参入
今日[illegible]
流[illegible]
十日〈庚申〉最勝講始也 関白[illegible]

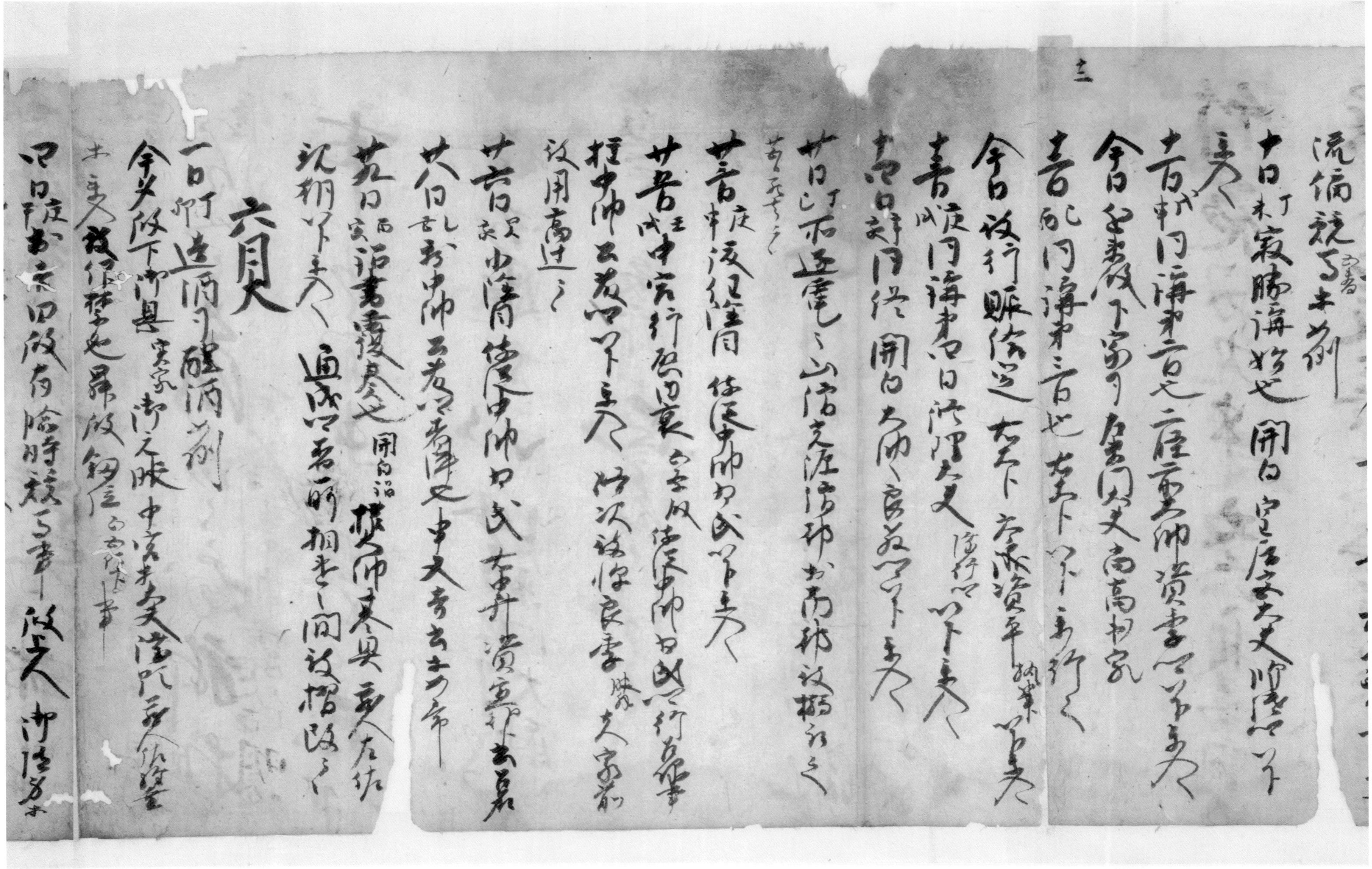

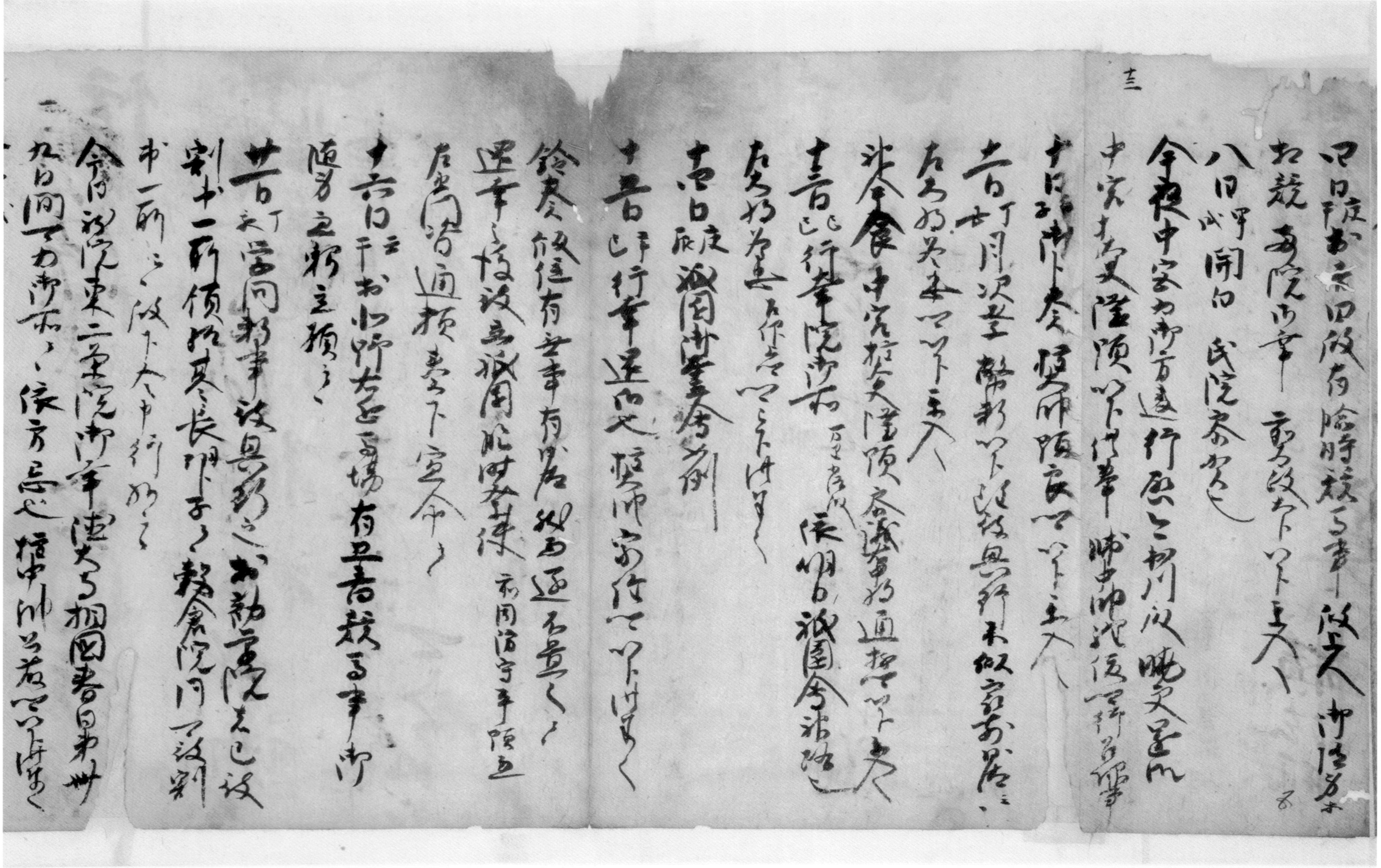

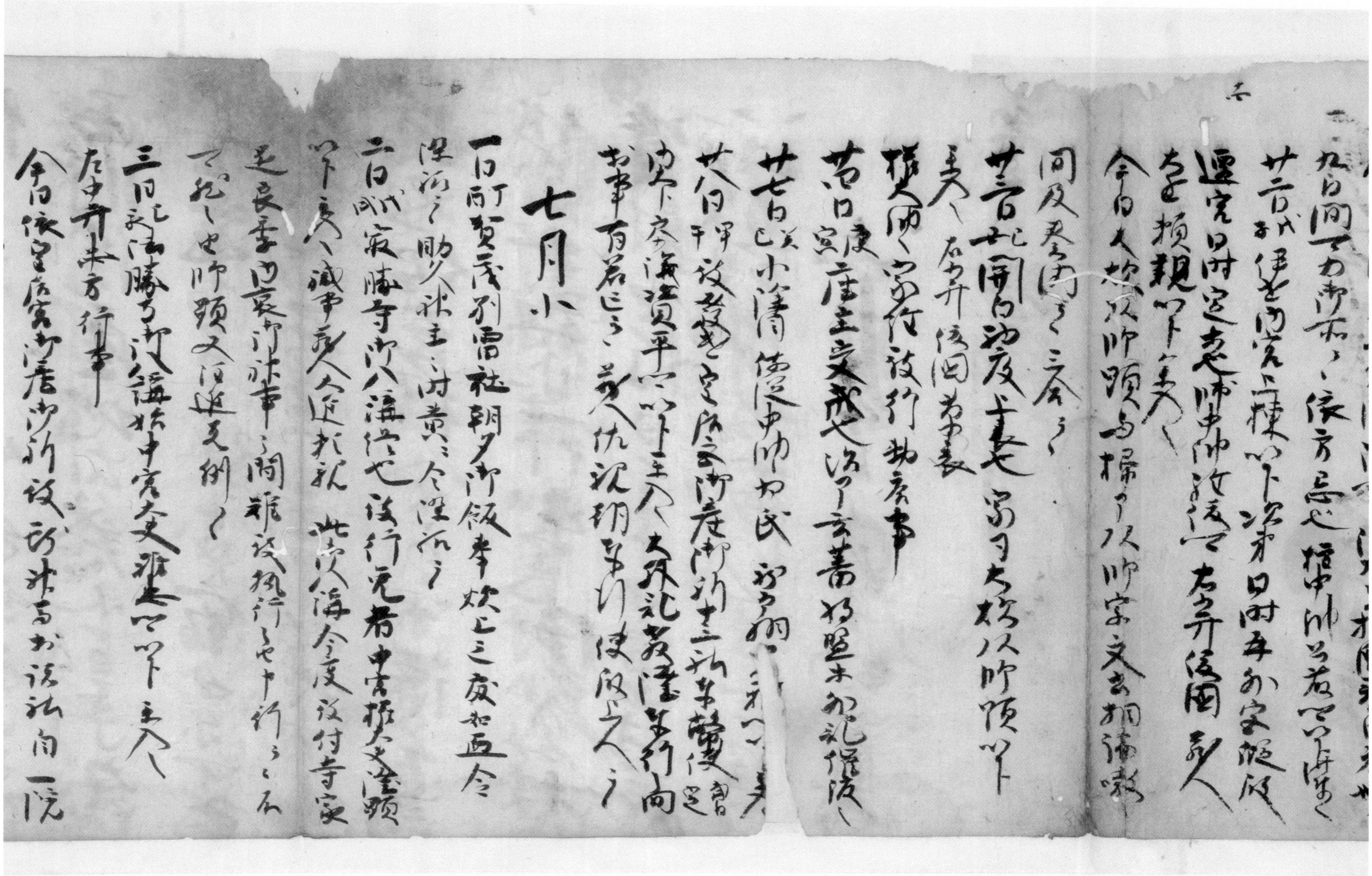

(16)

十五

今日依皇后宮御産御祈祓、於神祇官(?)於諸社(?)向 一院
御撫物云々
今日東二条院御着帯、〈七ヶ月、〉於春日殿有此儀、一院御幸
四日庚子、御八講第二日也
五日辛丑、同講第三日也、殿上人(?)頭殿上人参(?)云々
六日壬寅、同講五巻日、新院(?)〈御同車(?)〉御幸、関白参上給
中宮大夫以下参入、殿上人(?)其外(?)以下参仕(?)
七日癸卯、御八講結願、中宮大夫以下参入、
今夜、於法林寺(?)有尚座(?)七百前舞(?)御会云々

十六

八日甲辰、最勝光院御八講始
十日丙午、一院皇子〈御母資子(?)〉入円満院、依可有御出家也
今夜、新御所(?)中宮(?)之儀
今日、乞食非人(?)流(?)奈(?)城(?)国(?)在京人等(?)也、諸役(?)放之
今日五条天神・天神并社(?)可令勅使中納言向之、是
落後(?)同例、於宗(?)外記云々
今夕、紫野今宮社炎上、燈爐火云々
十一日丁未、一院皇后宮御平産、皇子
十三日己酉、小除目、侍従中納言以(?)成(?)、参議非参議(?)任(?)
摂政(?)以下参入
十五日辛亥、御産五夜儀也
十六日壬子、以右大弁権中納言卿、奉(?)大般若(?)中内院(?)事〈天晴(?)〉
今日内裏石清水宮(?)被奉幣(?)、及同神政(?)云々

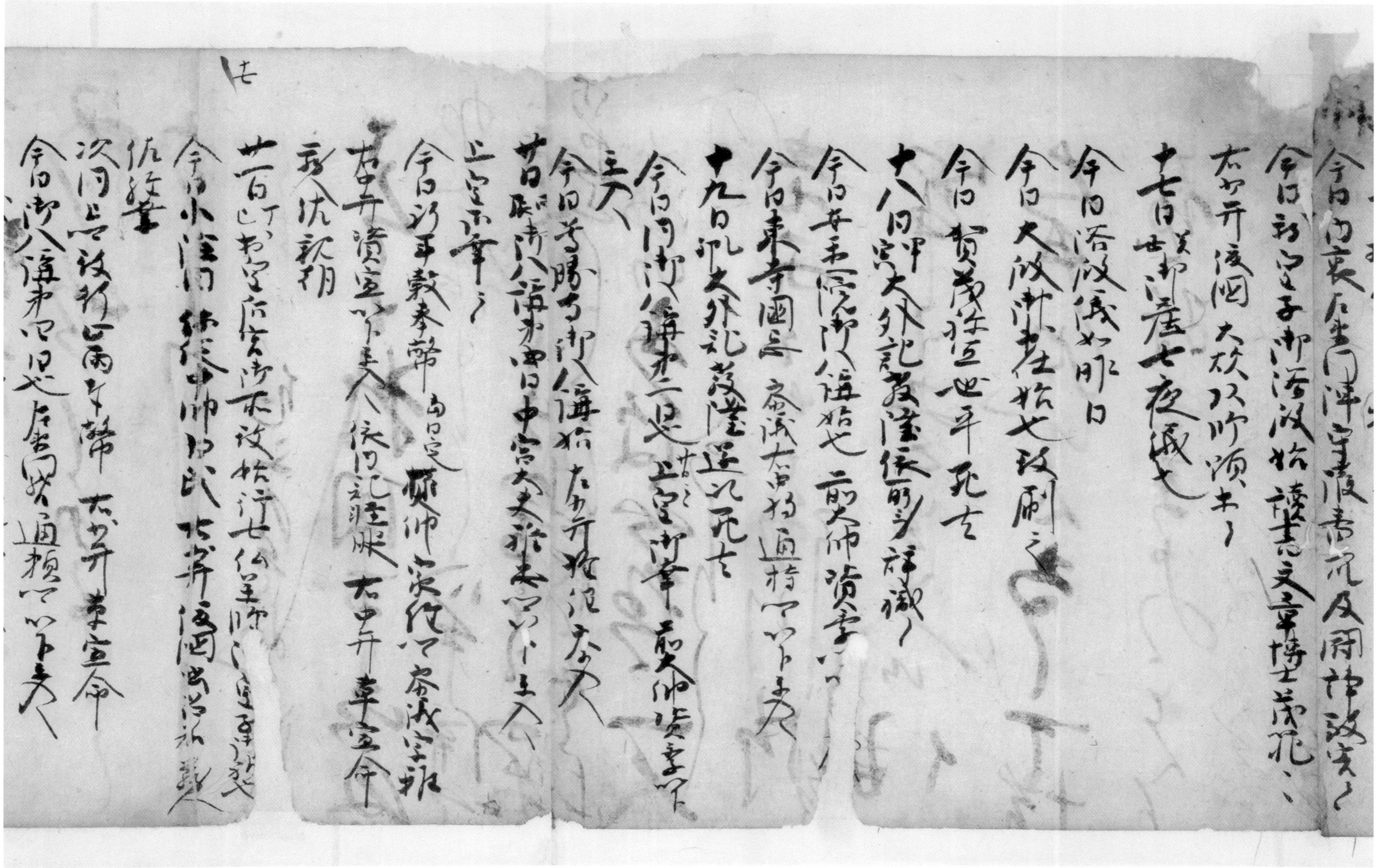

（19）　（18）

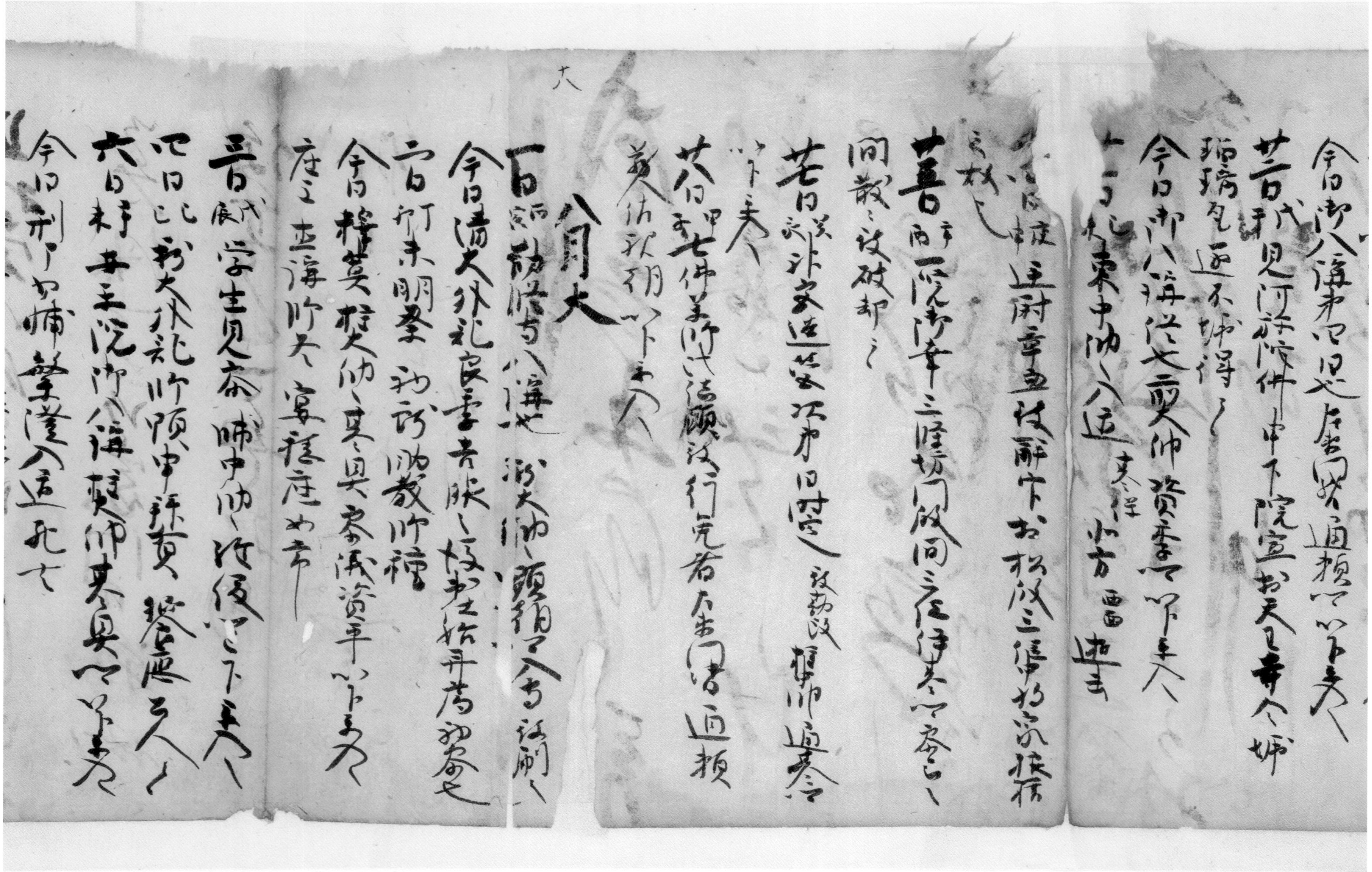

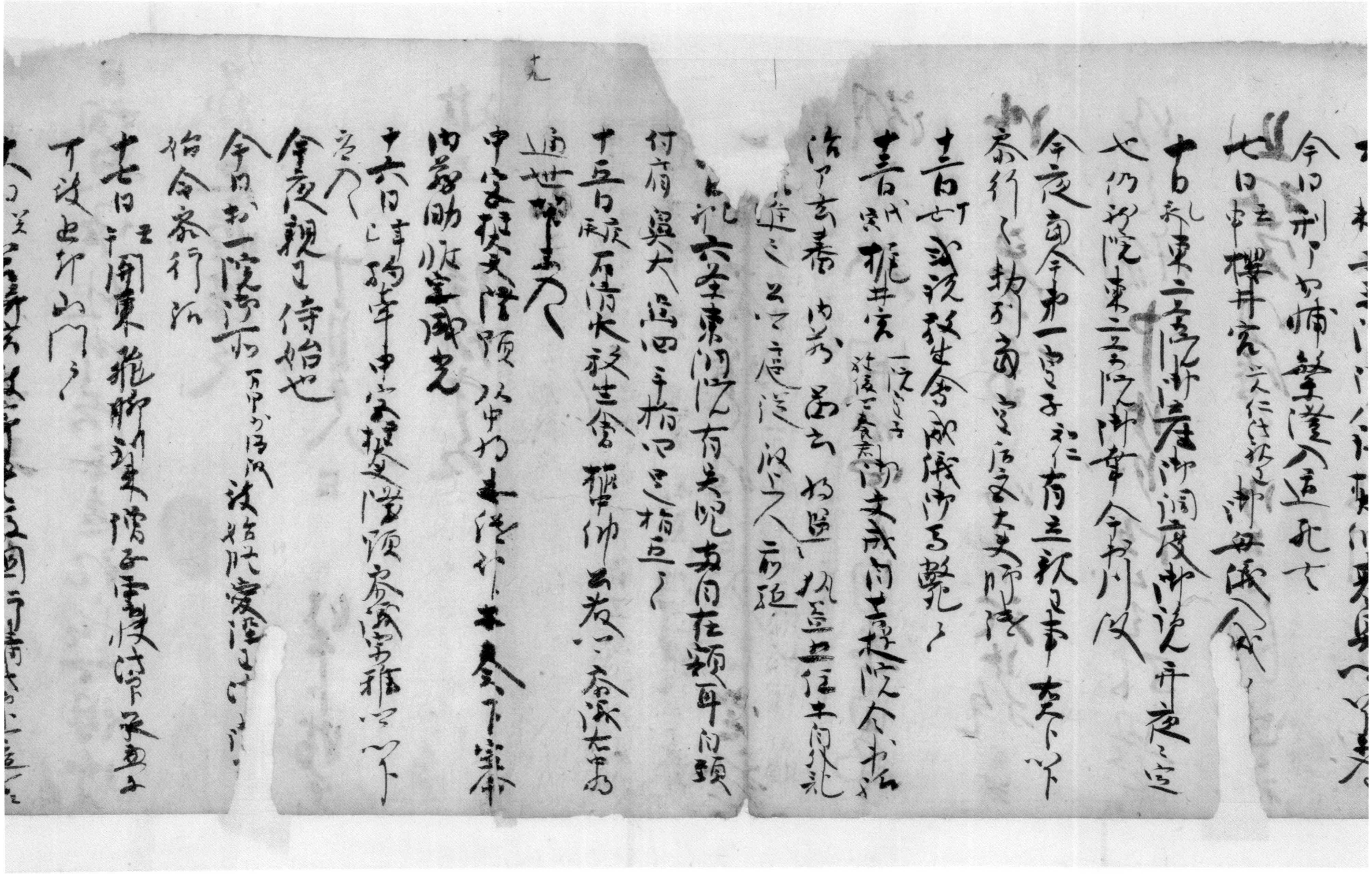

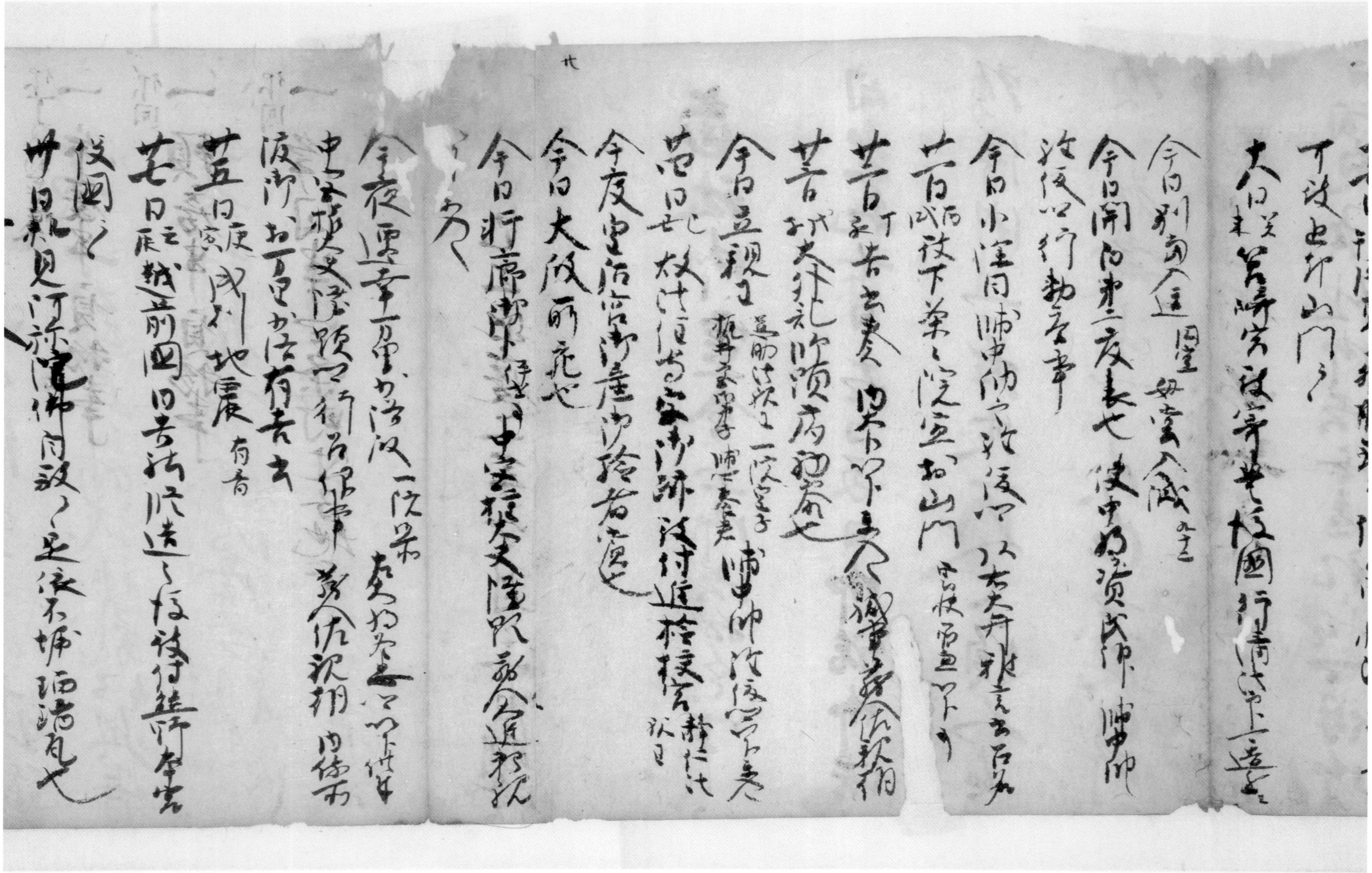

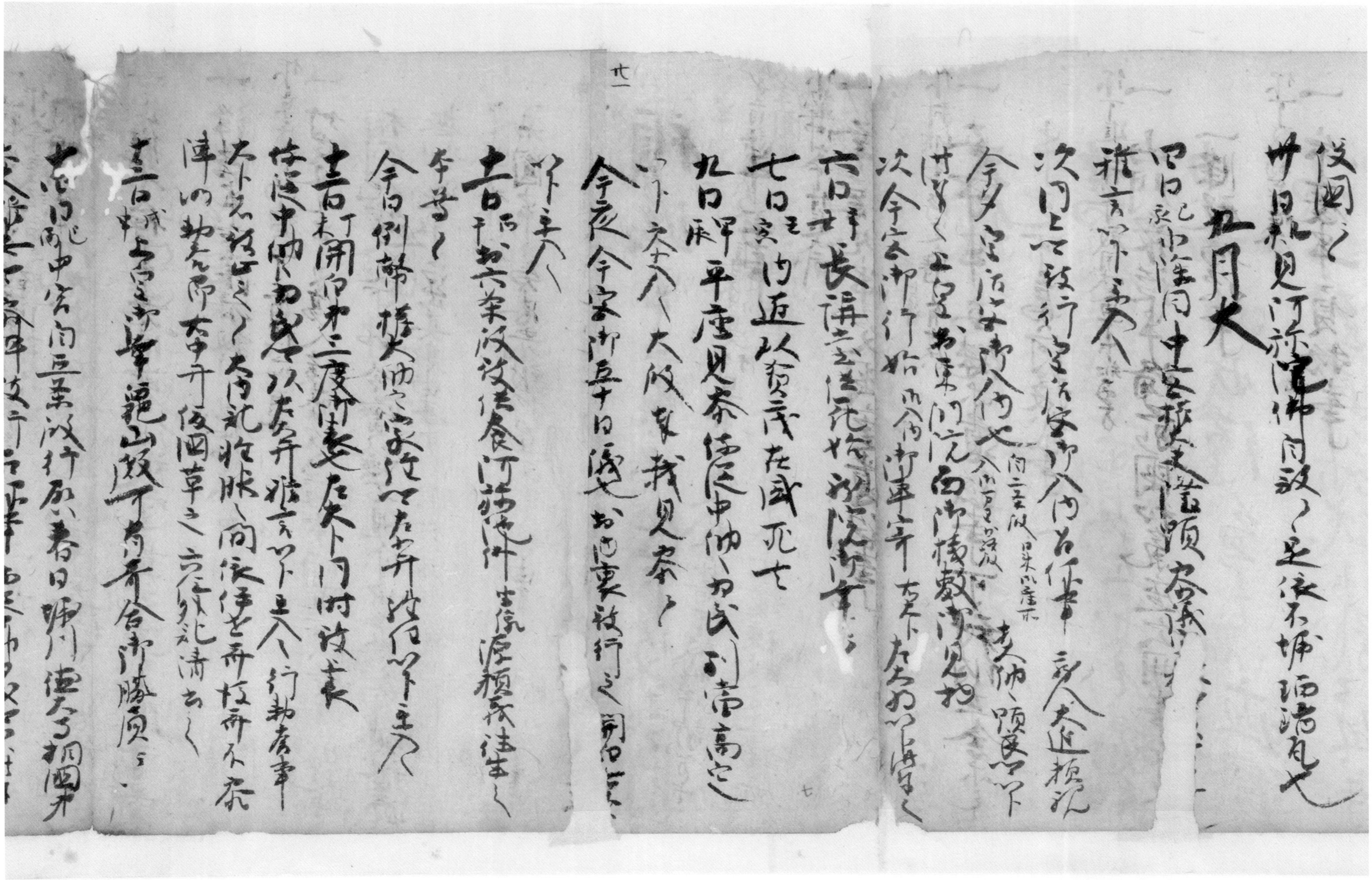

九月十四日・十五日・十七日―二十一日・二十三日・二十五日―二十七日・二十九日／十月一日

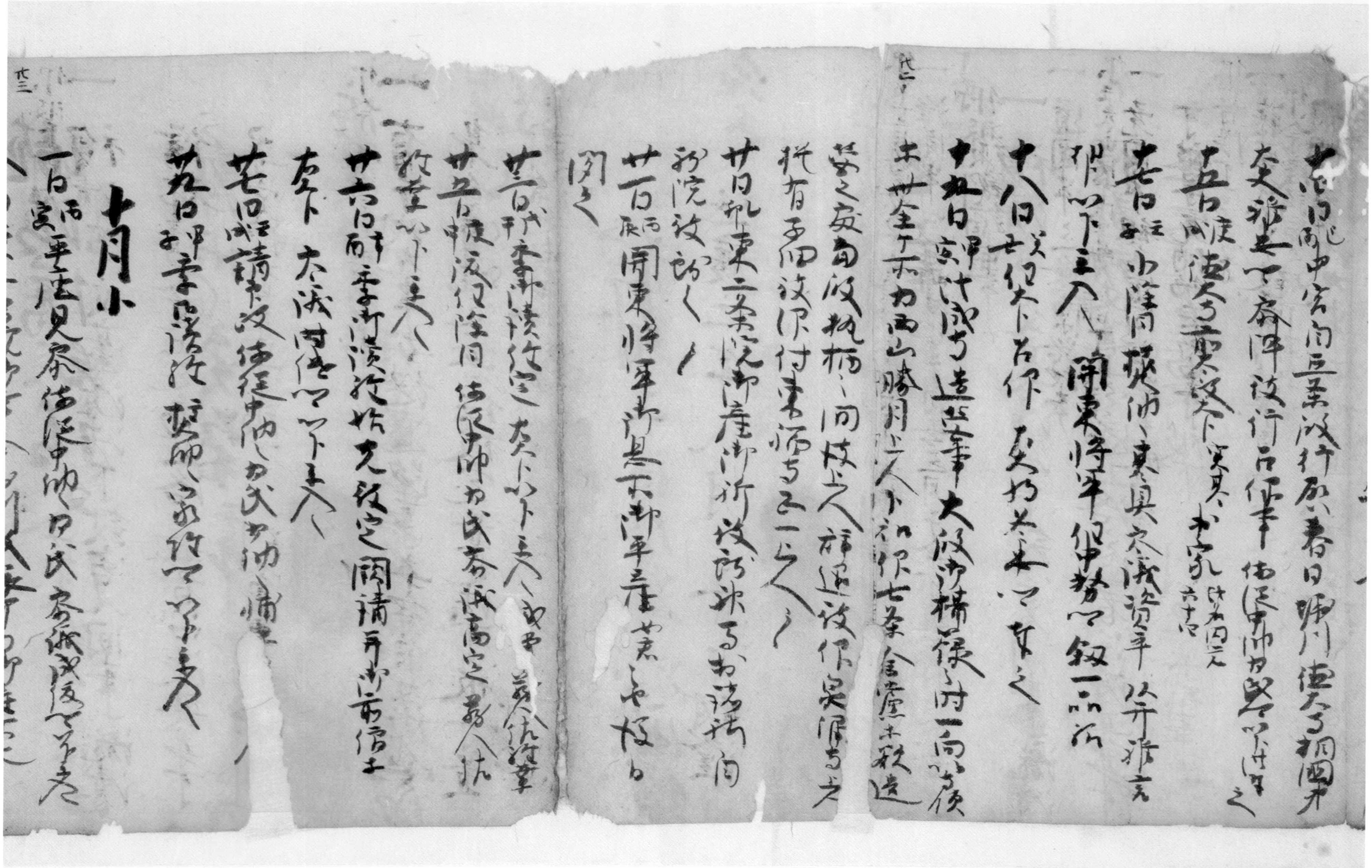

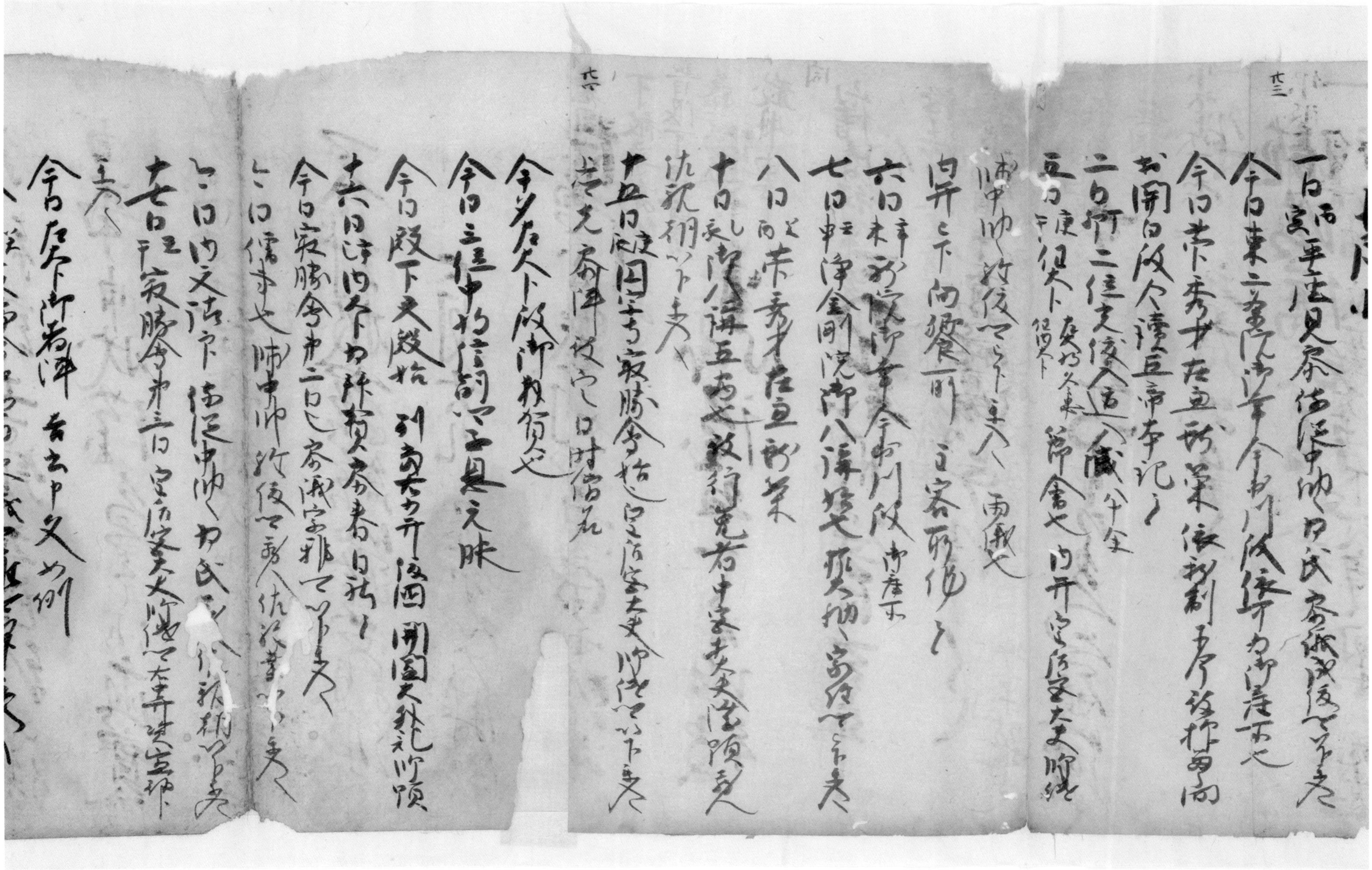

（26）　（25）

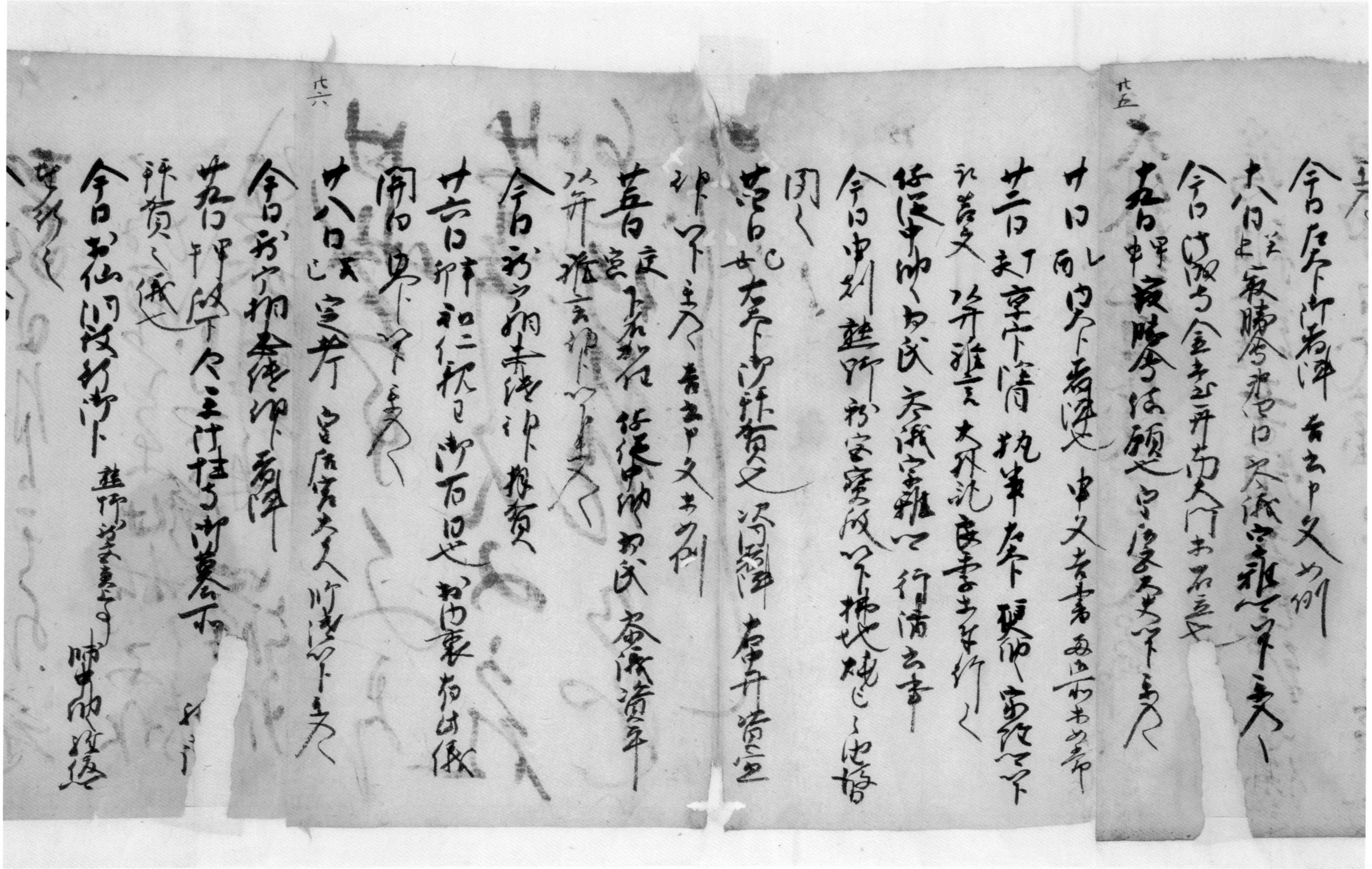
六五
六六

(27)　(28)

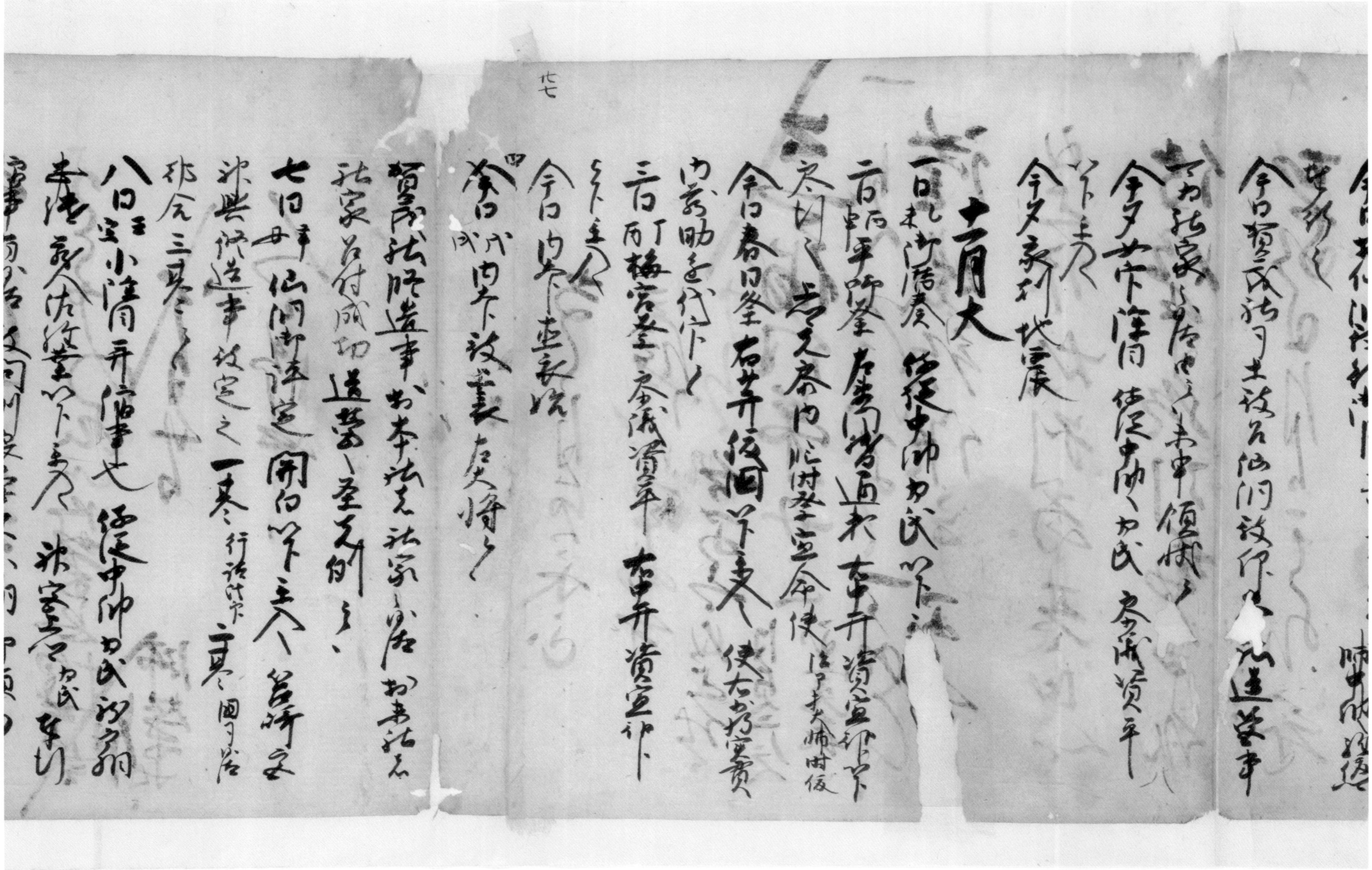

未尅 前大納言以下參入 神宮上卿〈資氏〉參仕
停事前日被問例良季不分明 可預勘申
者被仰 仰神宮上卿 被仰下候了
十日〈戊辰〉 關白被定御着帶日時事云々
十一日〈己巳〉 權中納言具氏卿以下 陣事 左中弁經藤 遍頼
十三日〈辛未〉 上卿 并大下段〈惠〉 女房 參太政大臣
弘徽々々
十四日〈壬申〉 吉田祭 權中納言 上卿 右大弁 經俊以下
參行々々 上卿
今日日吉臨時祭 使左近中将 朝臣
今日戌尅 東二条院御産 皇女 一院太上天皇之
今日御七仏藥師供 被行
前大納言以下參入
十六日〈甲戌〉 姫宮御湯始也
今夜還御 五壇御 權大納言 以下
廿奉 内侍所御神楽
十七日〈乙亥〉 皇后宮行啓 今出川殿 中納言 以下 上卿
以下供奉 行啓 内大臣
十八日〈丙子〉 太政官 參議 右大弁
以下參入
今日御産七夜 一院沙汰云々
十九日〈丁丑〉 權中納言 左大弁
經朝以下參入

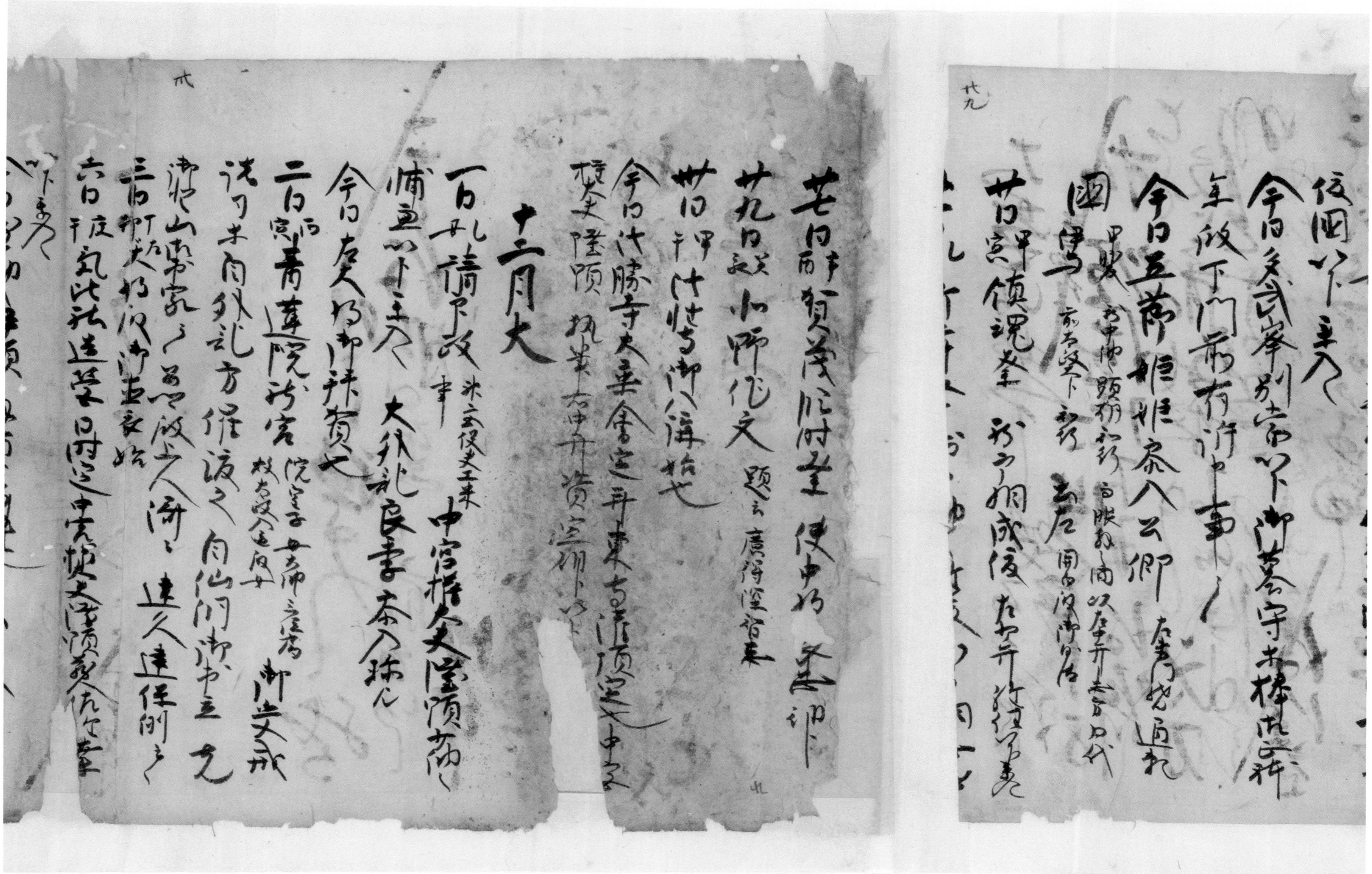

（32）　（31）

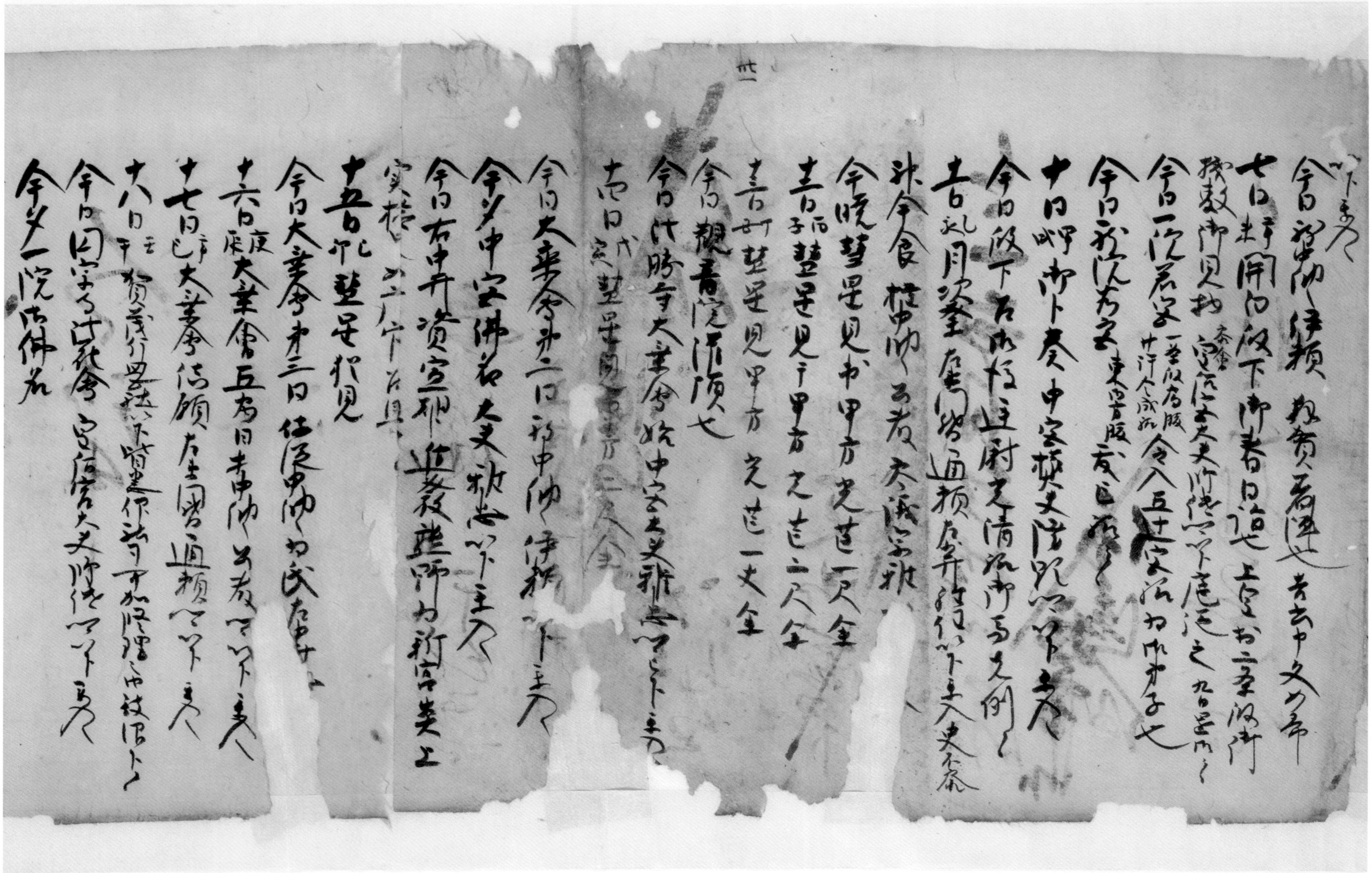

(33)

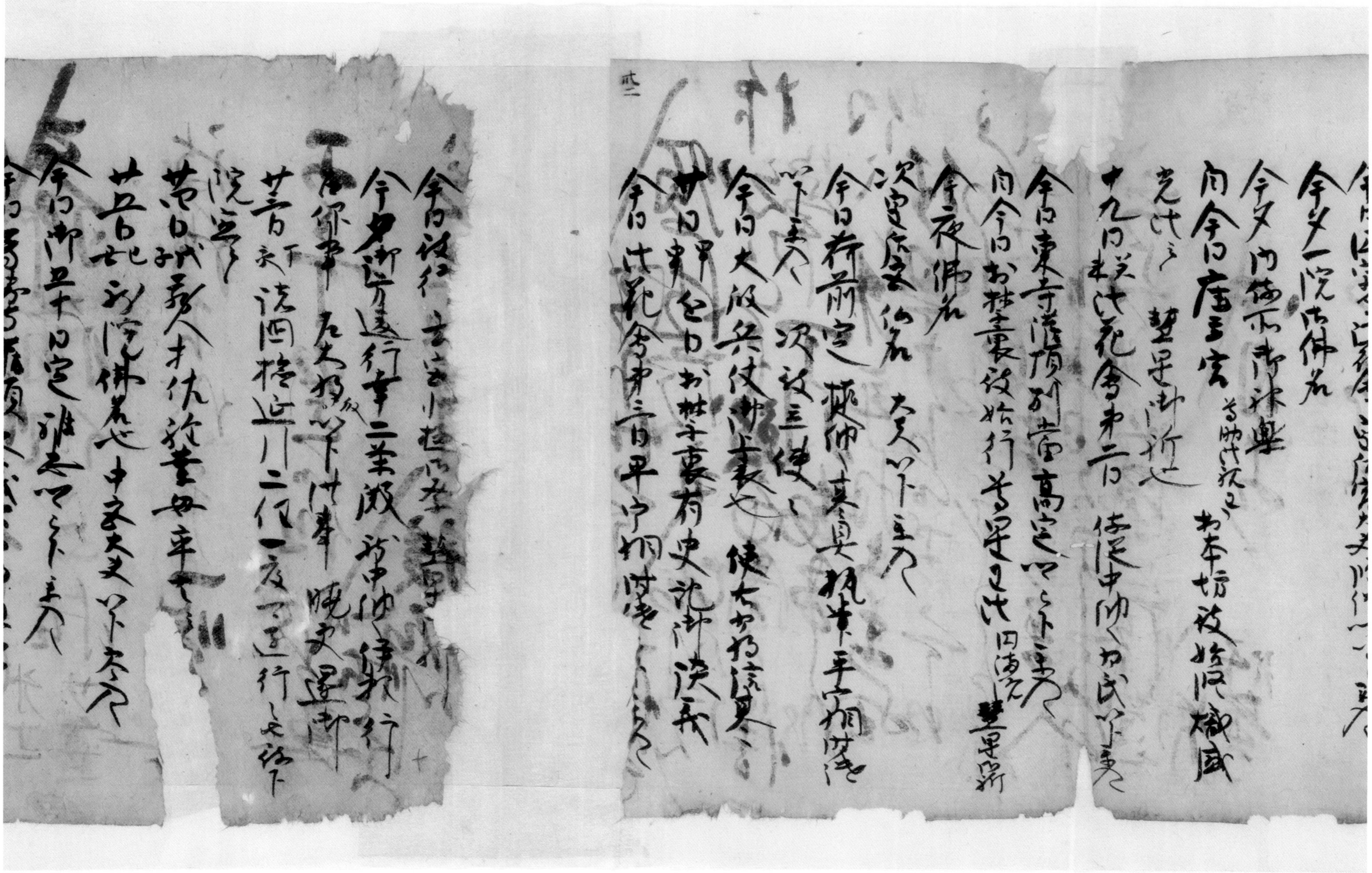

(34)

今日御卅日定雖遂行云々
今日尊勝寺灌頂 大蔵大輔為通朝臣参行云々
今夕小除目 清書権中納言 少外記[illegible]参行云々
廿七日庚戌
宣仁門院評定 備後段て清整足之失
検非違使事
今日[illegible]宣下 以[illegible]勘状之 青[illegible] 権中納言 少外記氏
以下雑云々
今日五辻新宮[illegible] 院[illegible] 南都[illegible]文殿之沙汰
玄書 同外記方假之
戌刻 彗星出見于西方
若日[illegible]検非違使事て[illegible]見之由
作之
戌刻 彗星見于西方 一丈余
廿九日[illegible]請下改 権中納言定実 少納言[illegible]参下
云々
今日尊勝寺灌頂 帥中納言[illegible]参下云々
亥刻 彗星於中見
卅日[illegible] 權中納言 少外記氏 大蔵[illegible]
云々 少納言不参 大史[illegible]
右[illegible]云々

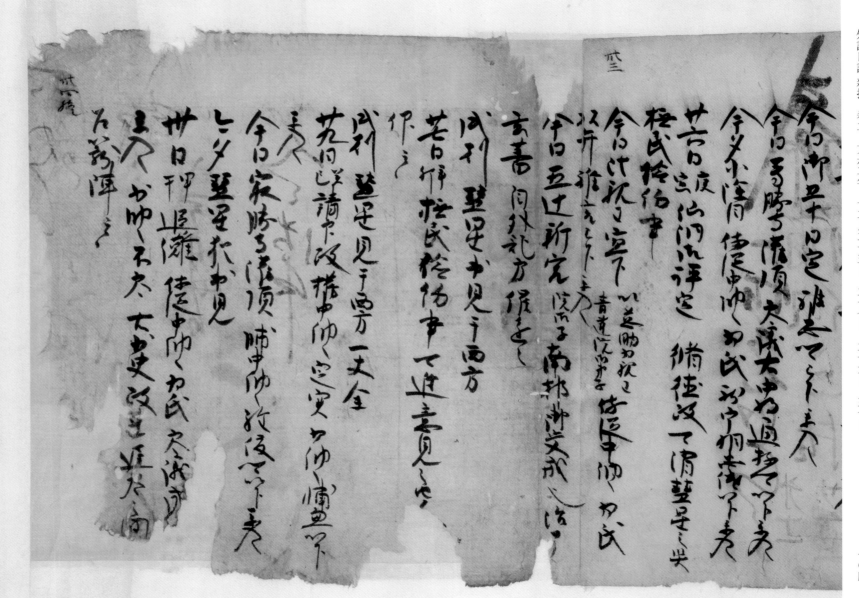

巻尾

巻二紙背

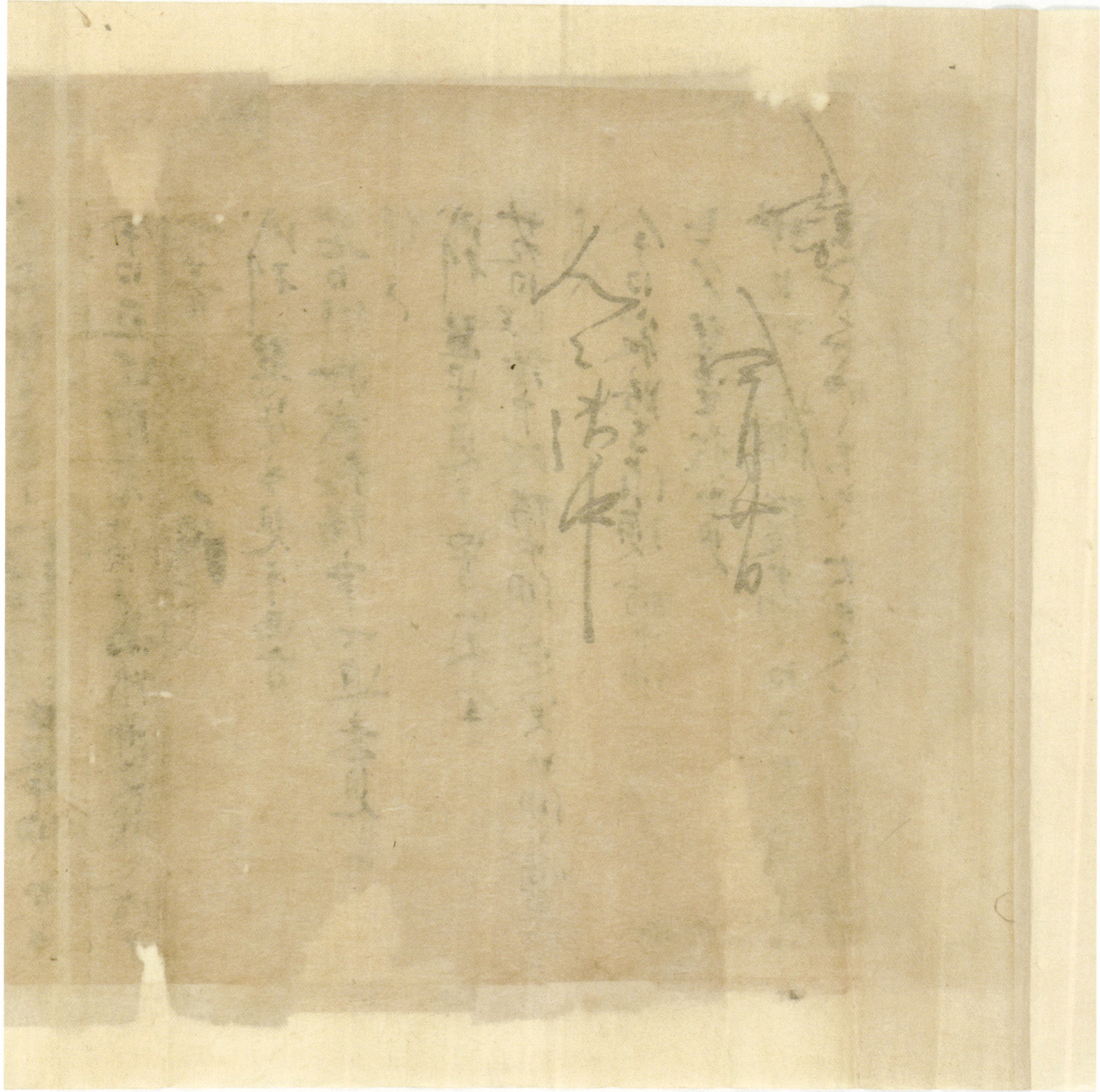

（35）

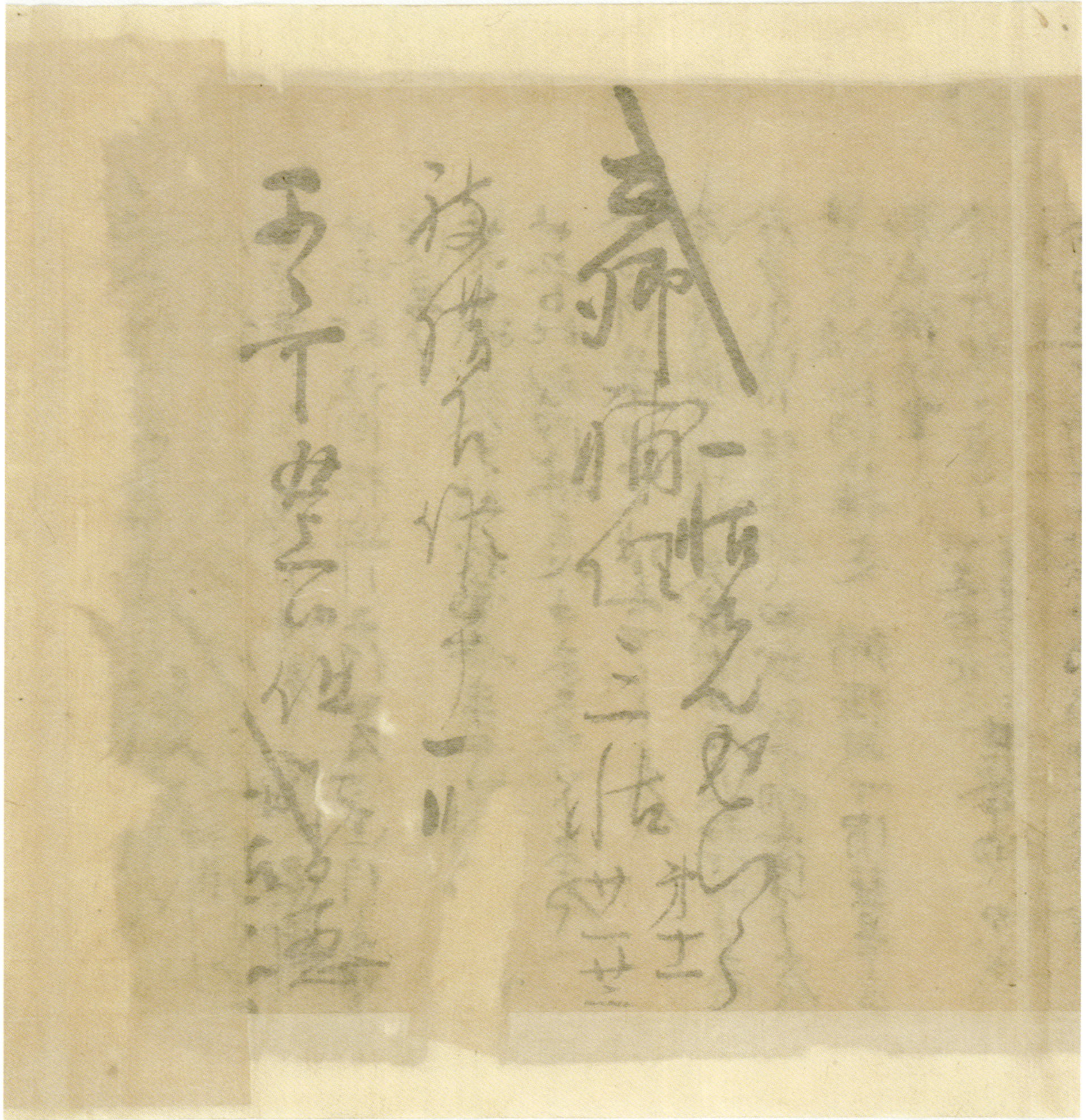

（34）　（35）

(33) (34)

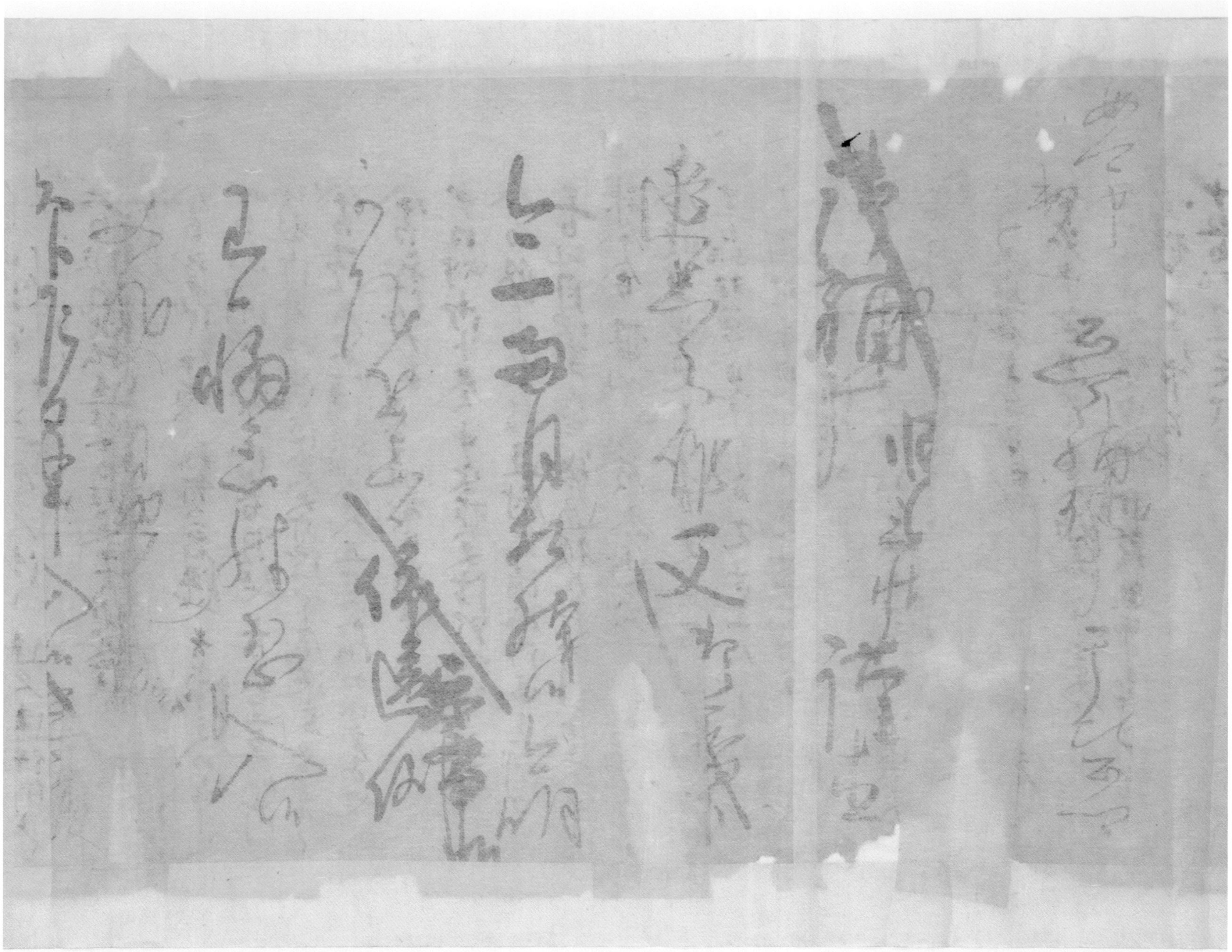

（32）　（33）

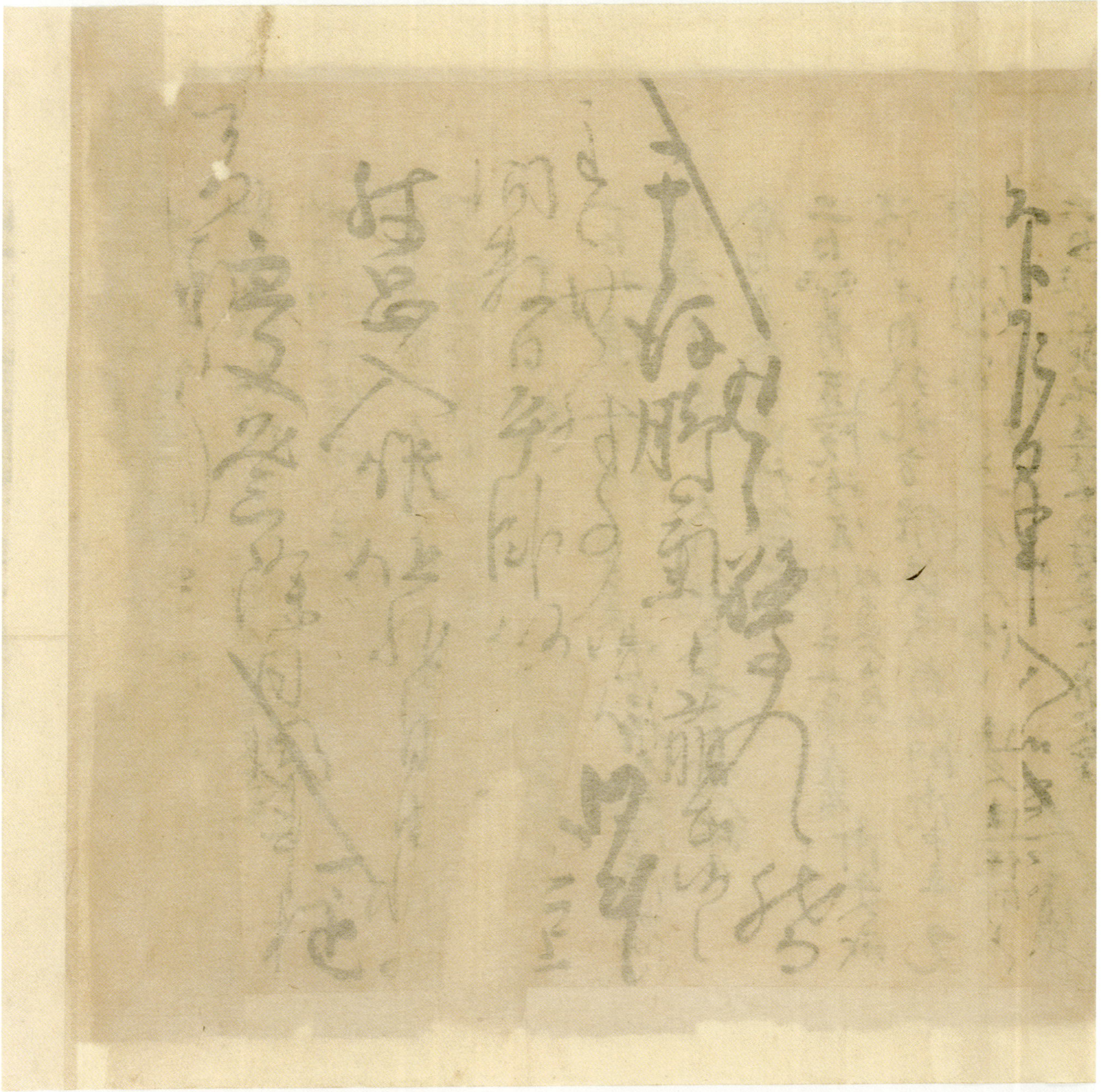

（31）　（32）

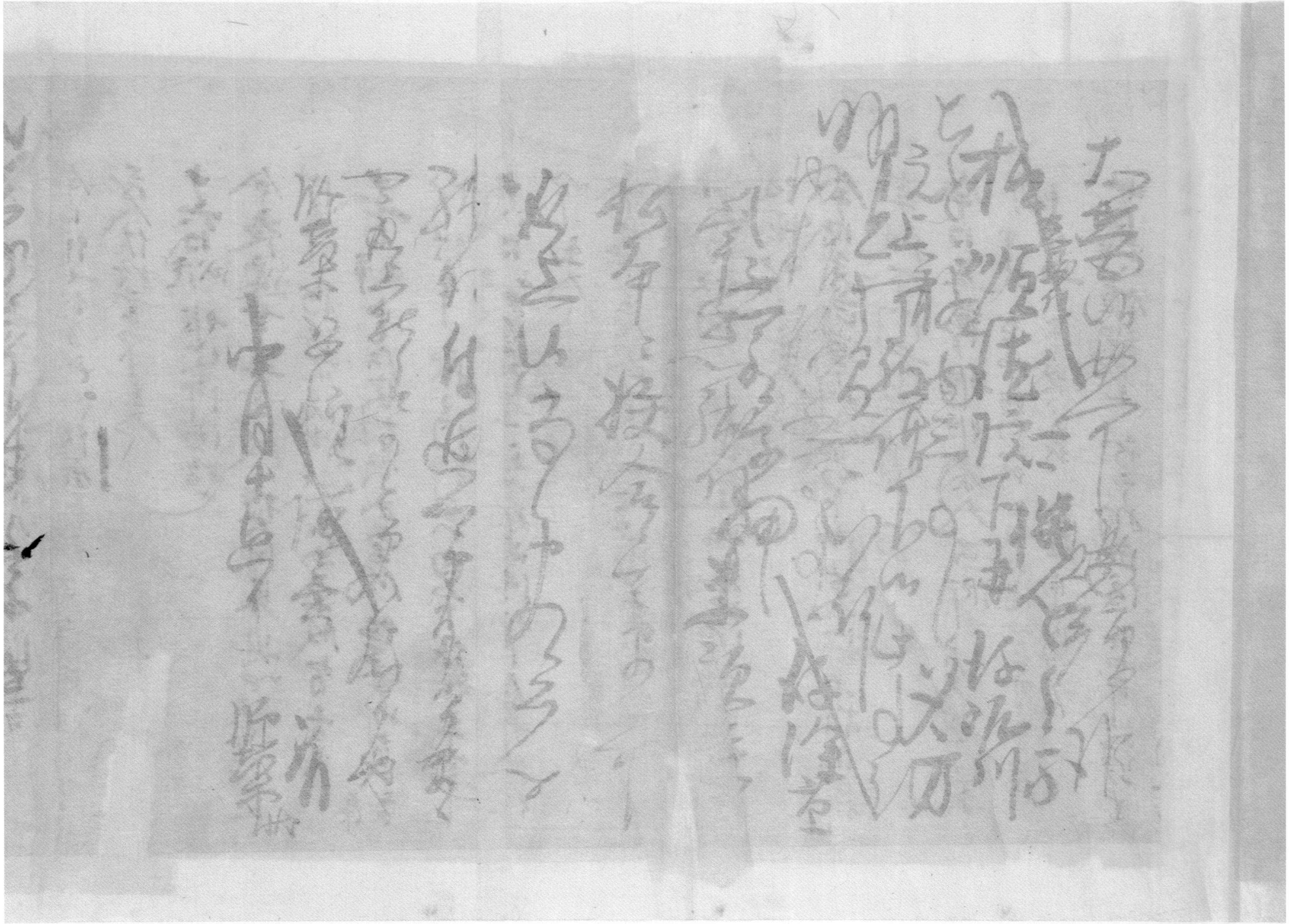

（30）　（31）

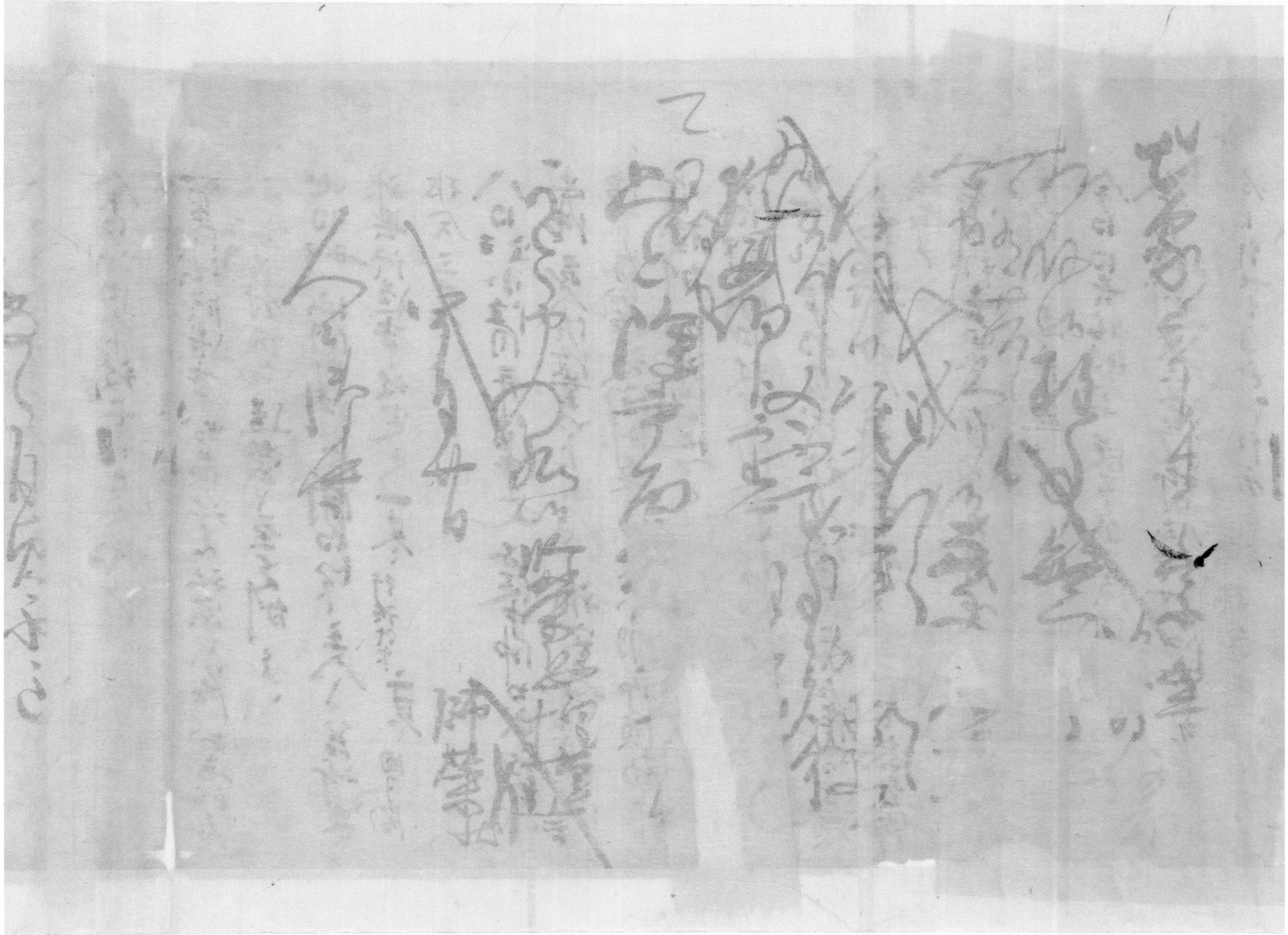

(29)　(30)

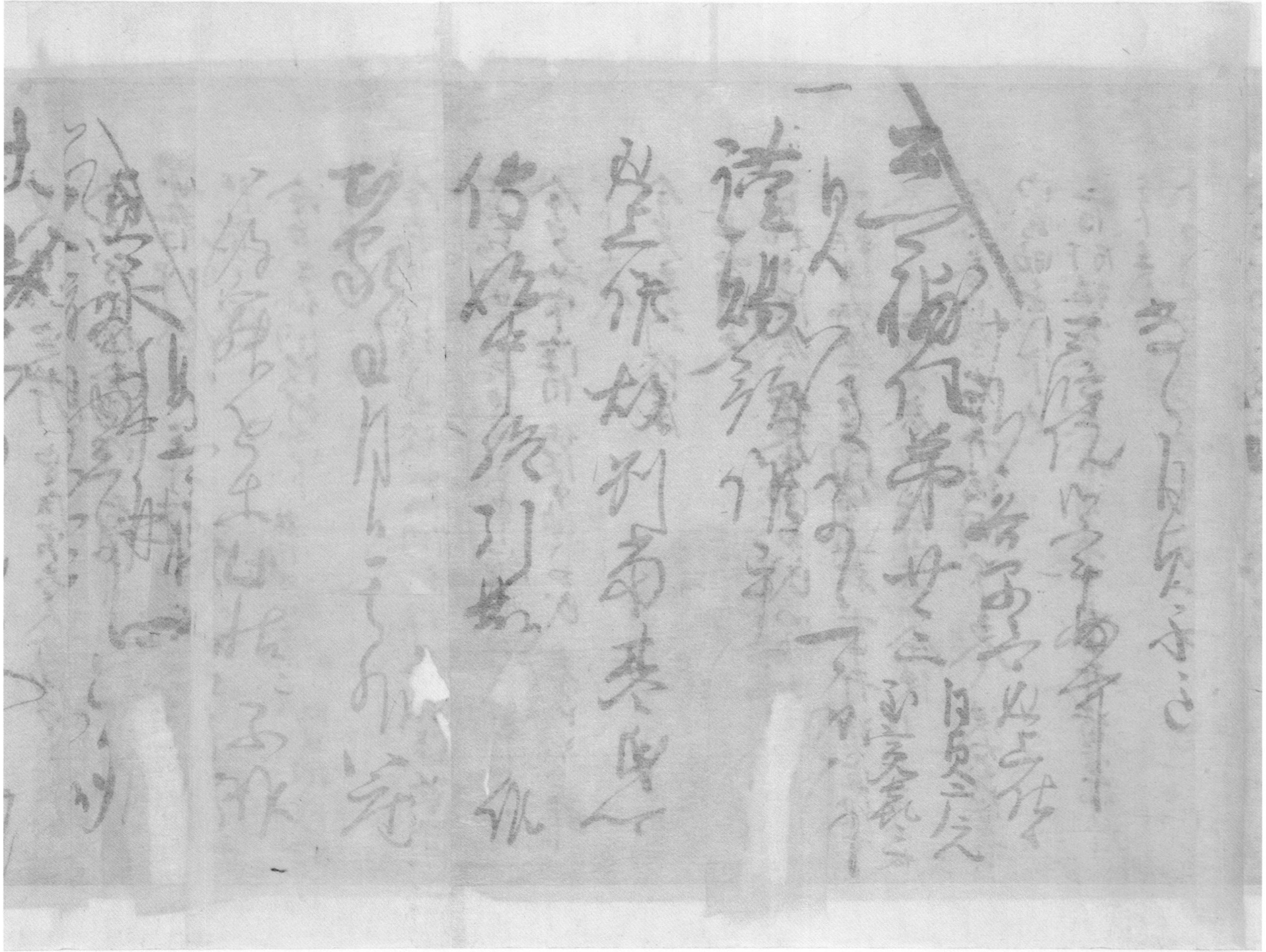

（28）　（29）

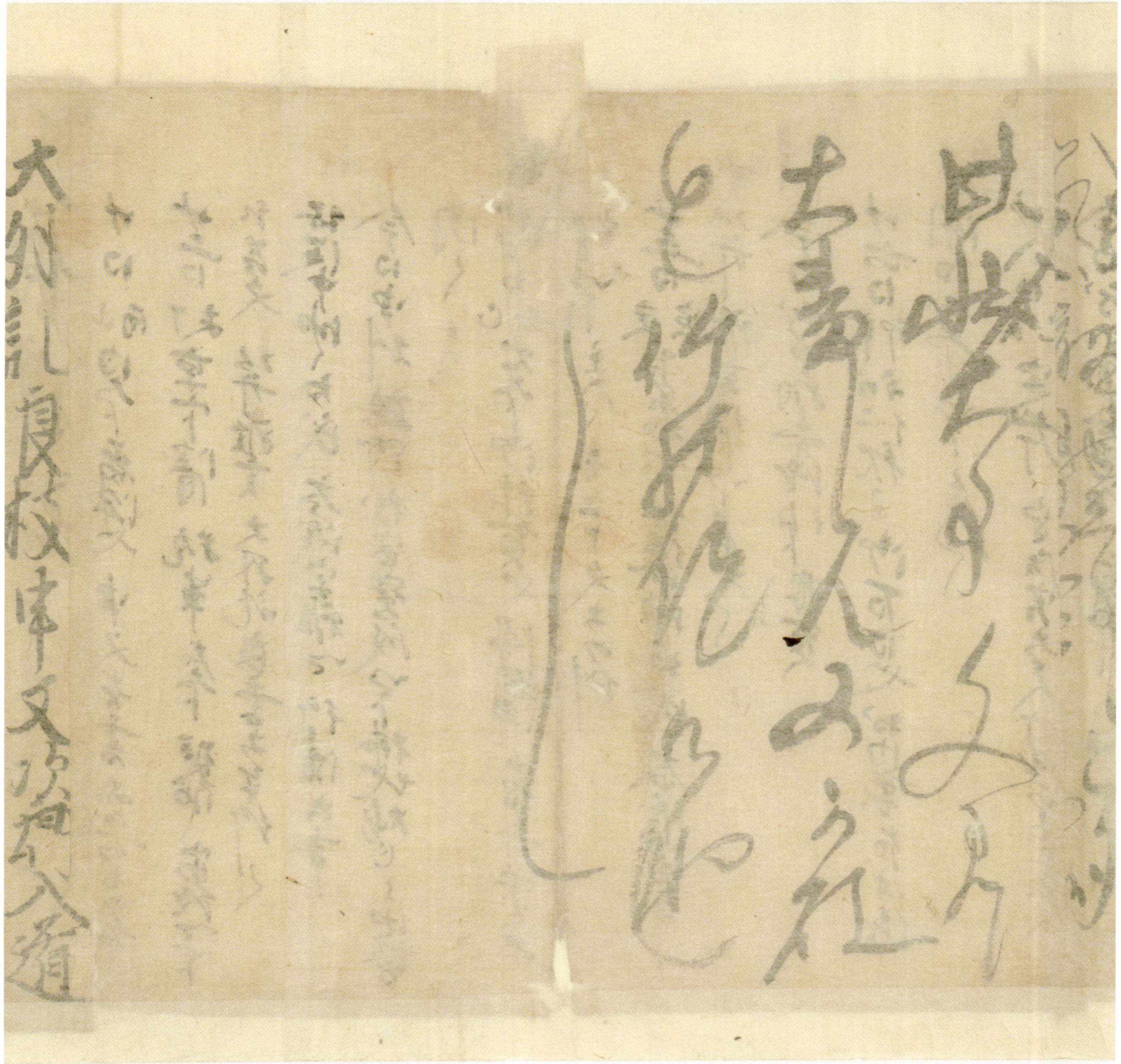

（27）　（28）

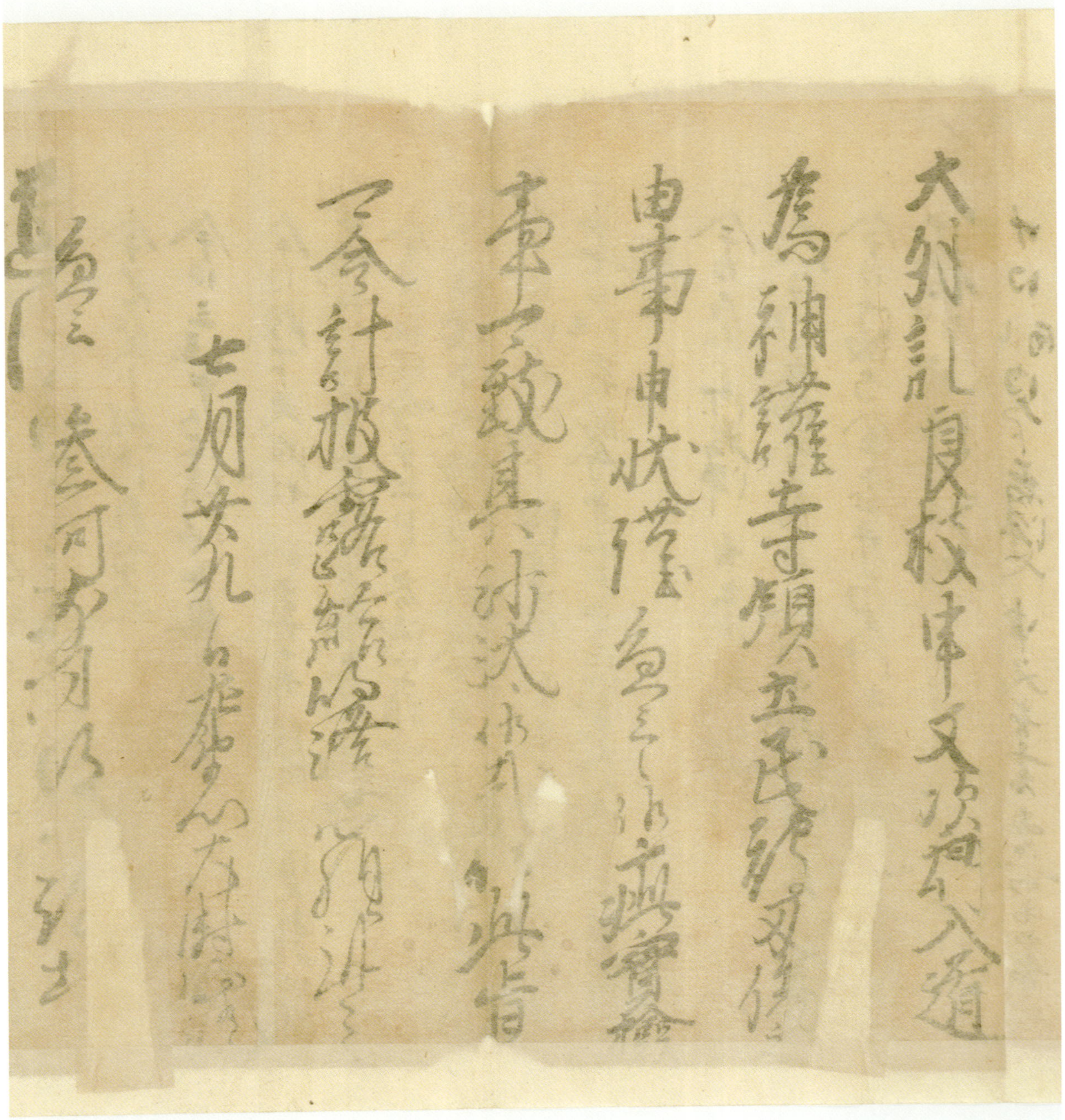

(26)　(27)

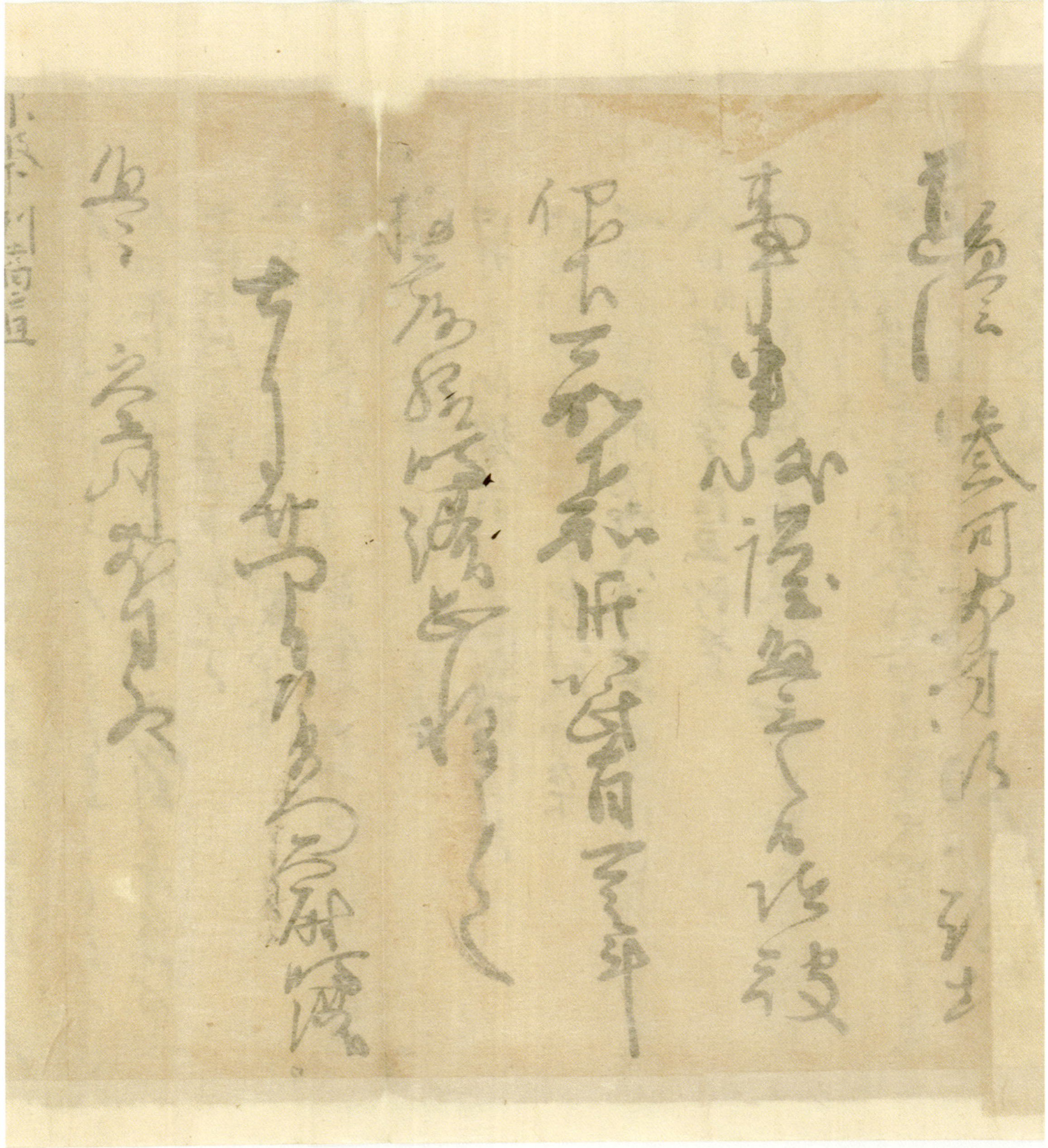

（25）　（26）

一（小：擬下 別当宣）禎清申、父豪清法下致害人間事　瀧清

信都請文進上之、適上洛之上者、召渡其身、

尋究犯否之由、可被下　別当

一（小：今度詔返之時、可申下）有千代丸申、女継直路事、寺下女所人々

身令直進之上者、任被定置之法、可弁置

訴訟之由

延慶二年八月二日　明澄

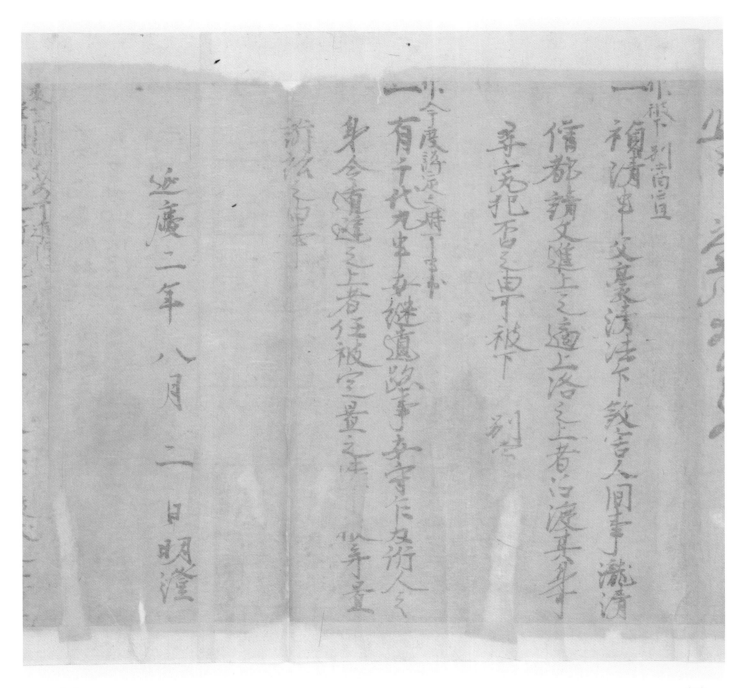

（23）　　（24）

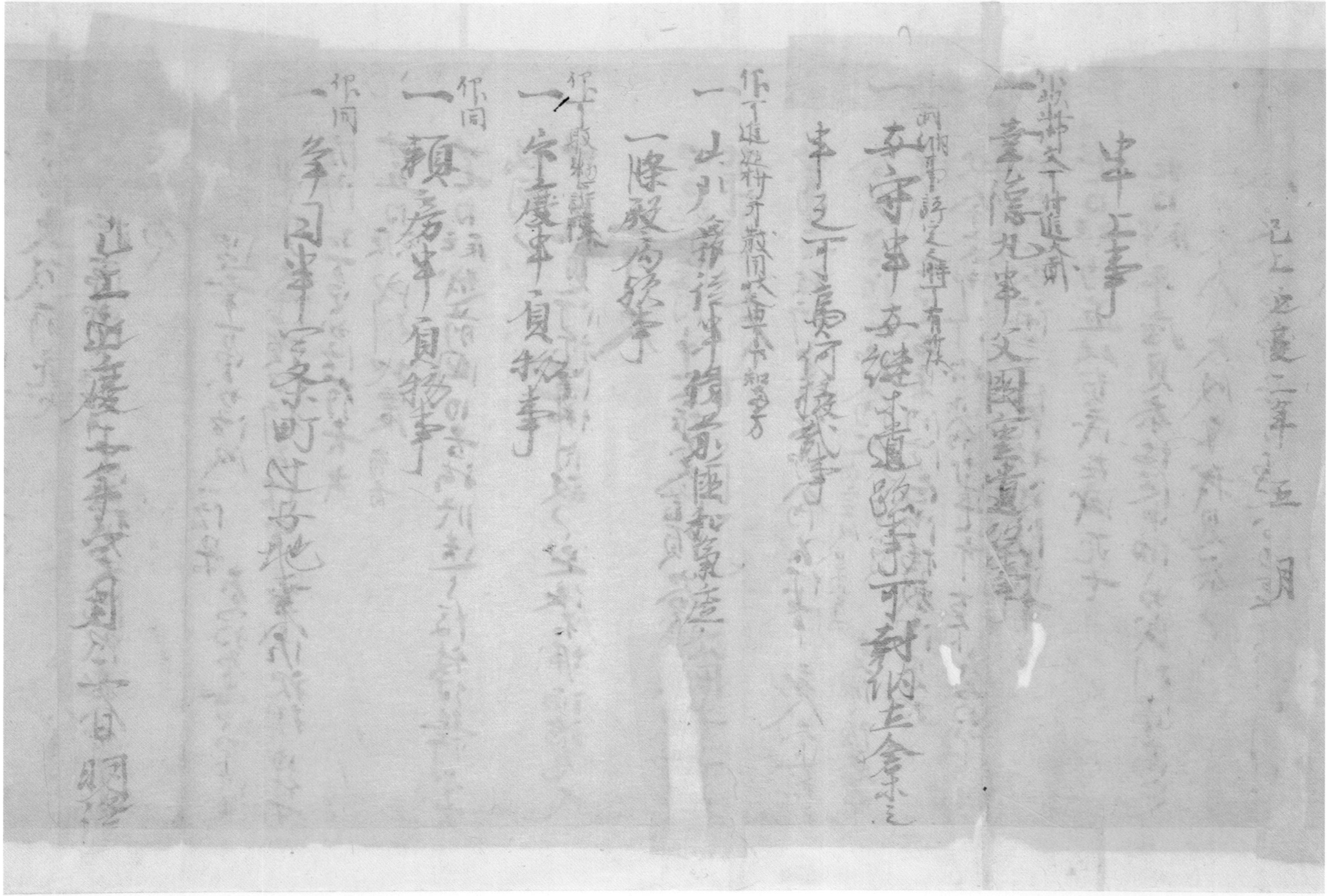

(22) (23)

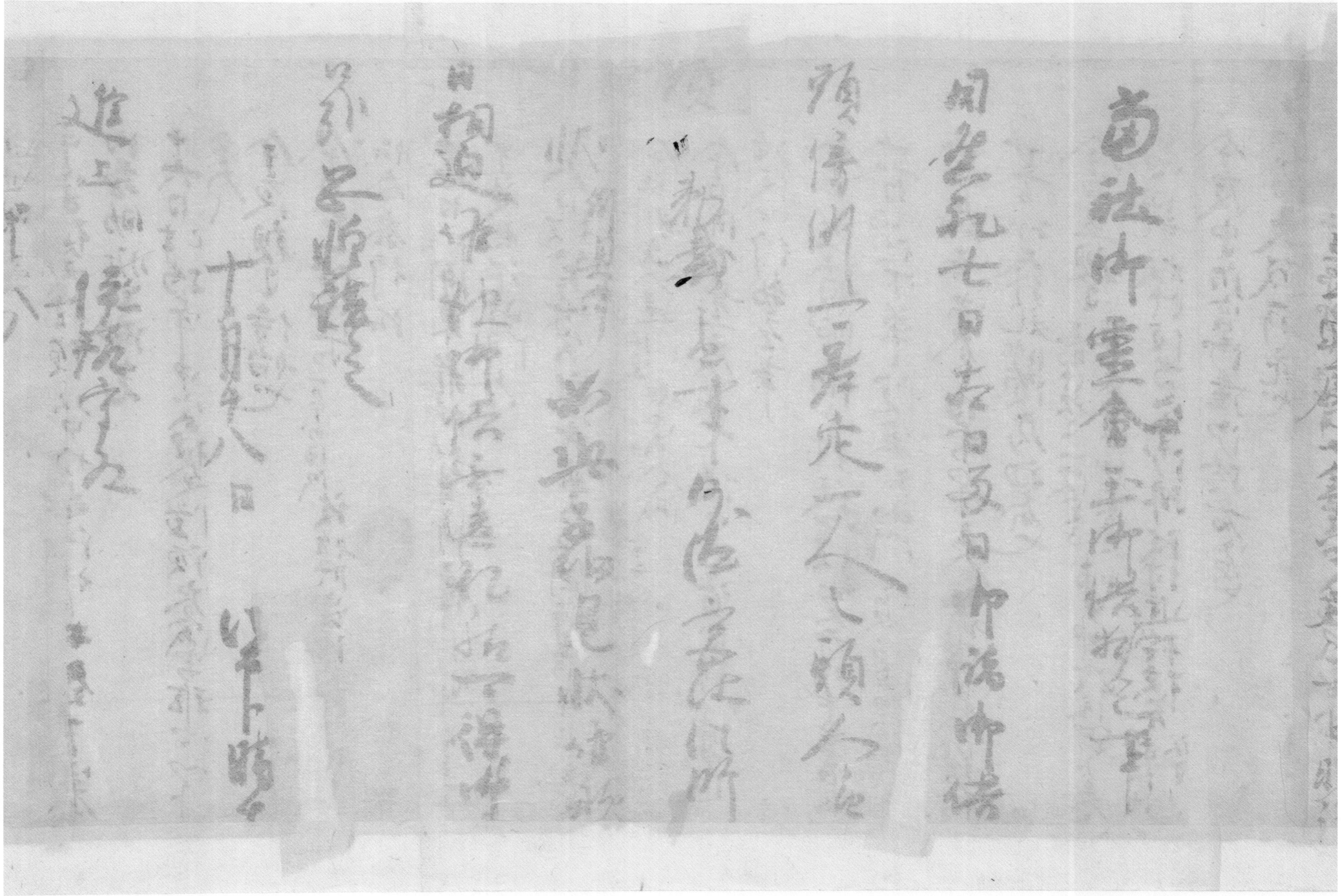

（21）　（22）

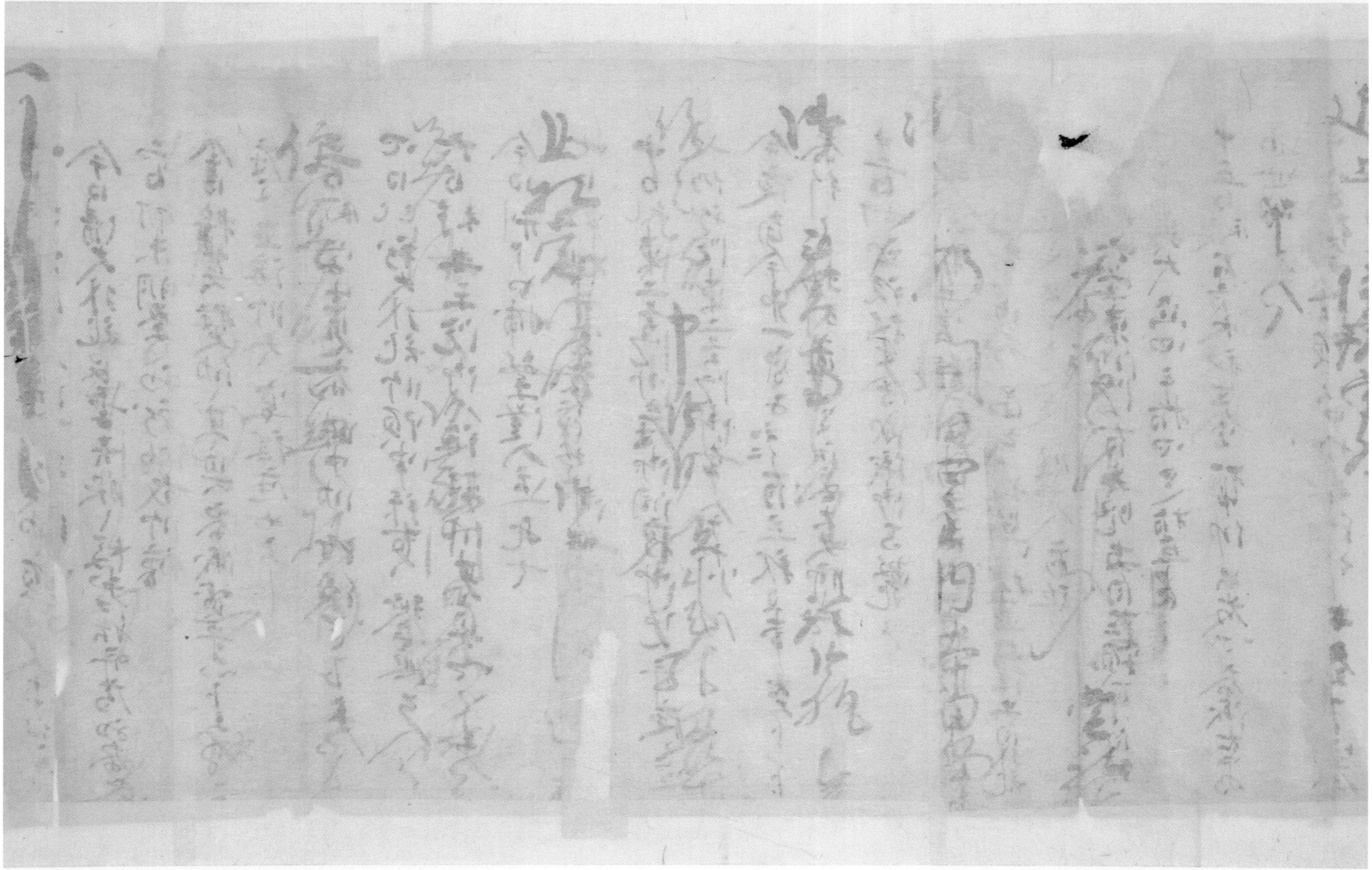

（20）　（21）

（19）　（20）

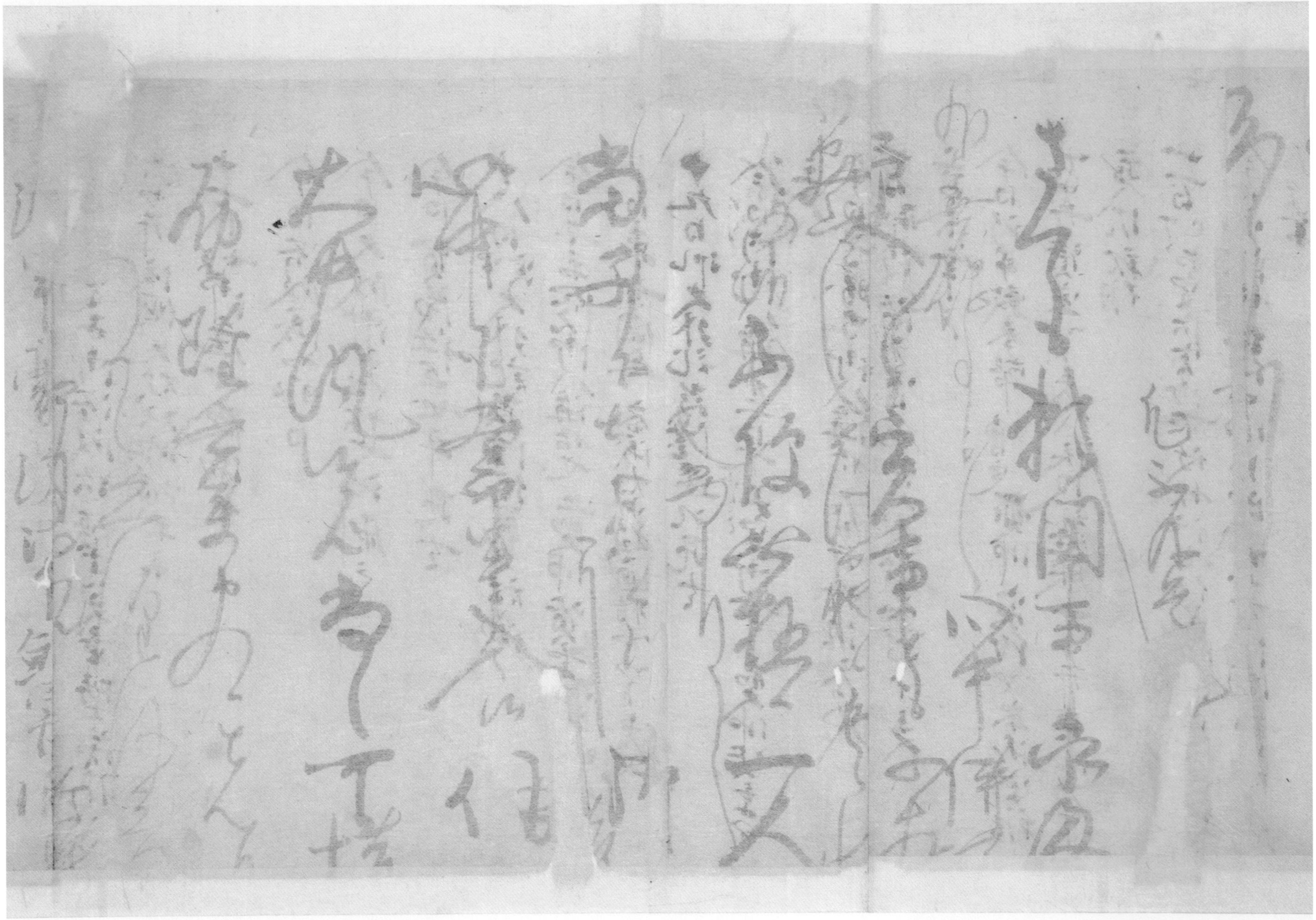

（18）　（19）

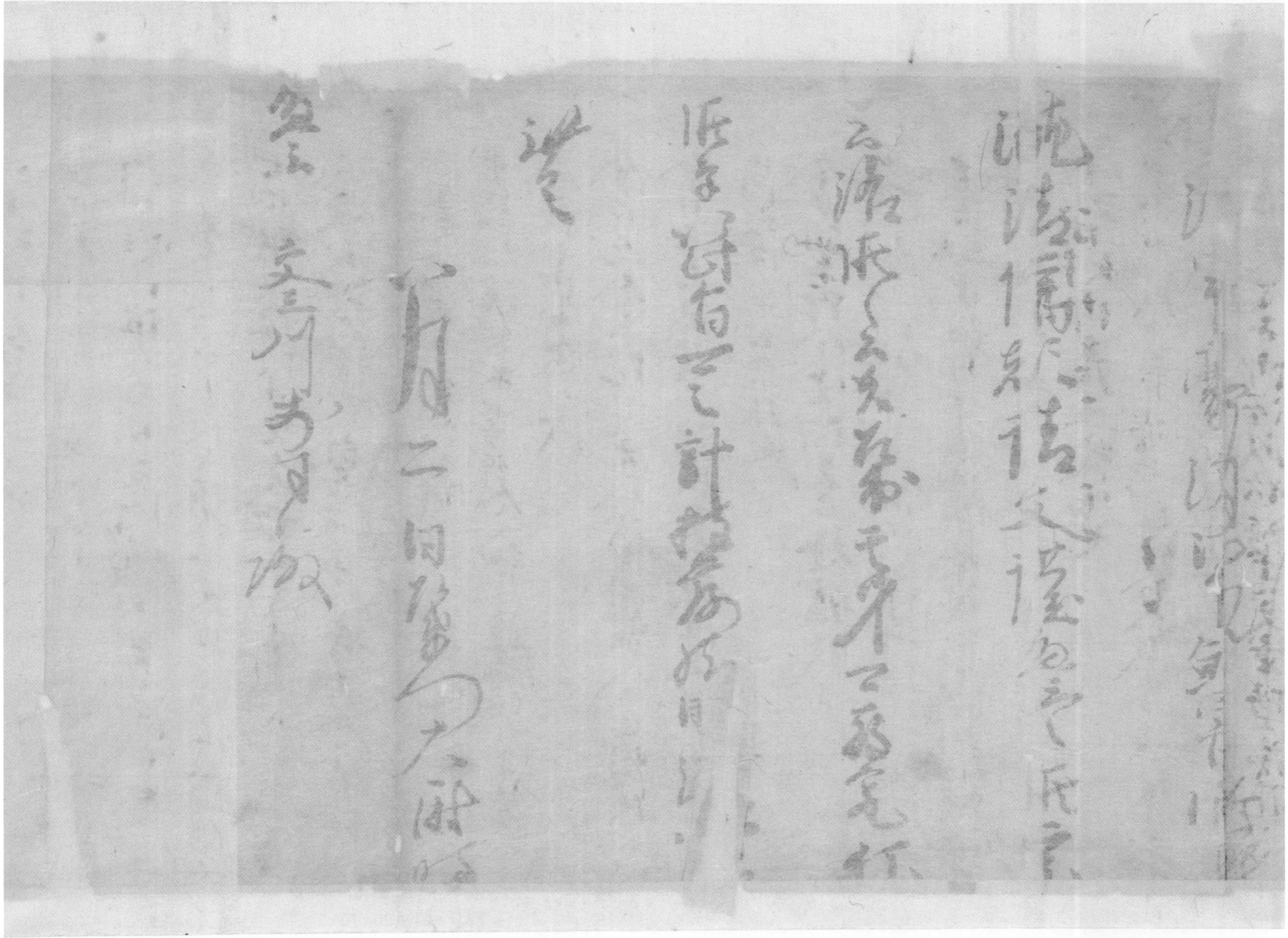

（17）　（18）

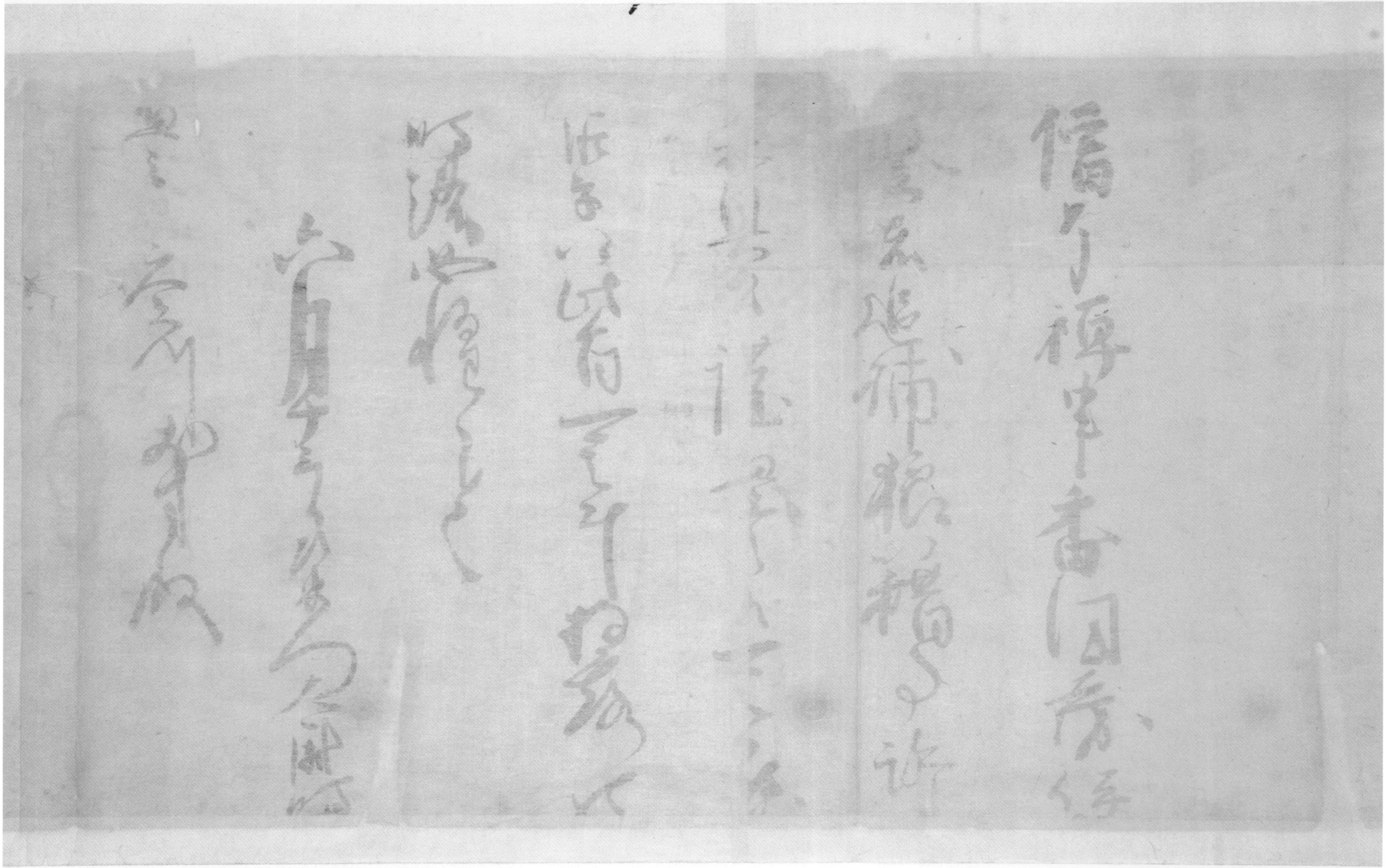

（16）　（17）

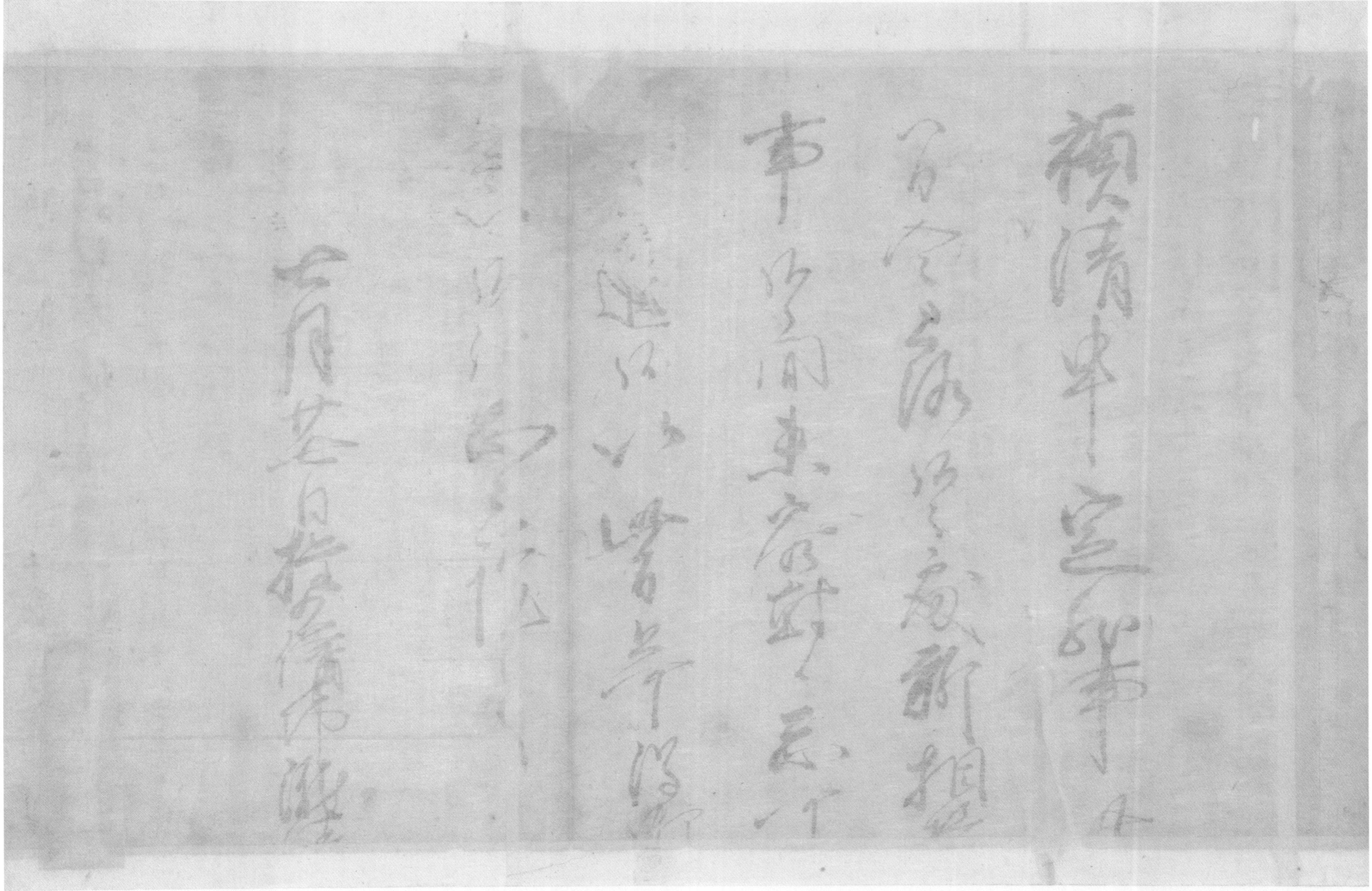

(15)　(16)

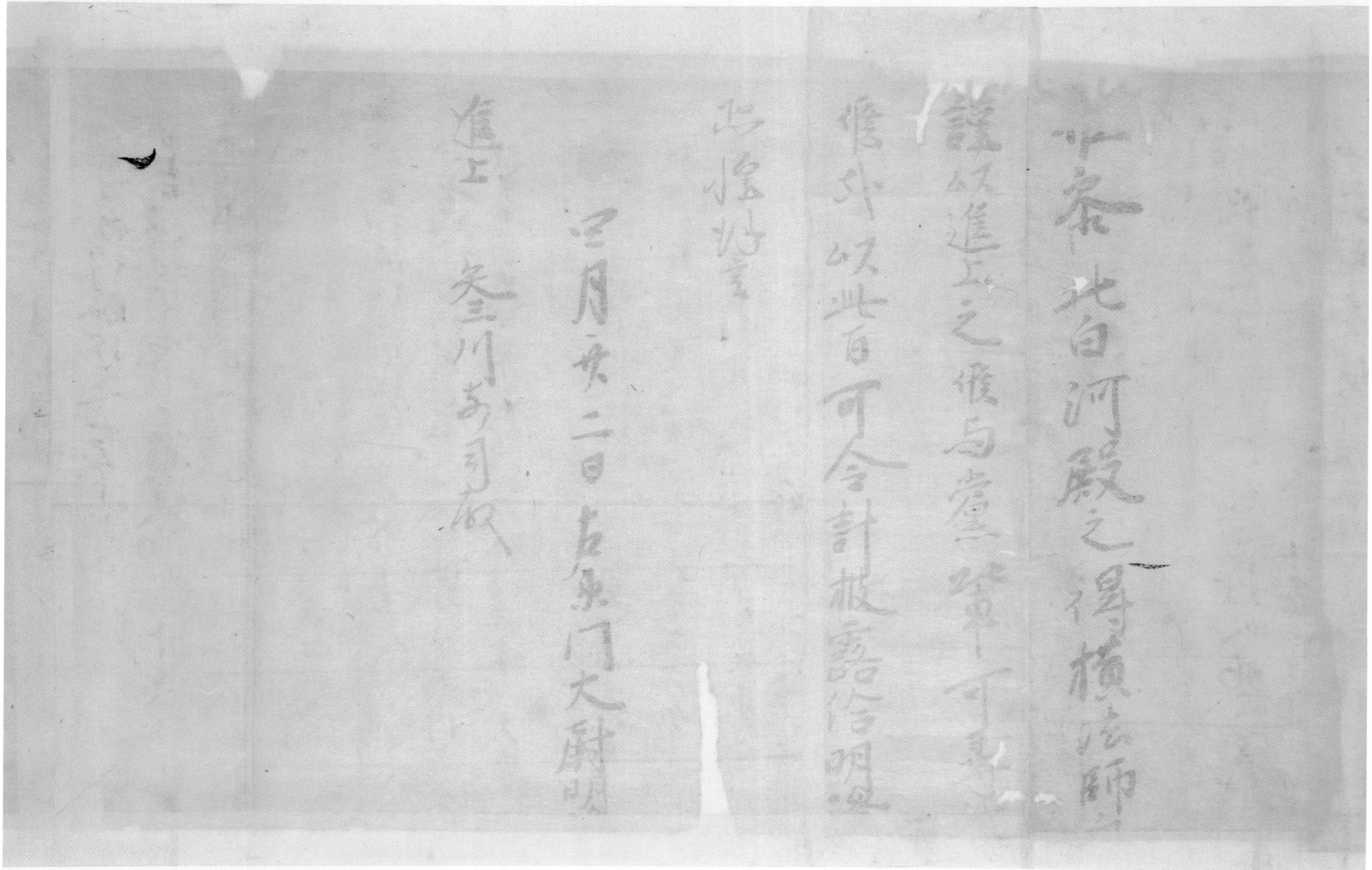
一奉北白河殿之得横法師
謹以進上之　但為當時可致
但以此旨可令計被露給明
恐惶謹言
四月廿二日　右京門大尉明
進上　參川前司殿

(14)　(15)

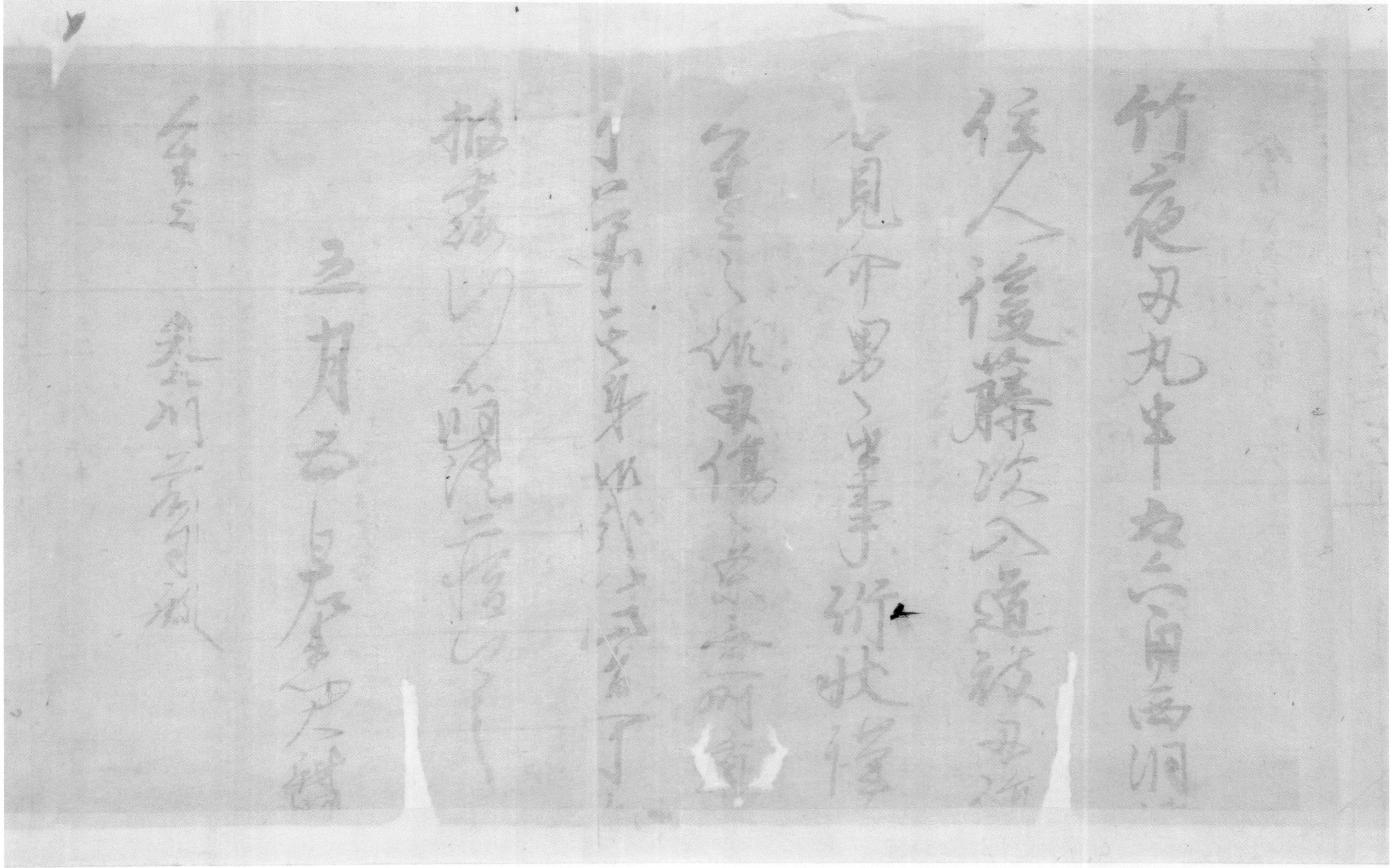

（13）　（14）

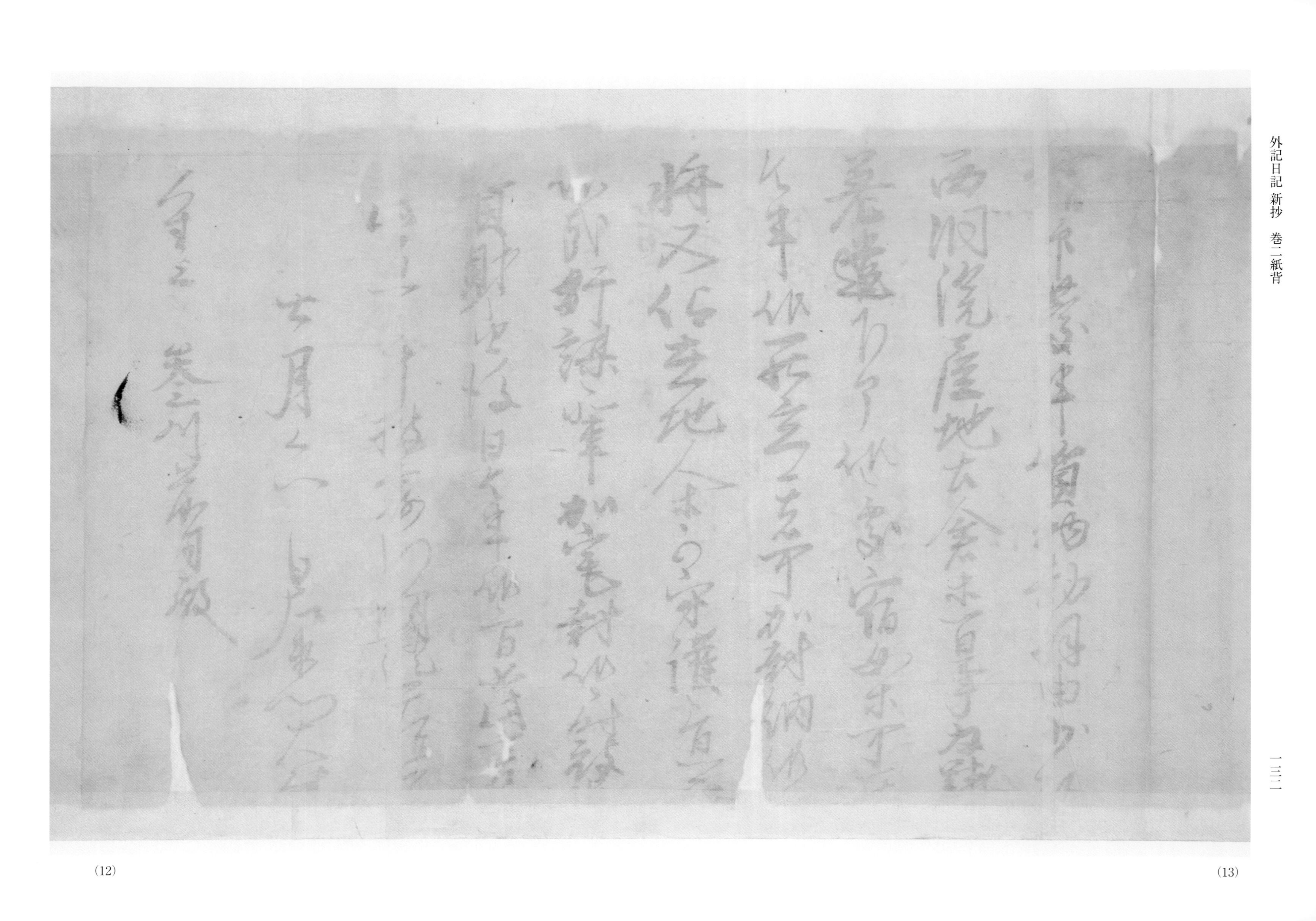

（12）　（13）

（11）　（12）

（10）

（11）

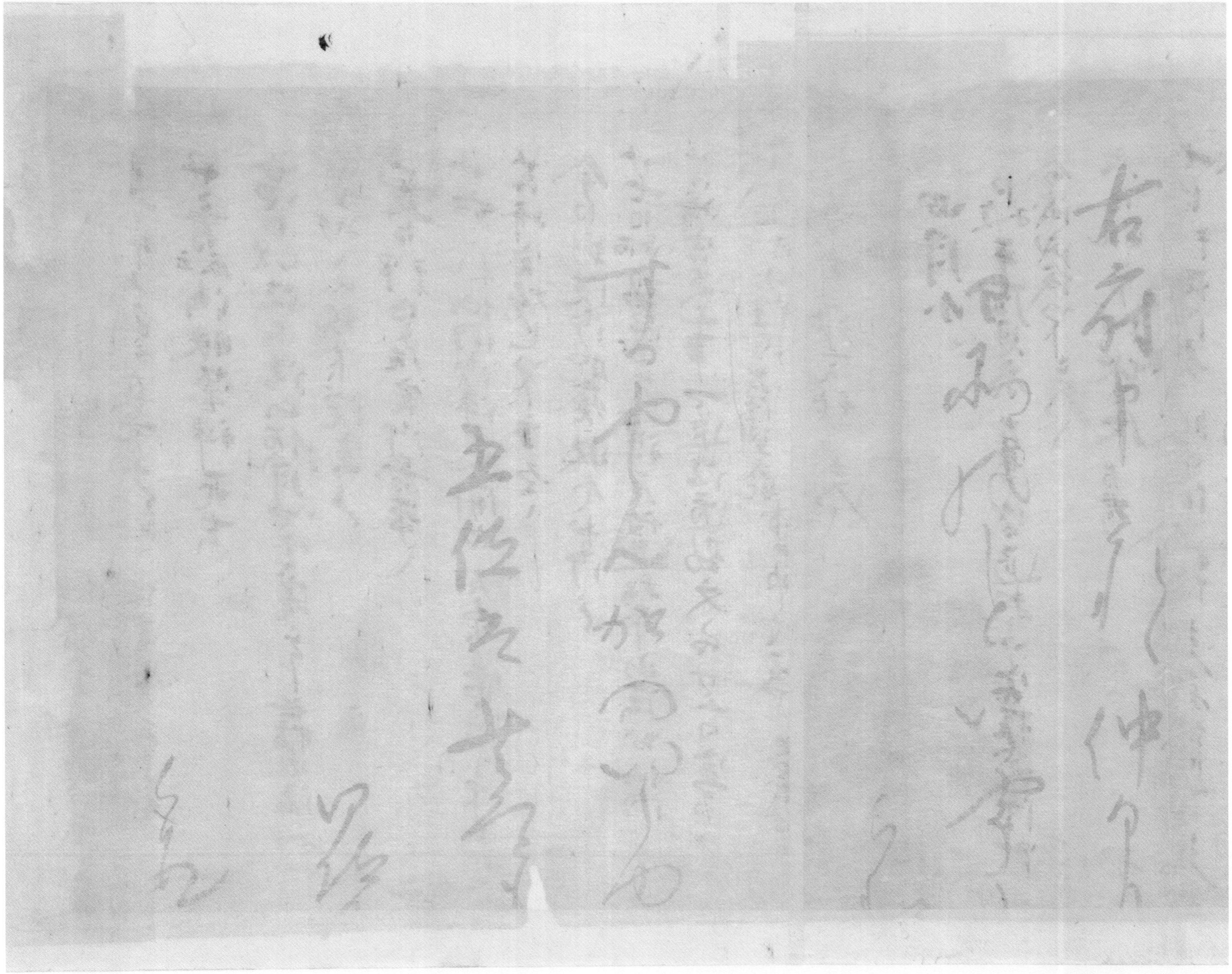

(9)　(10)

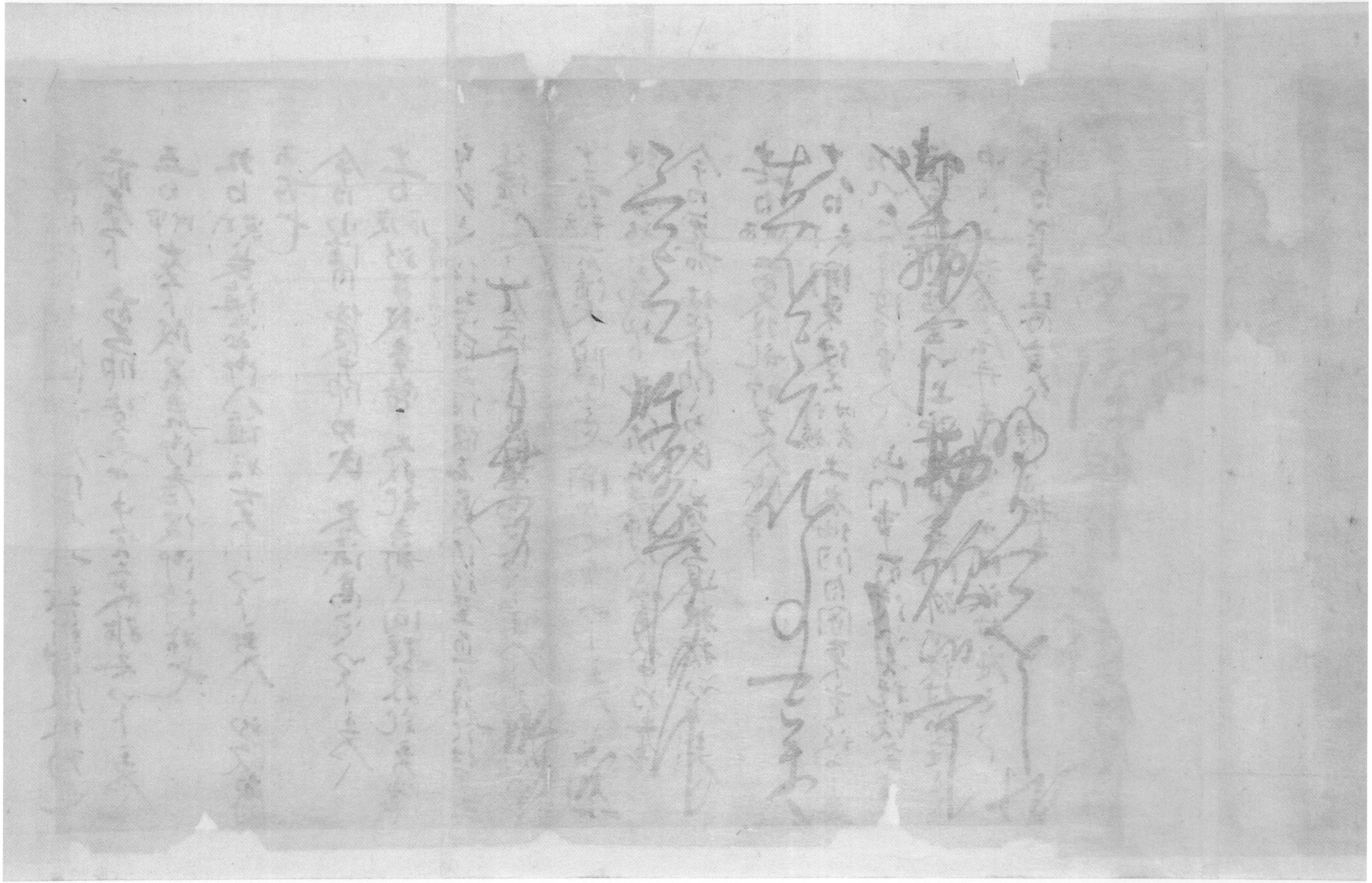

(8)　　(9)

(7)　(8)

(6)　(7)

（5）　（6）

（4）　（5）

(3)　(4)

（2）　（3）

(1)　(2)

巻　三

文永三年

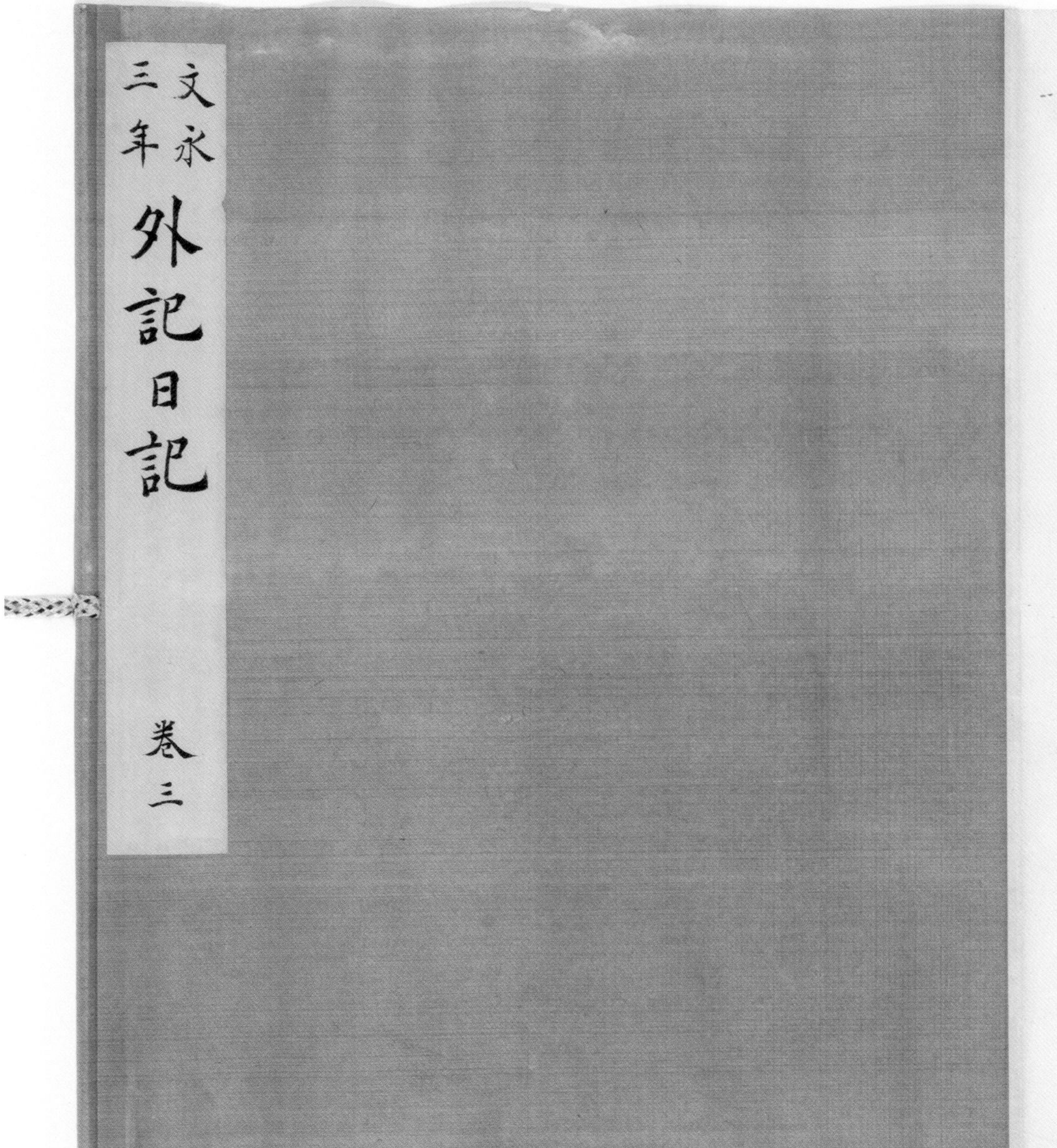
文永三年
外記日記
巻三

文永三年
外記日記
巻三

新抄
三

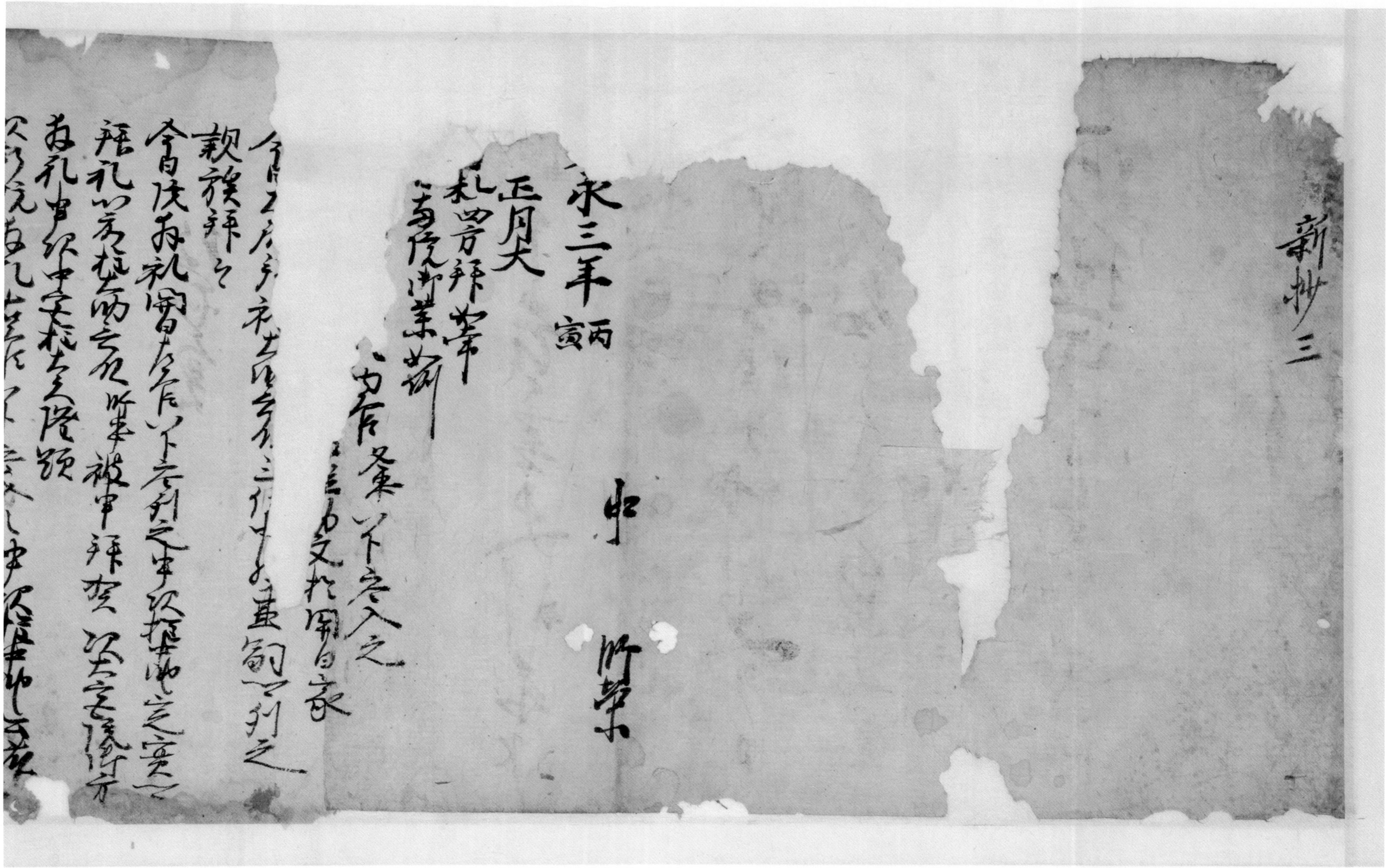
新抄 三
正月大

（2）　（1）

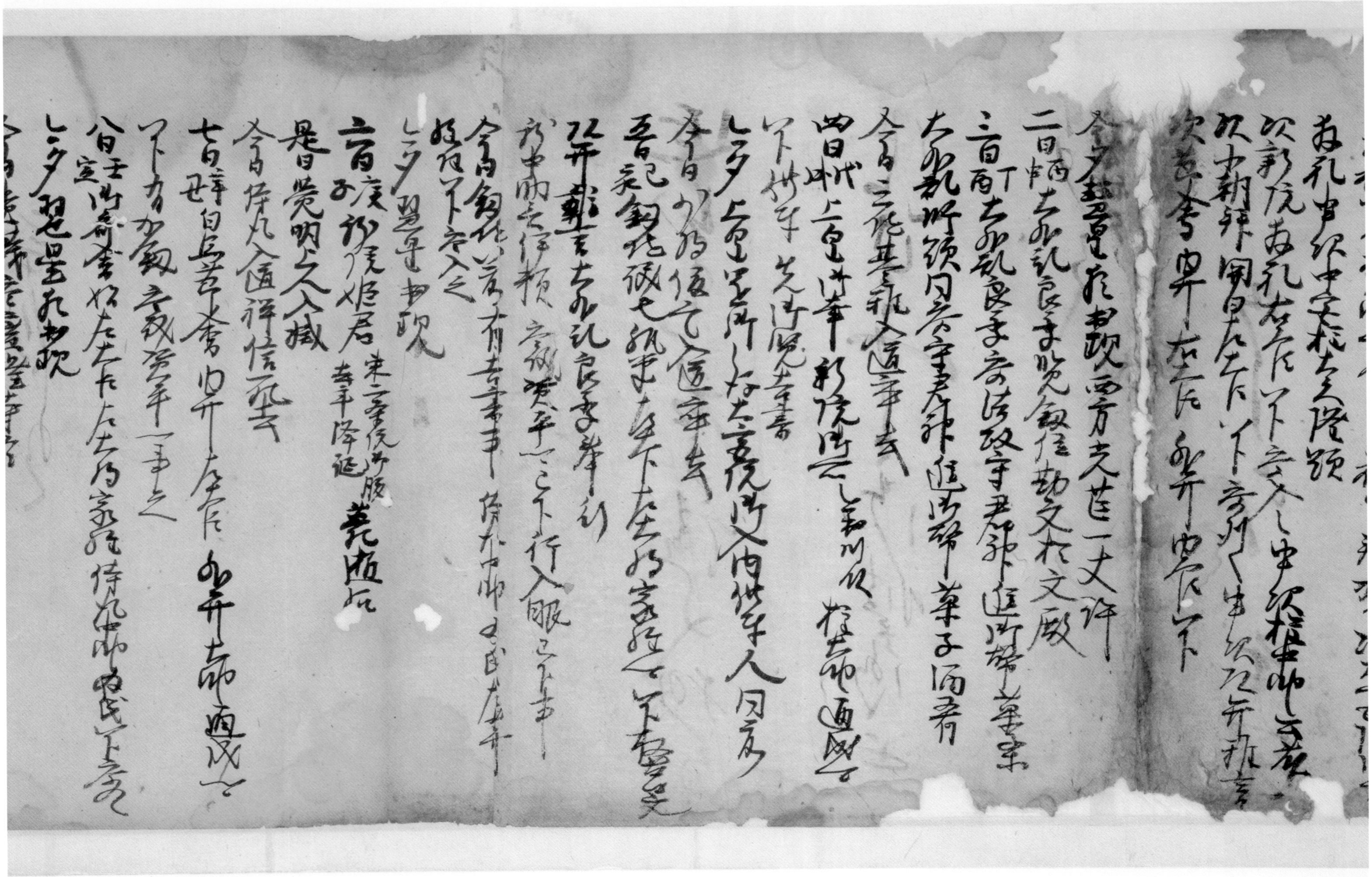

(3)

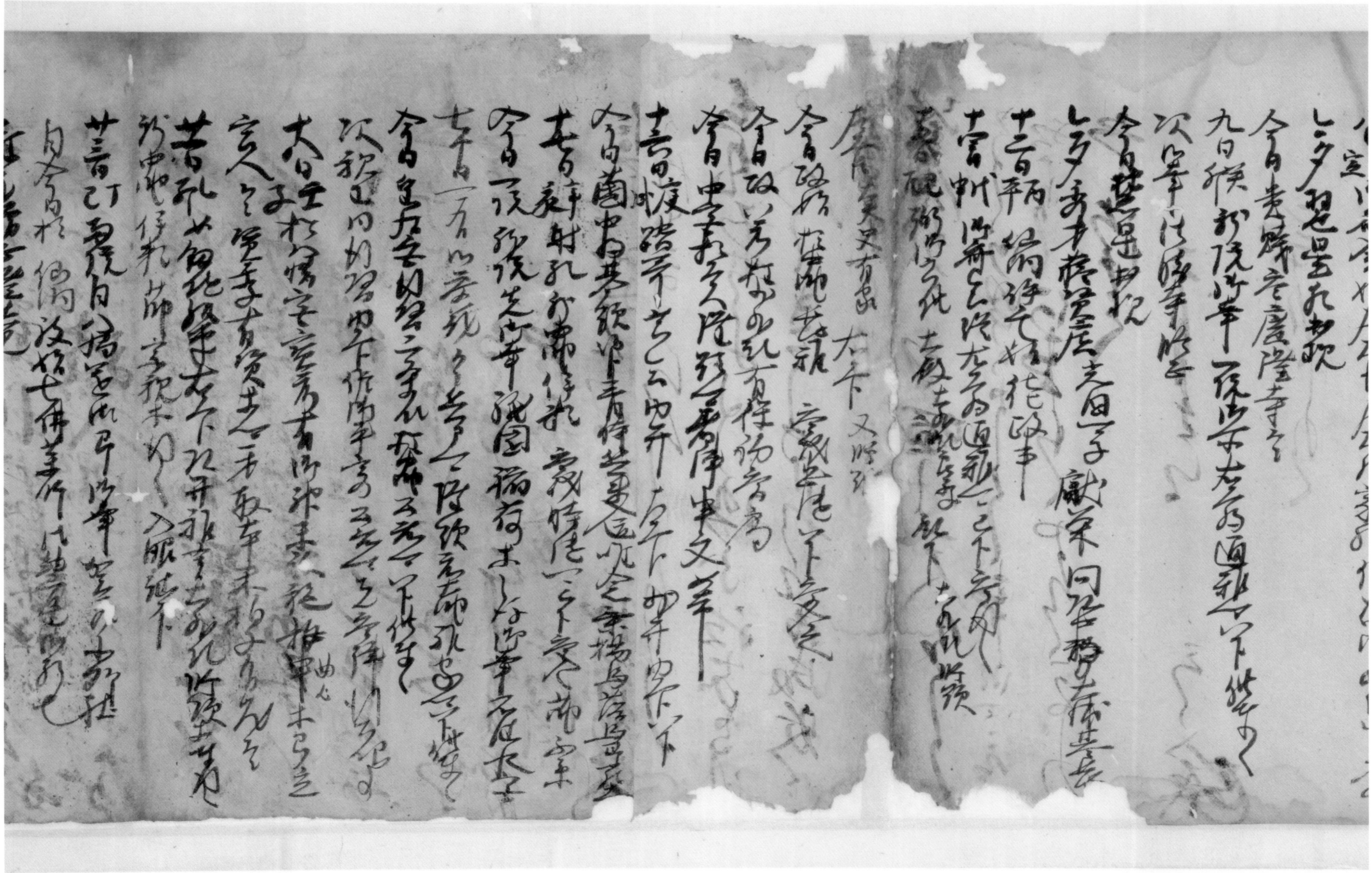

（4）

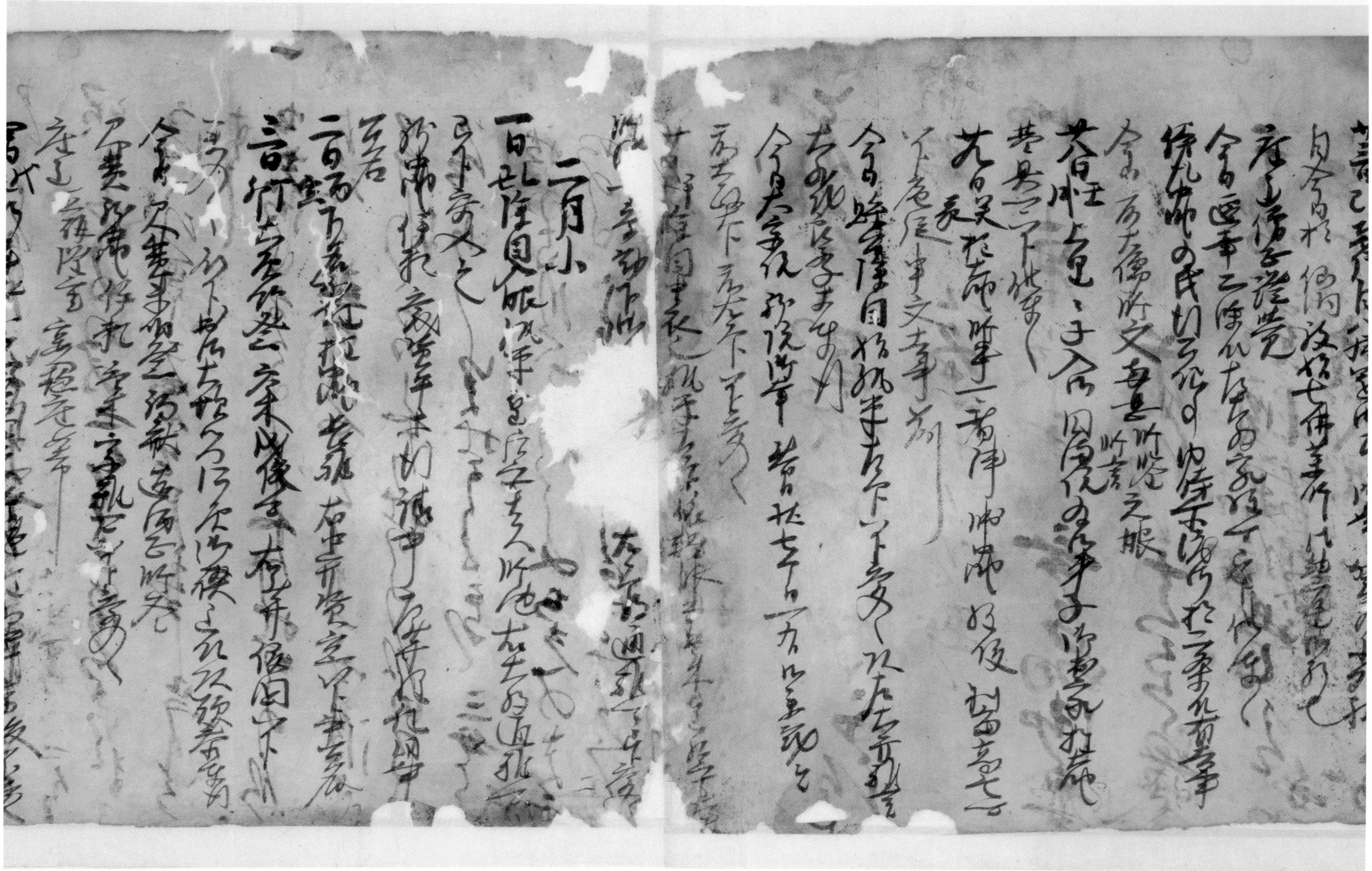

(5)

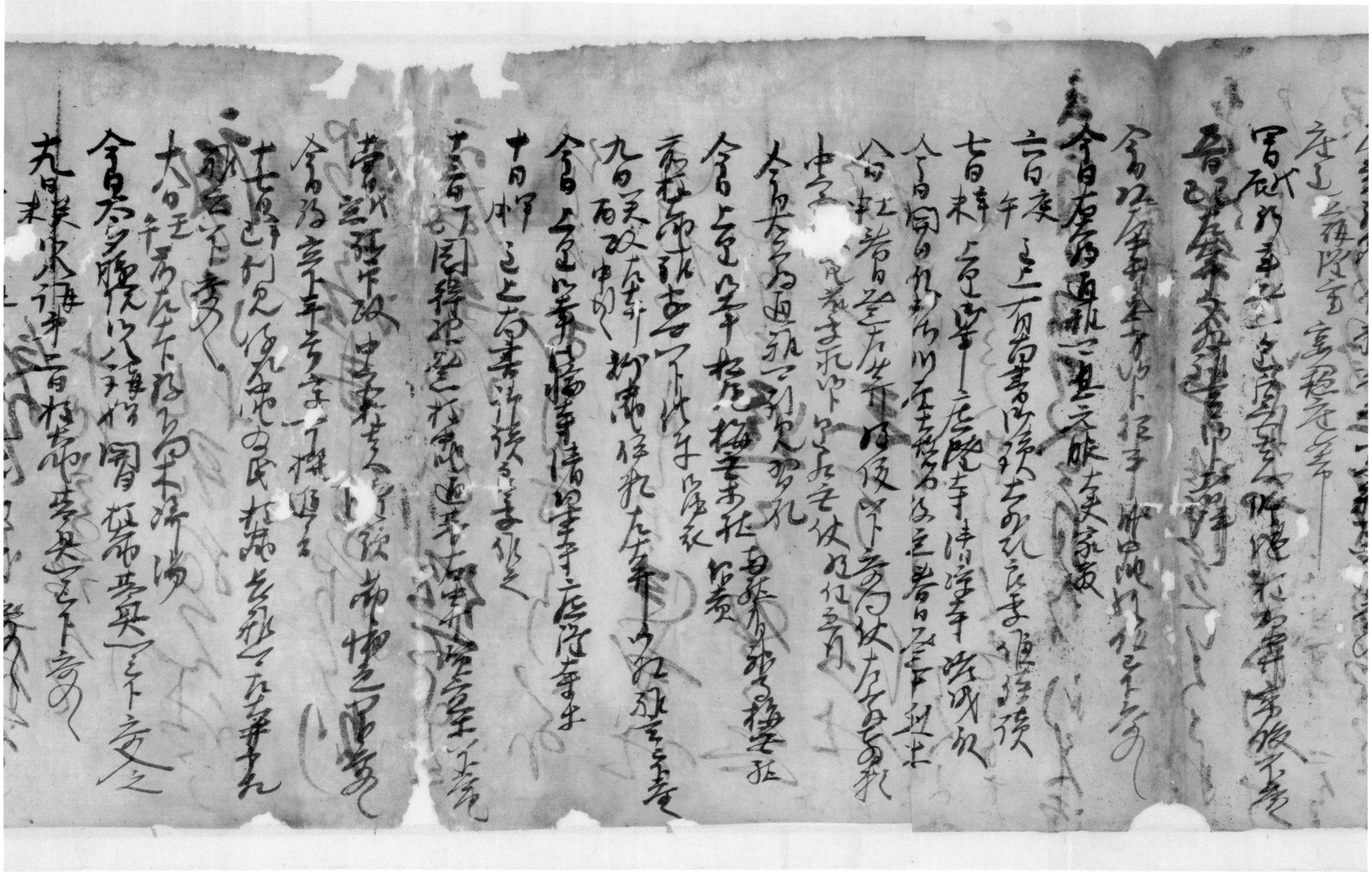

(6)

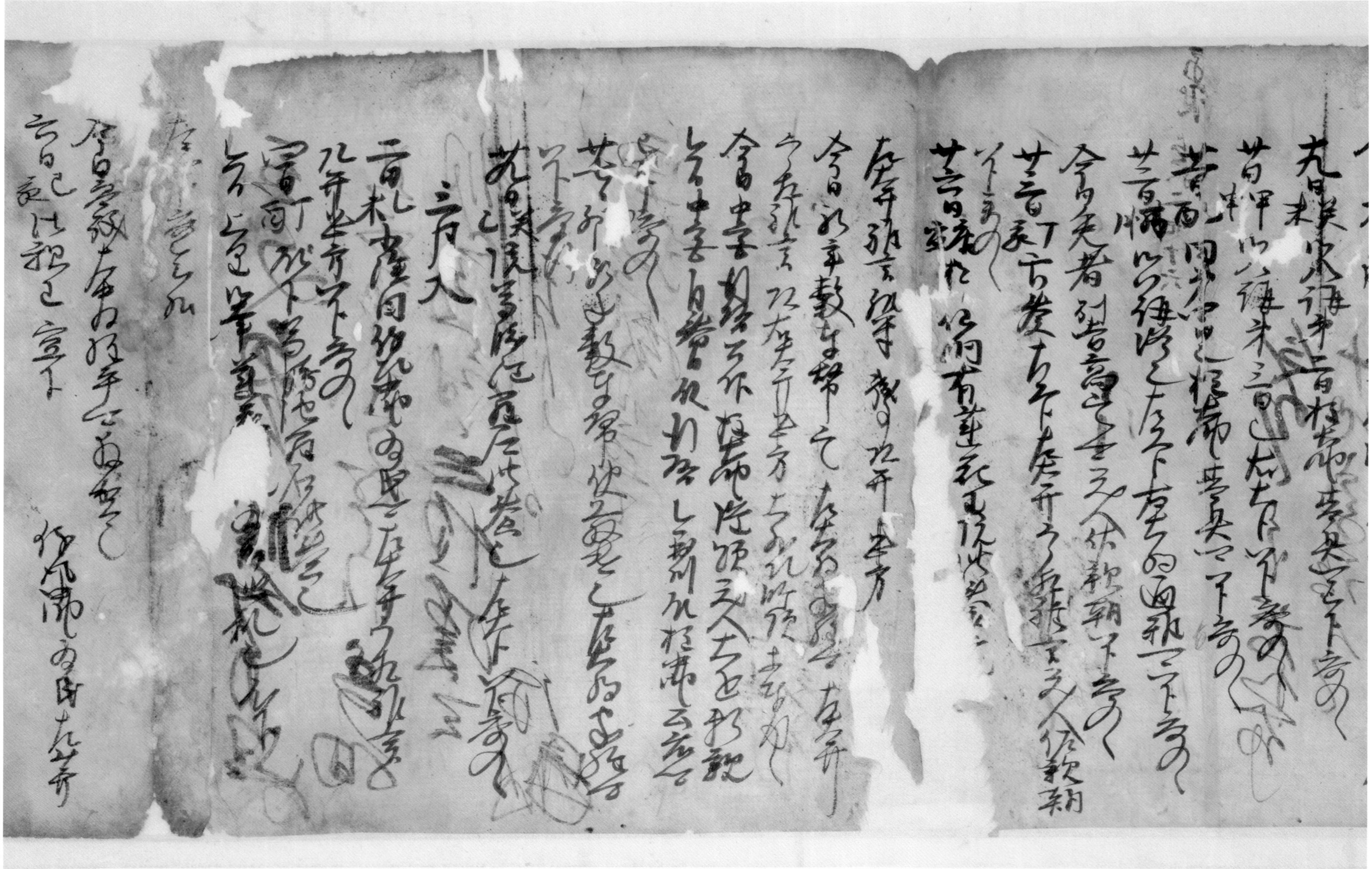

（8）　（7）

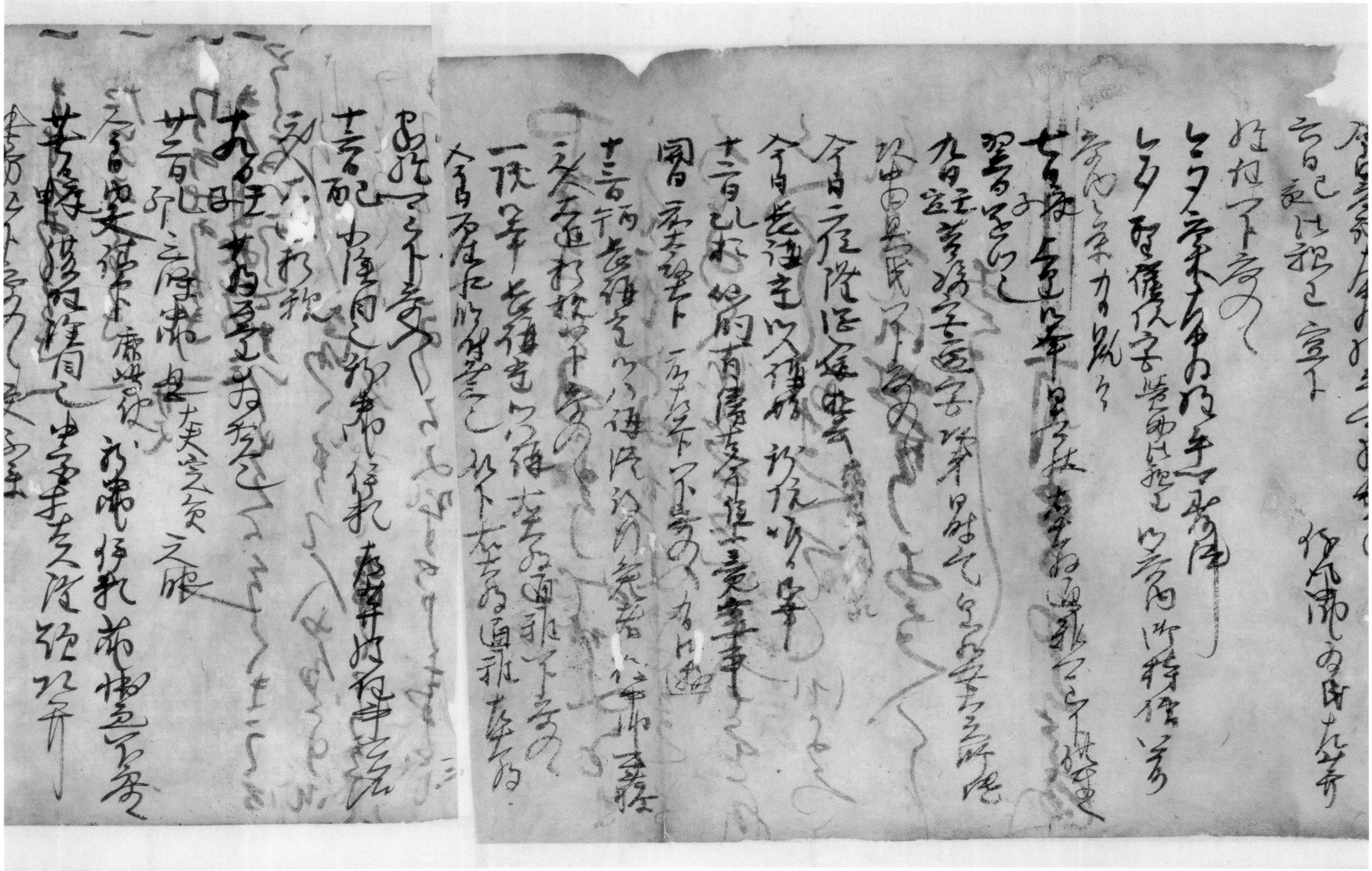

(9)

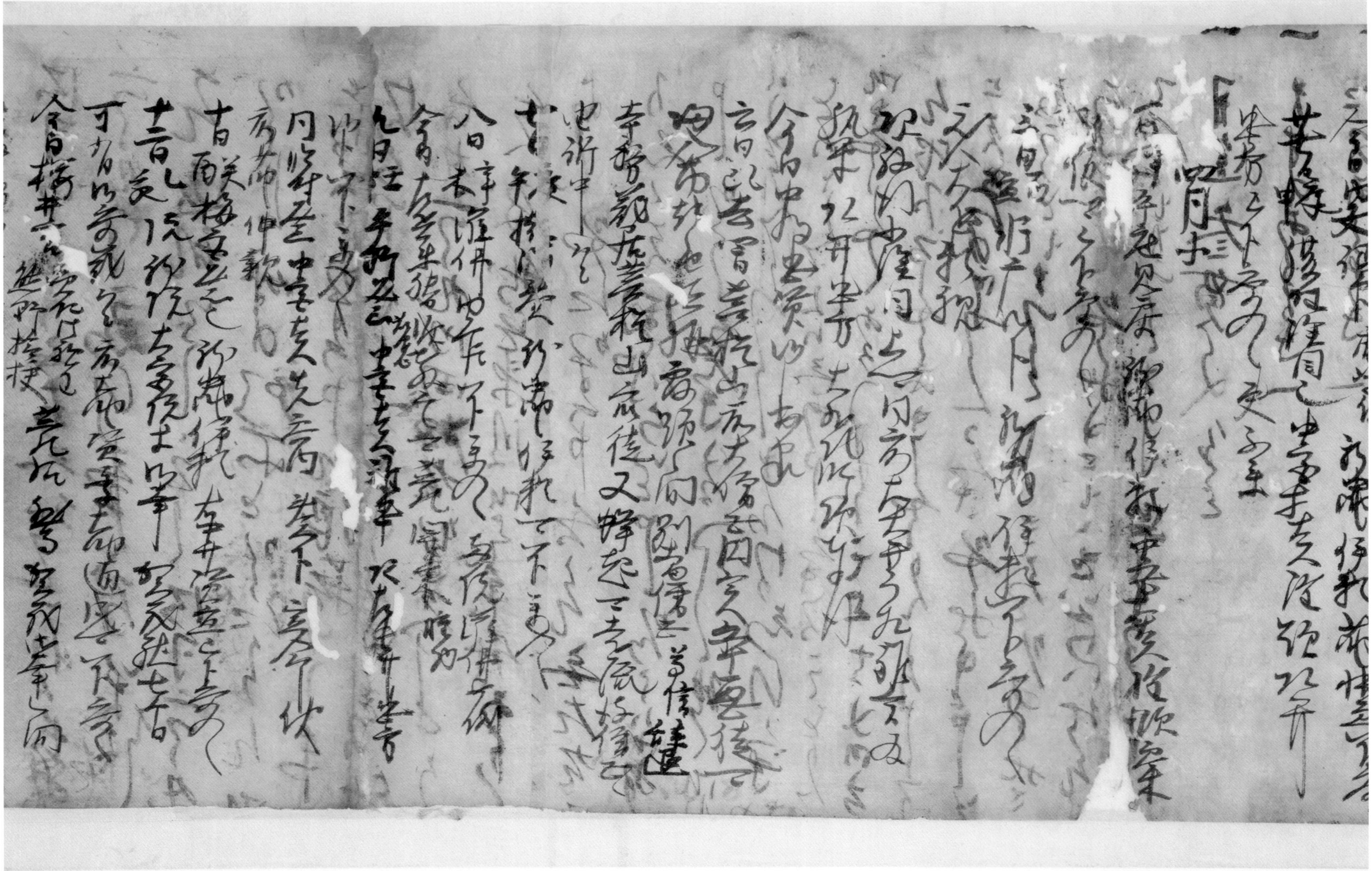

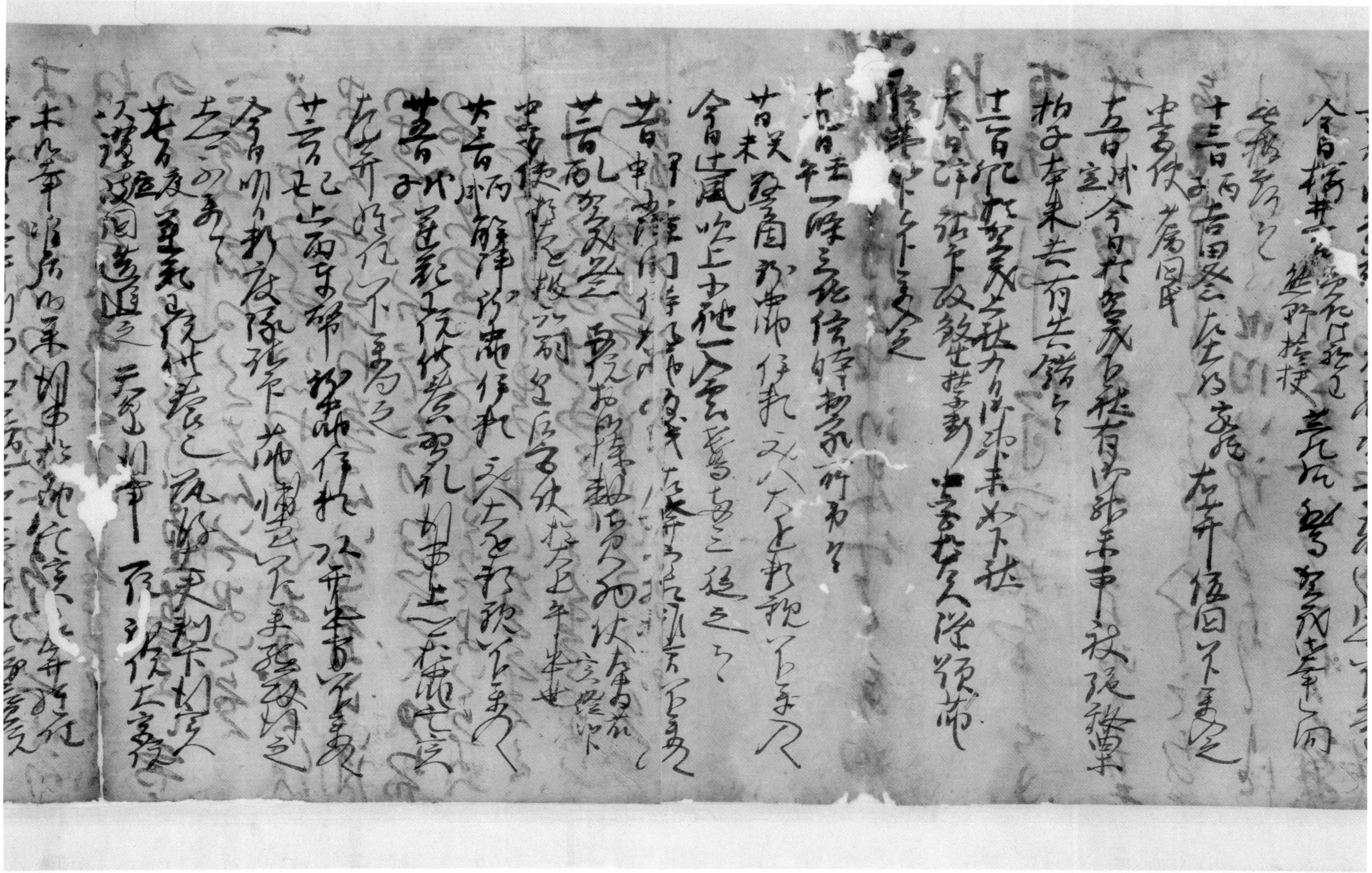

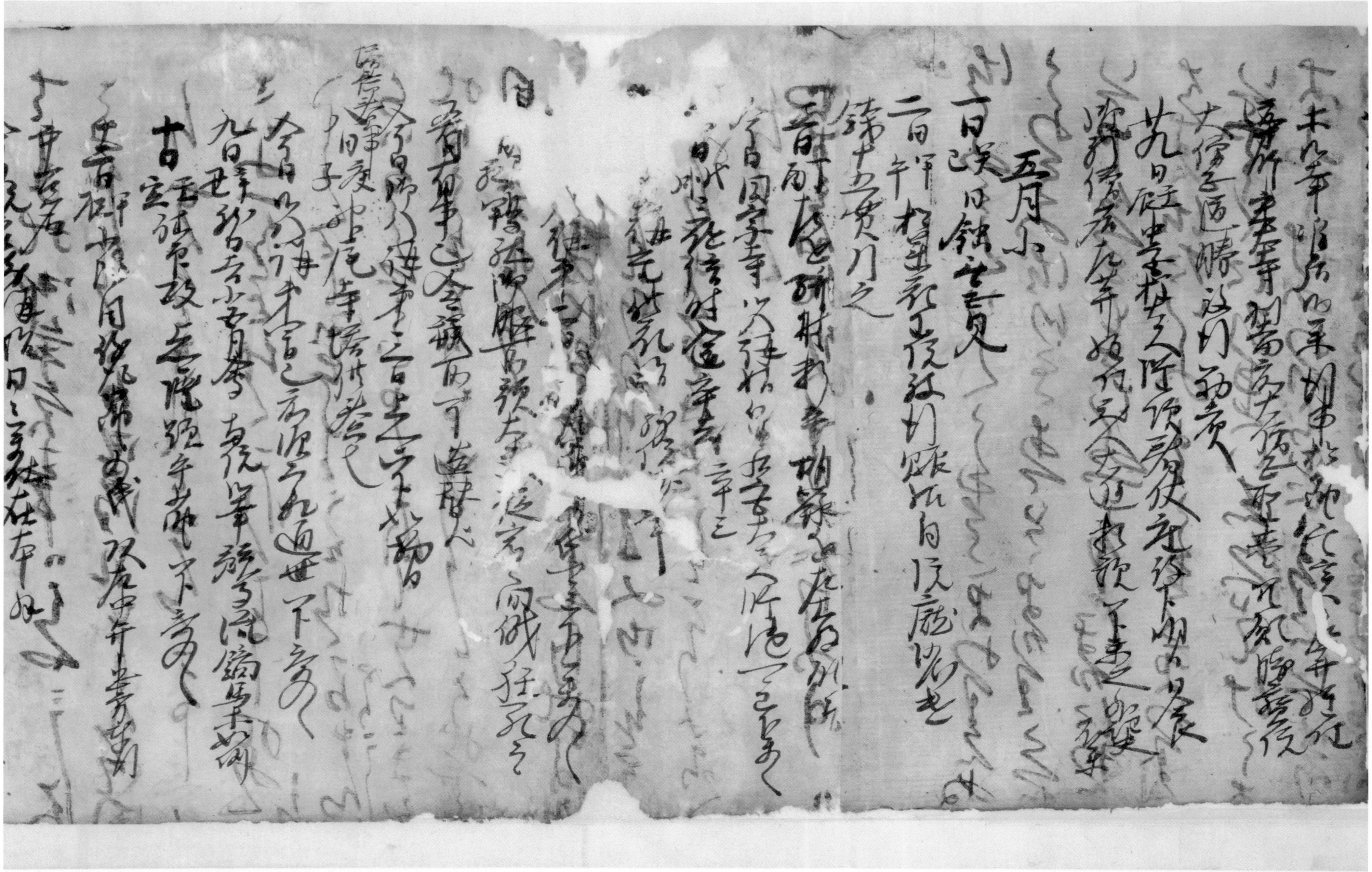

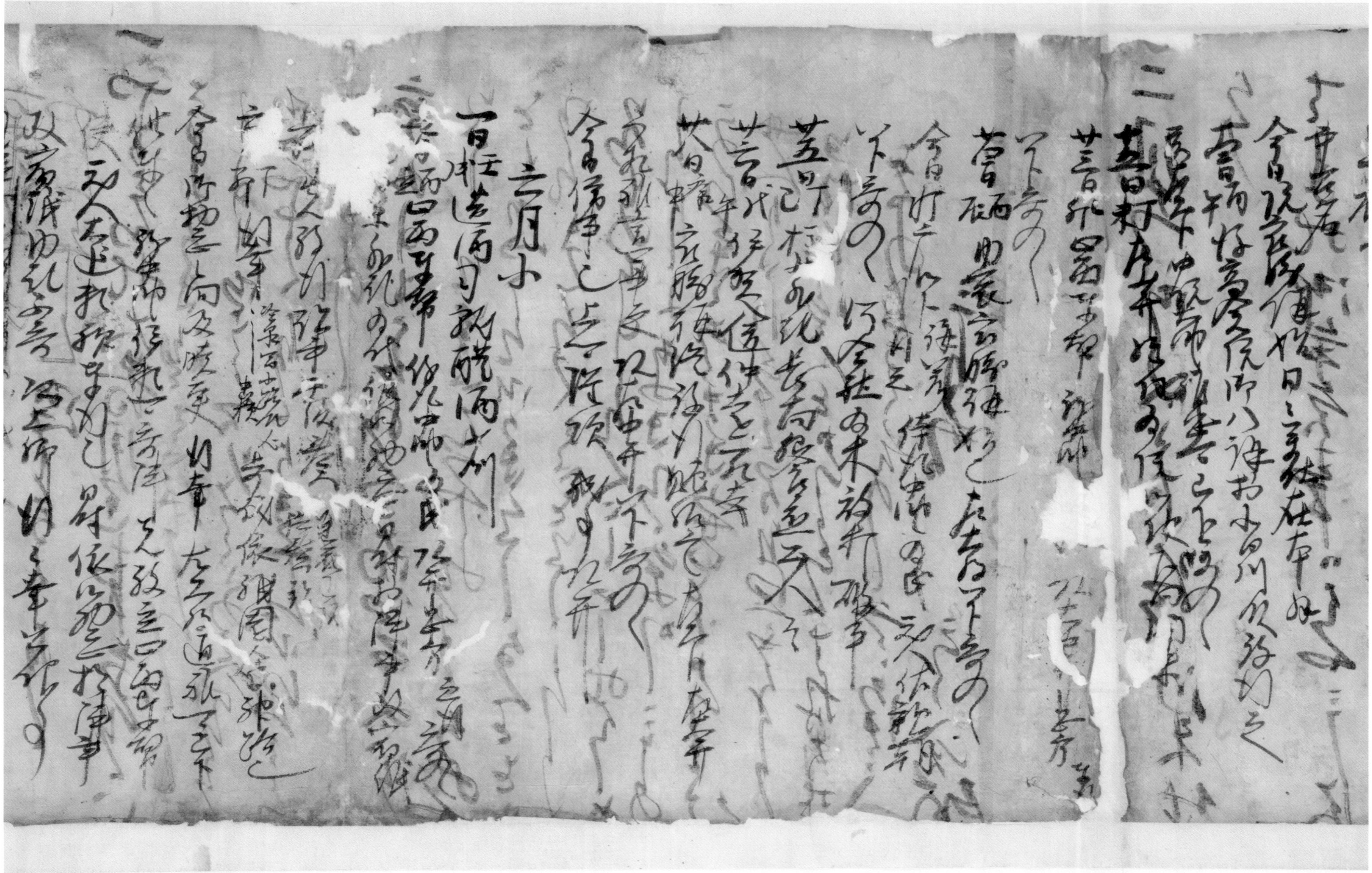

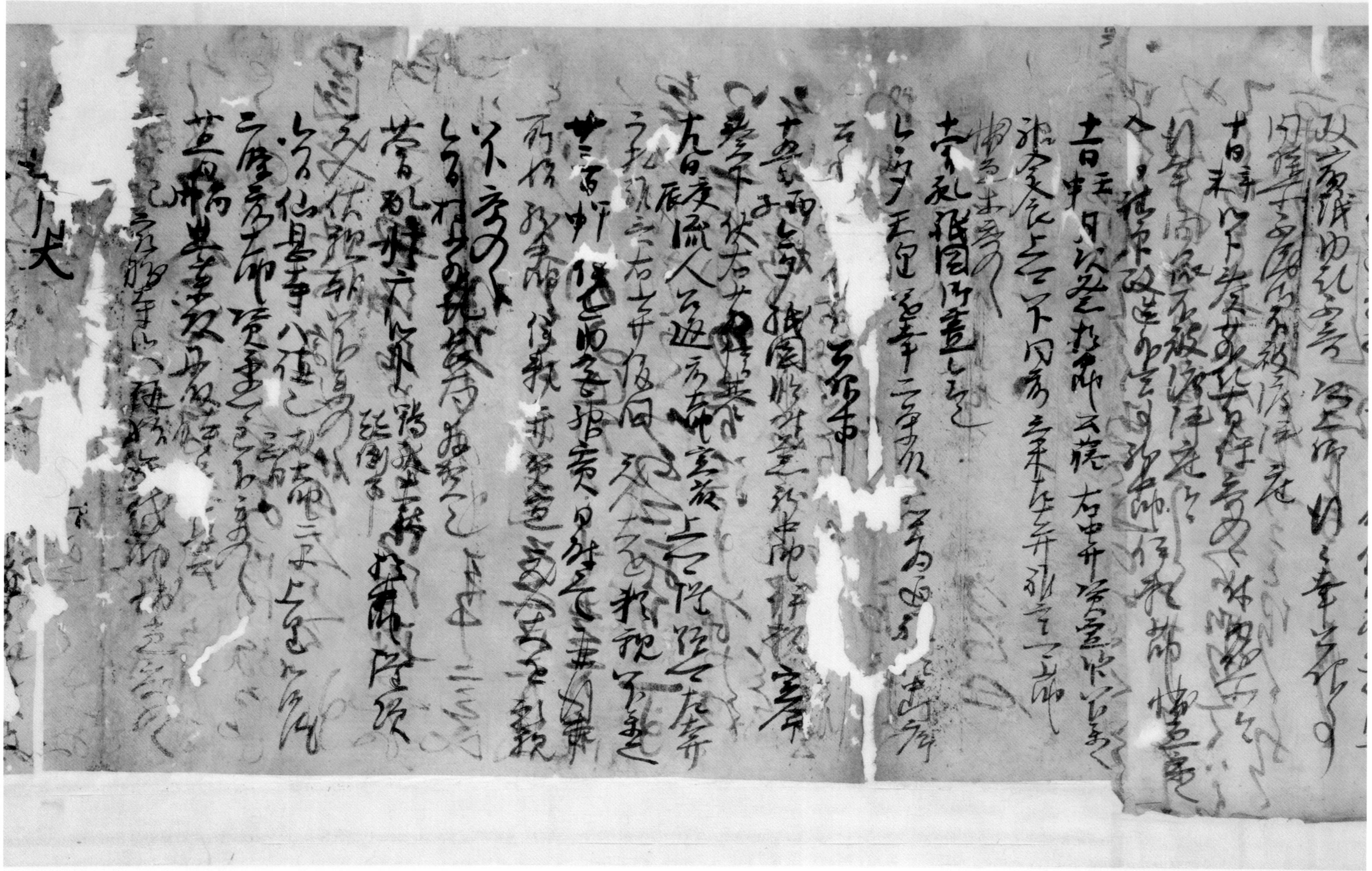

(15)

(14)

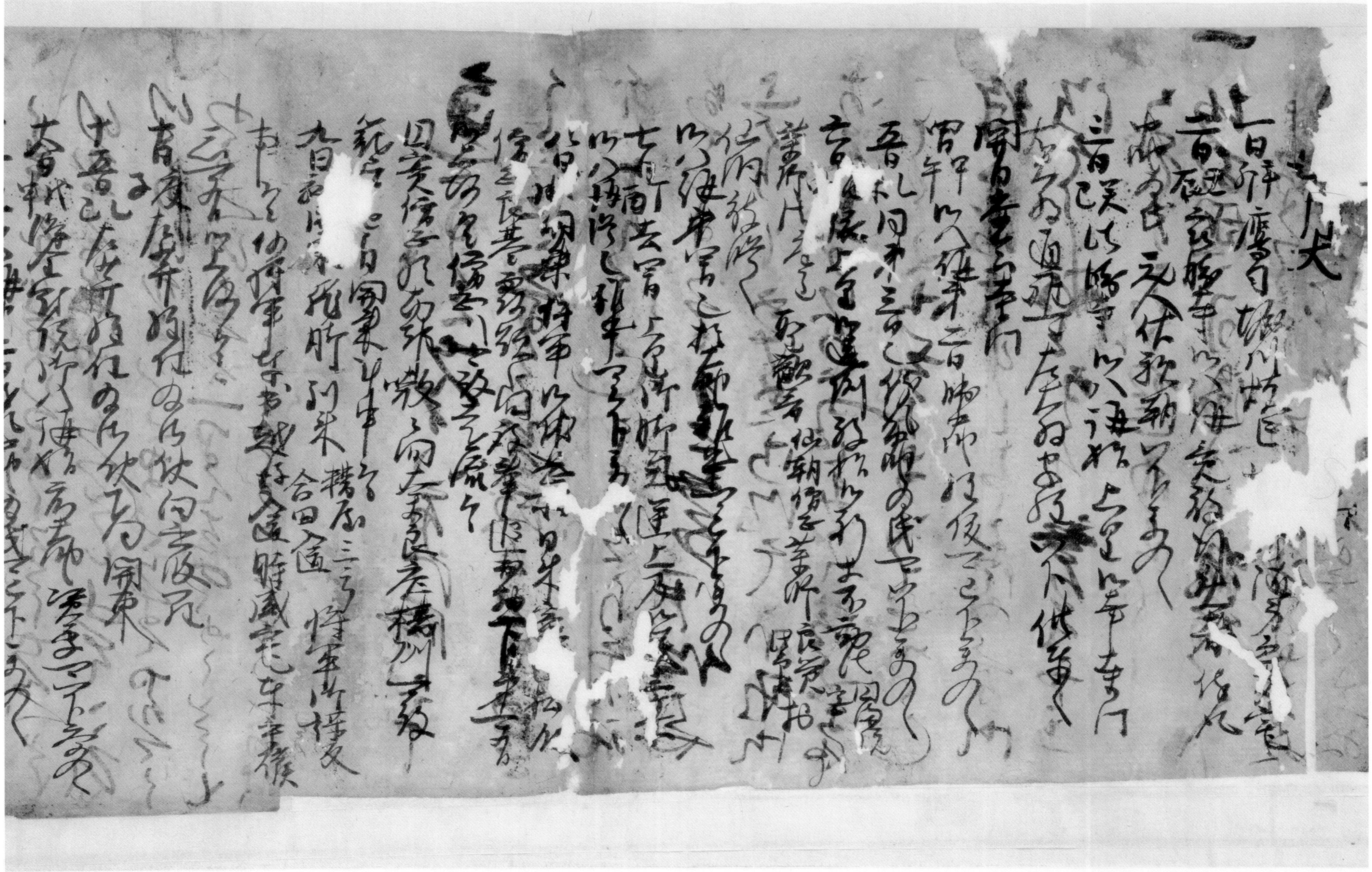

（16）　（15）

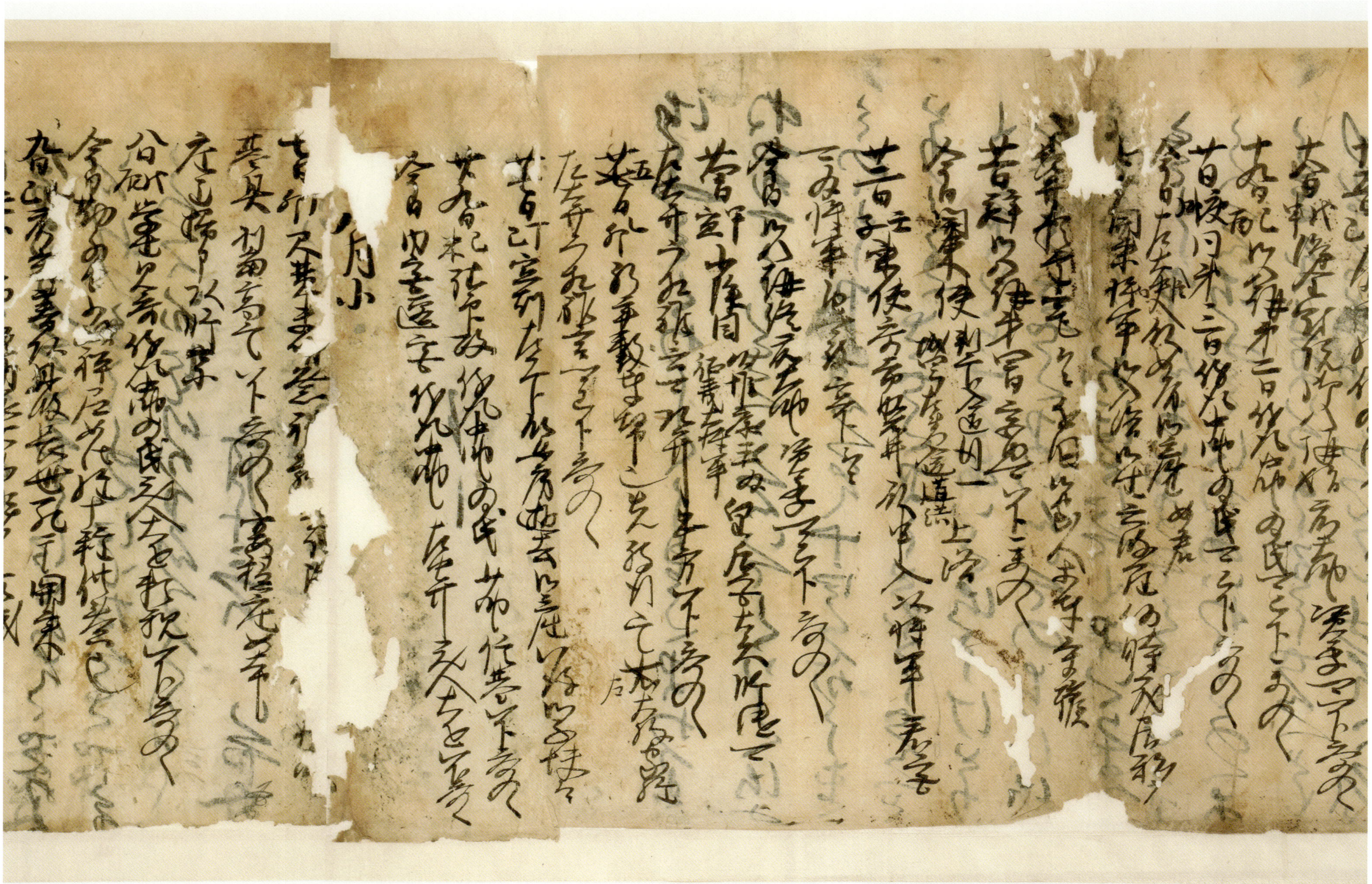

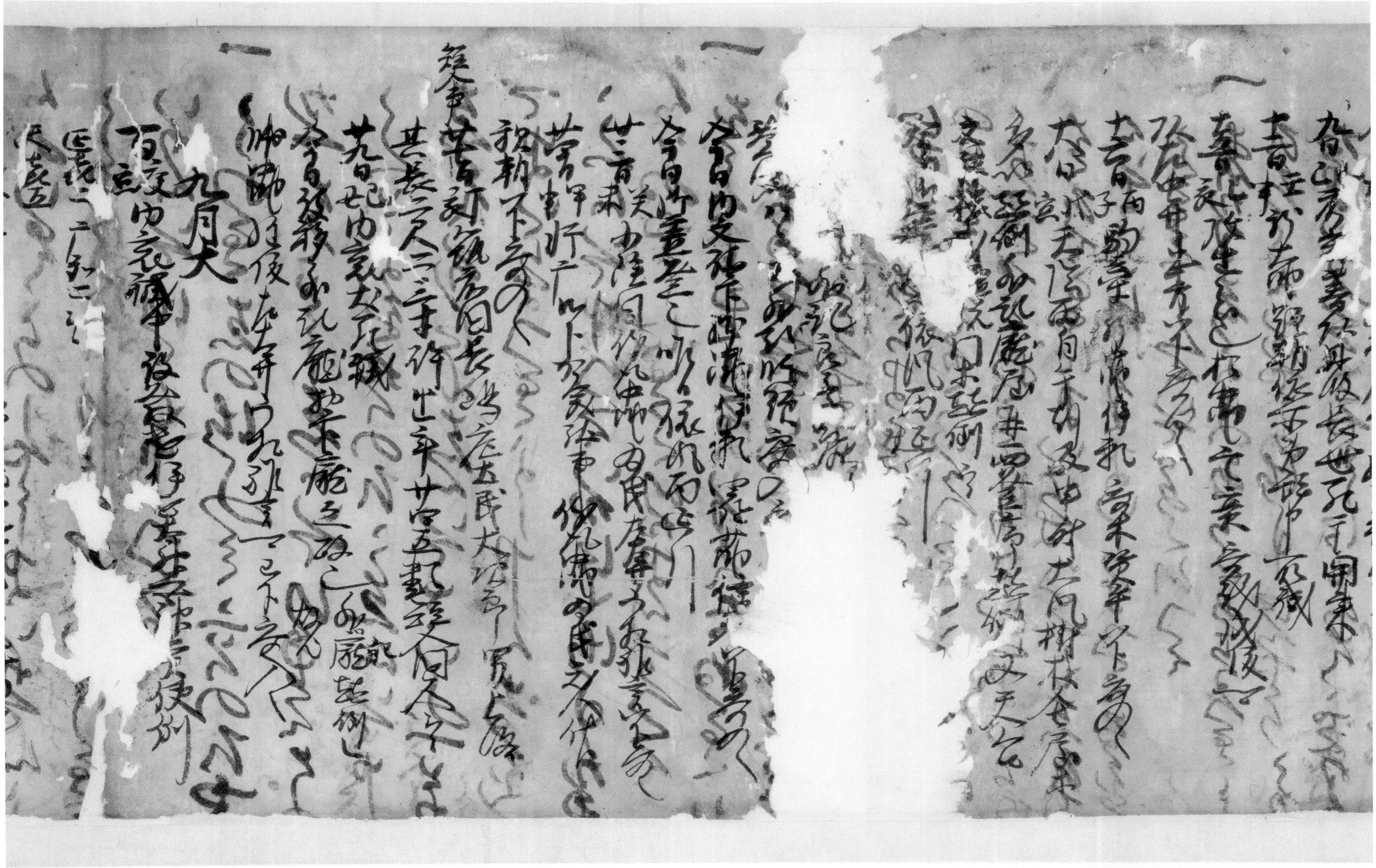

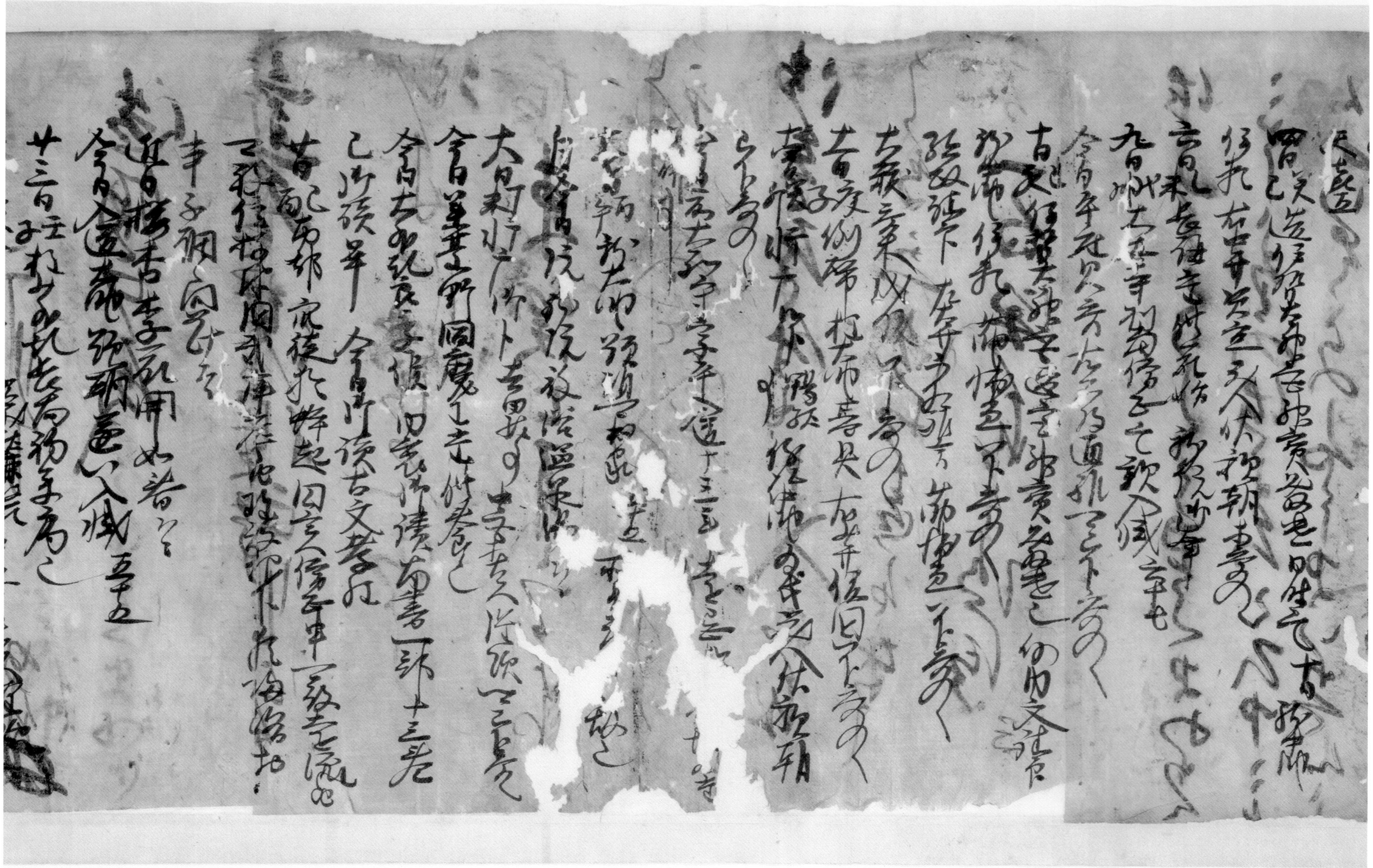

(20)　(19)

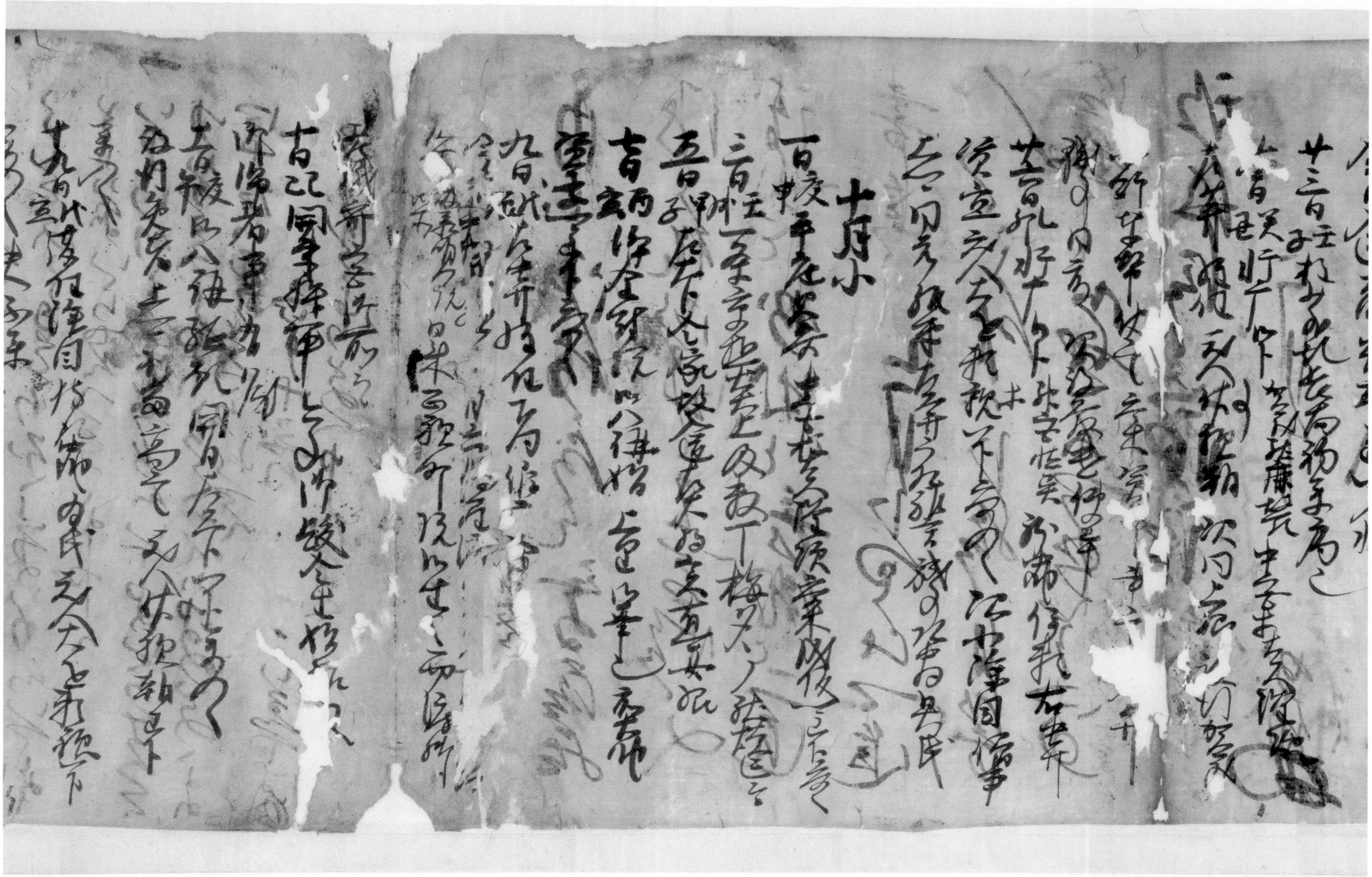

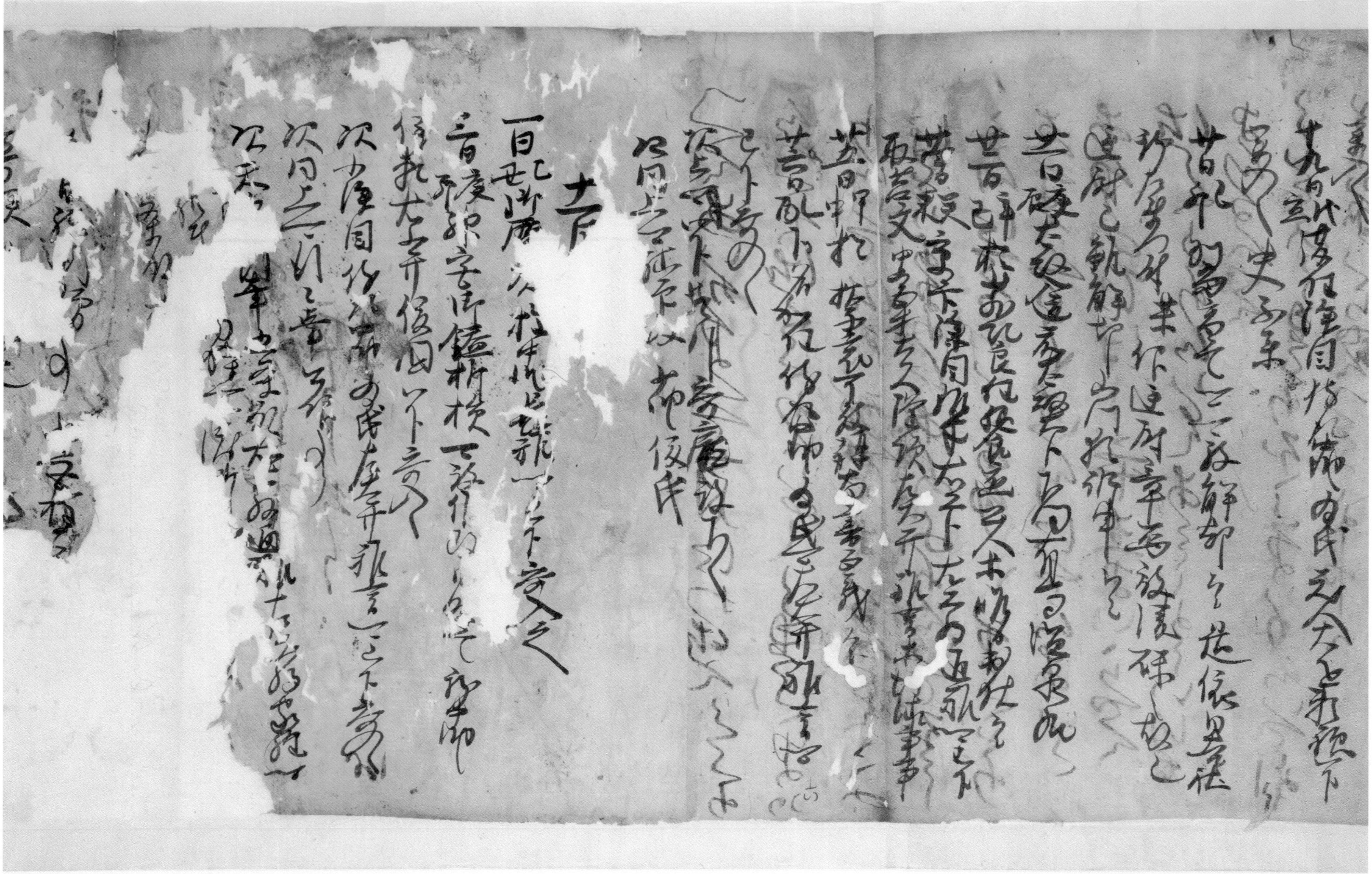

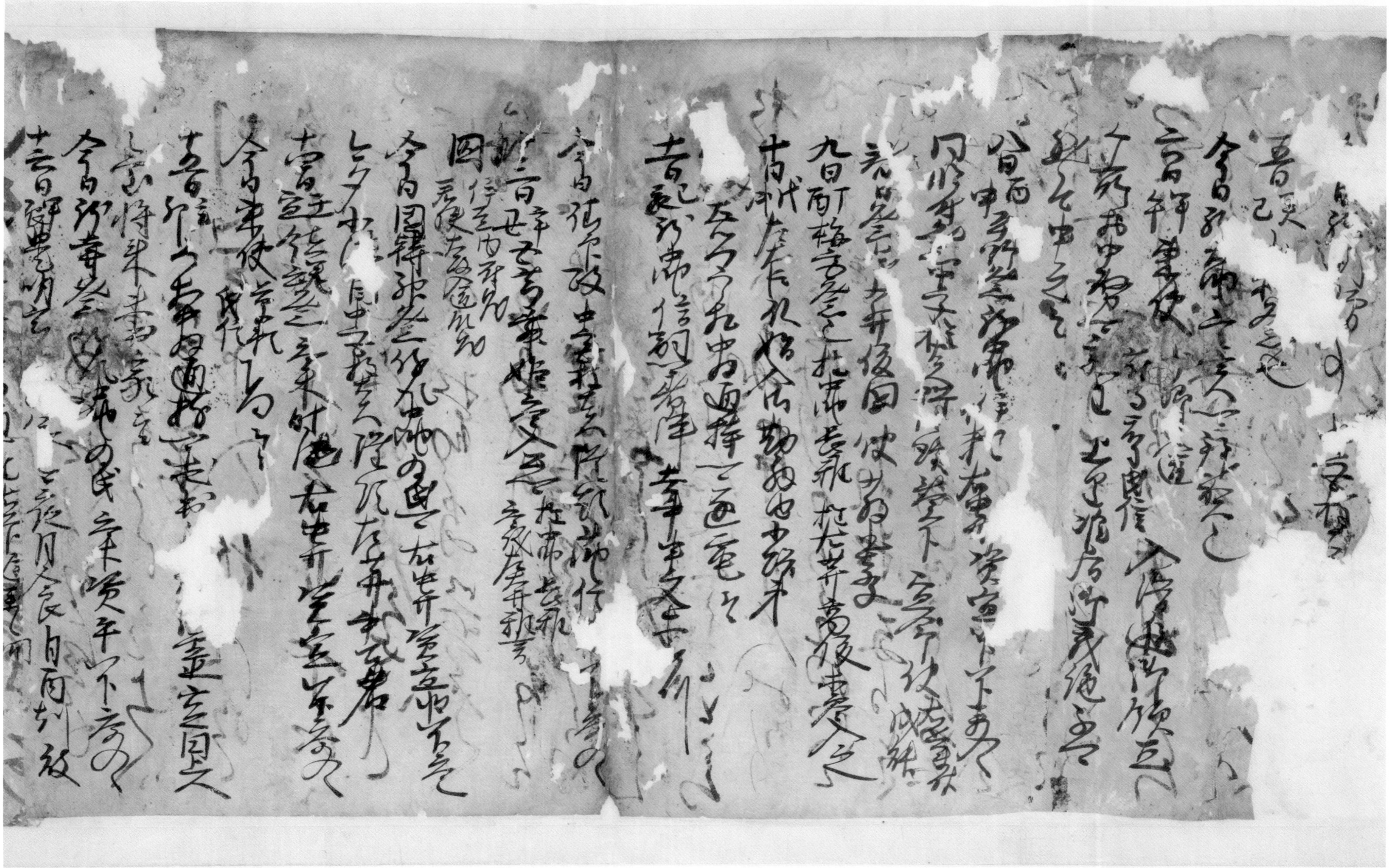

（24）　（23）

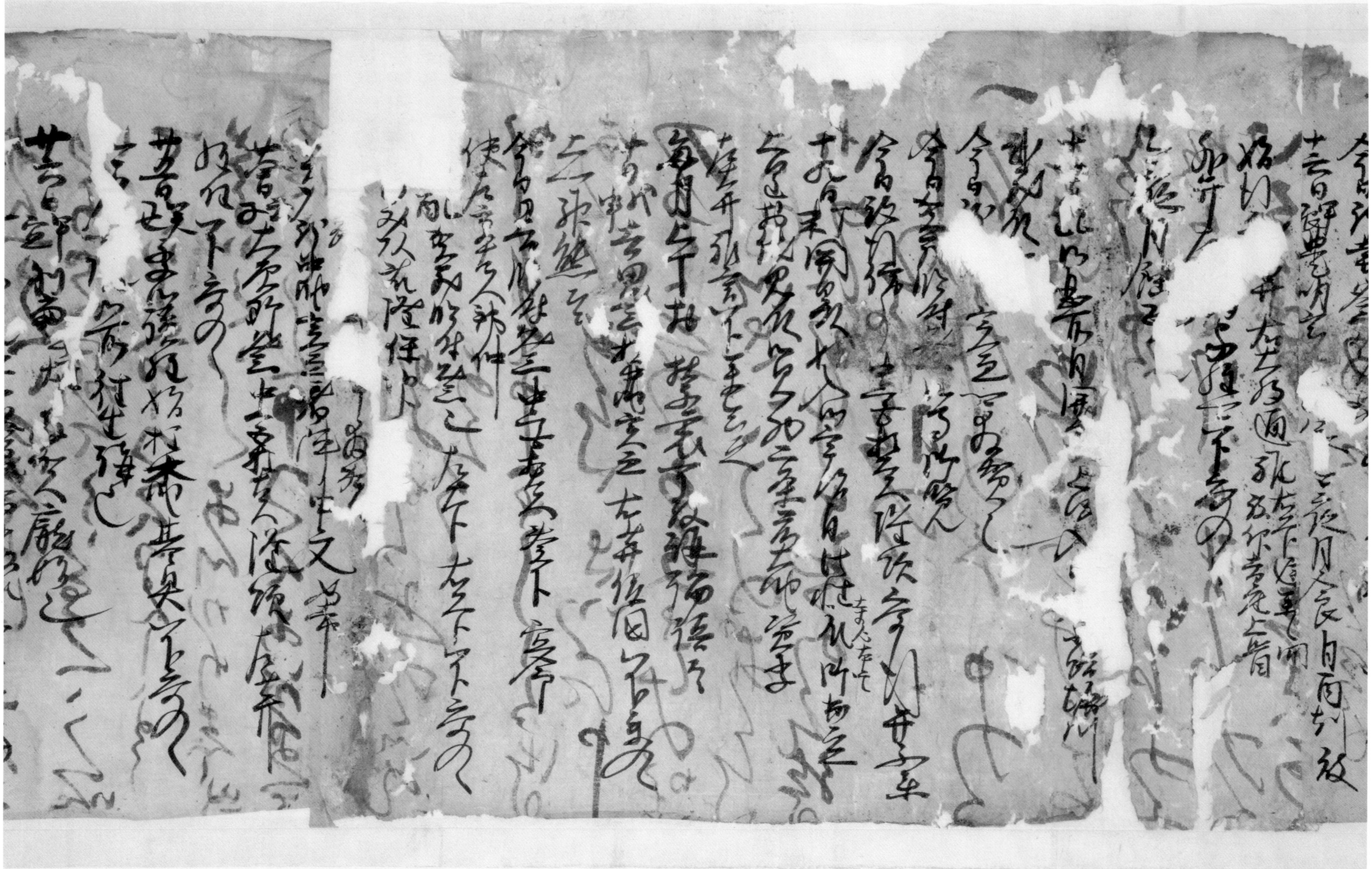

（25）　（24）

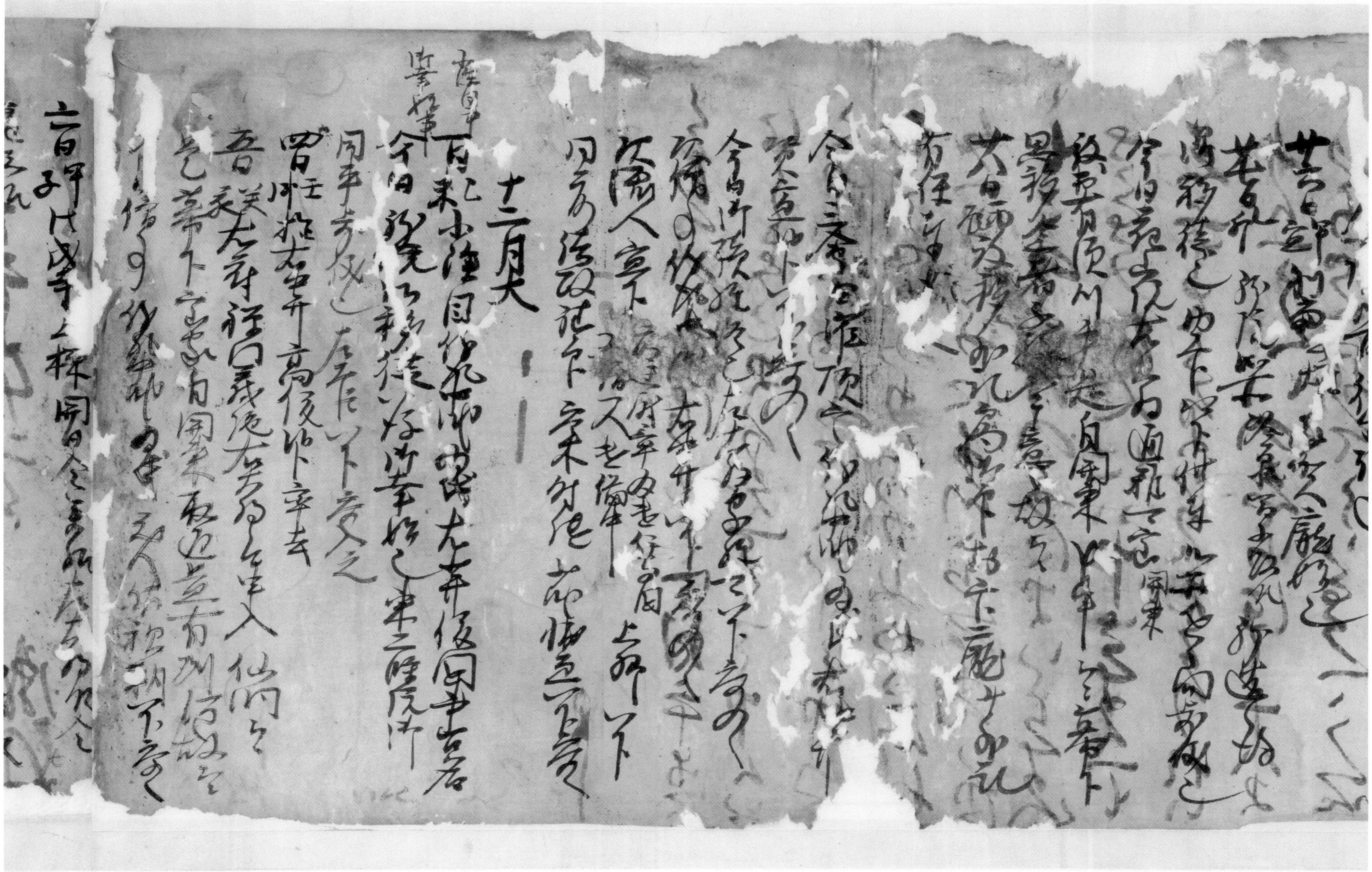

(26)

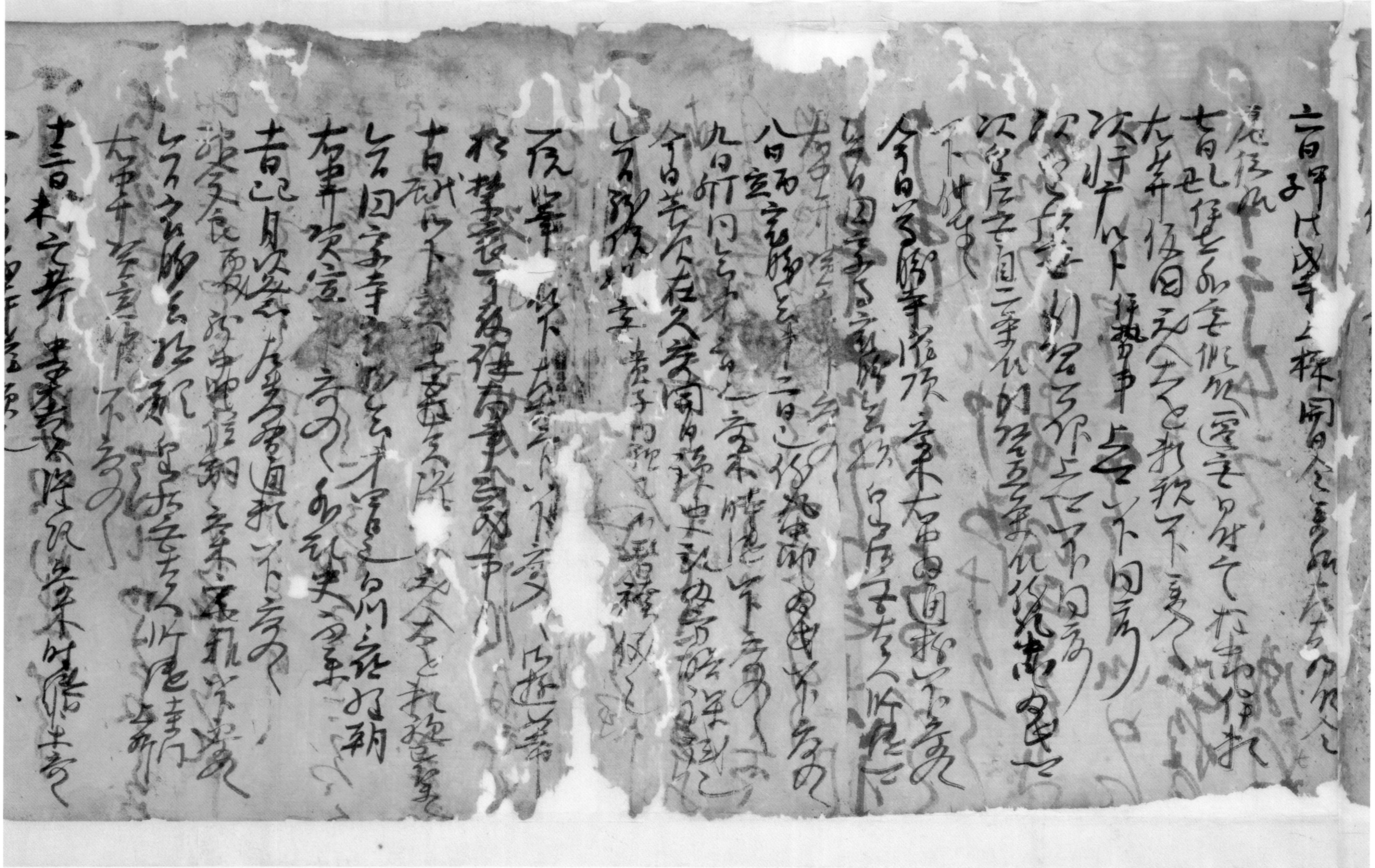

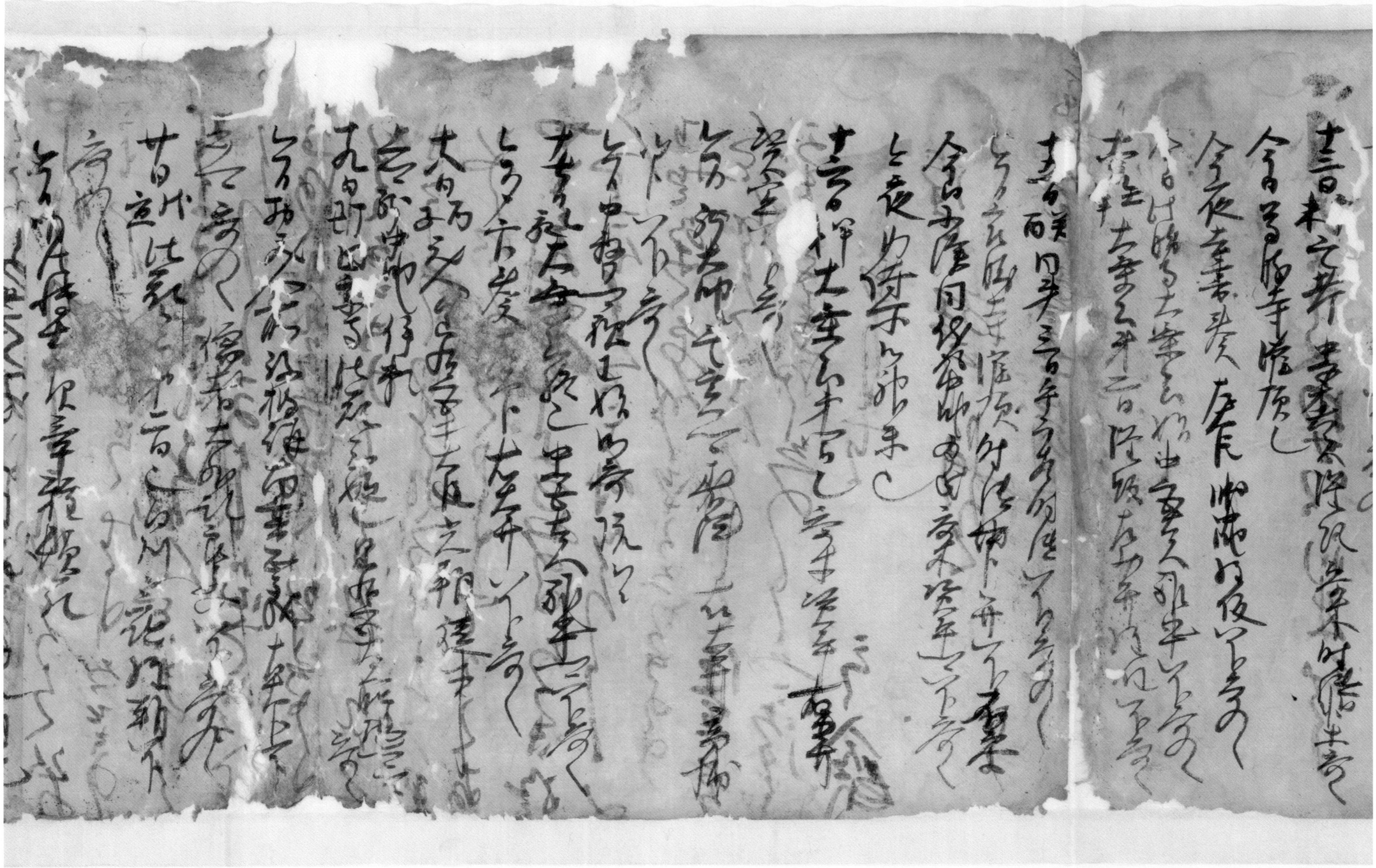

(28)

(29)

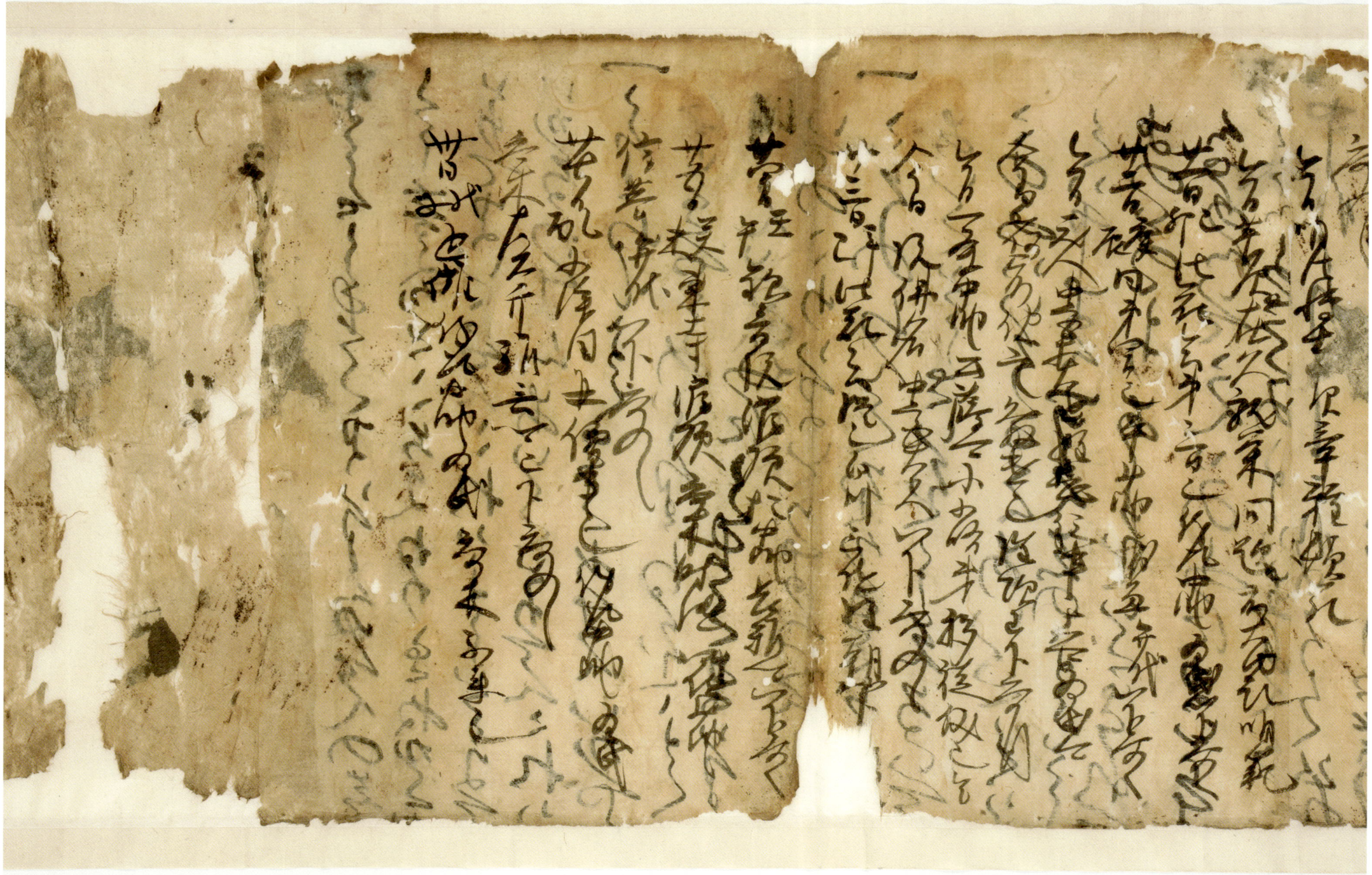

(30)　(29)

(30)

巻三紙背

(30)

(29)　(30)

(28)　(29)

(27)

(28)

（26）　（27）

（25）　（26）

(24)　(25)

(23)

(24)

（22）　（23）

(21)　(22)

(20)　(21)

（19）　（20）

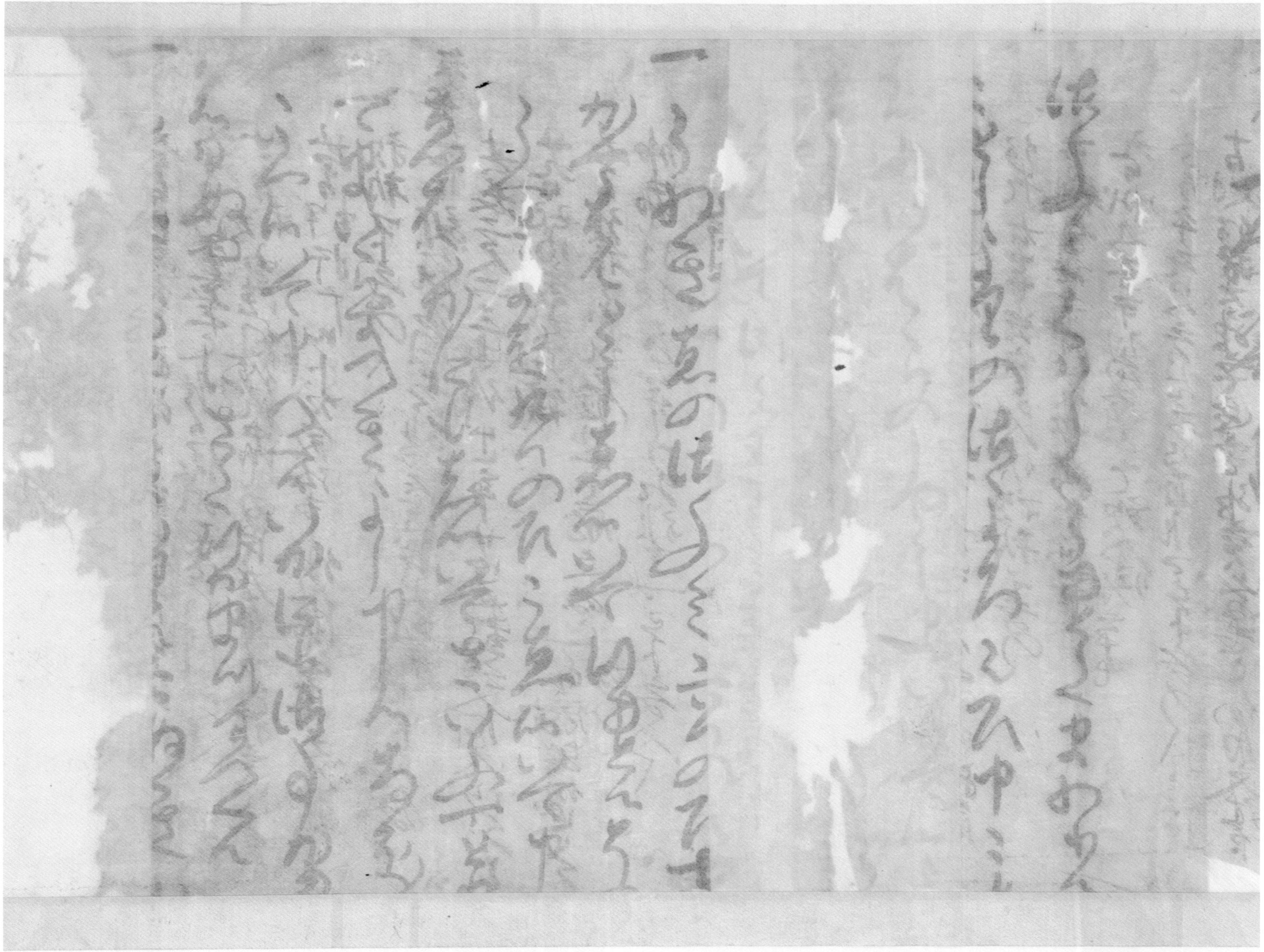

(18)　(19)

（17）　（18）

（16）　（17）

(15)　(16)

（14）　（15）

(13)　(14)

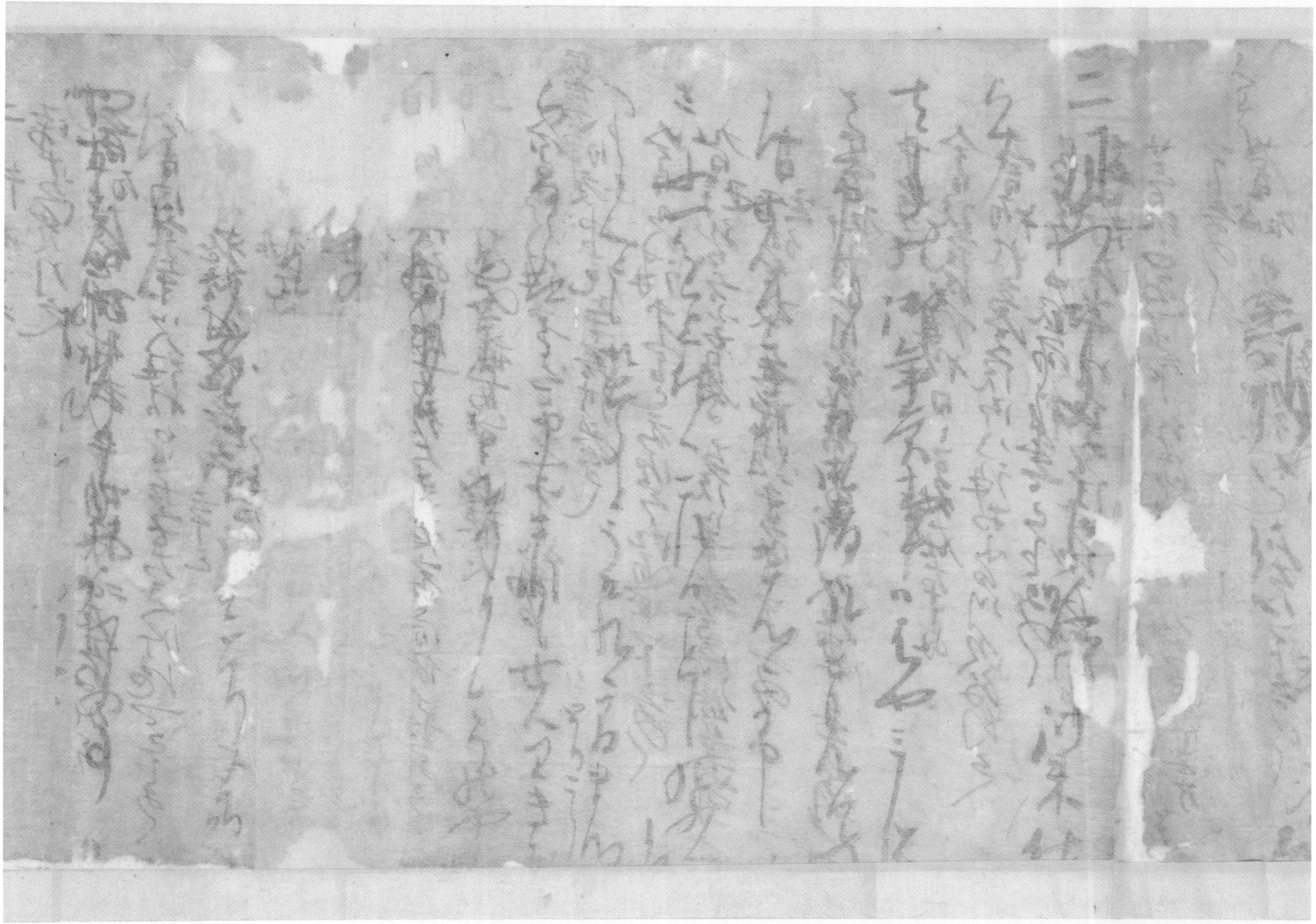

（12）　（13）

(11) (12)

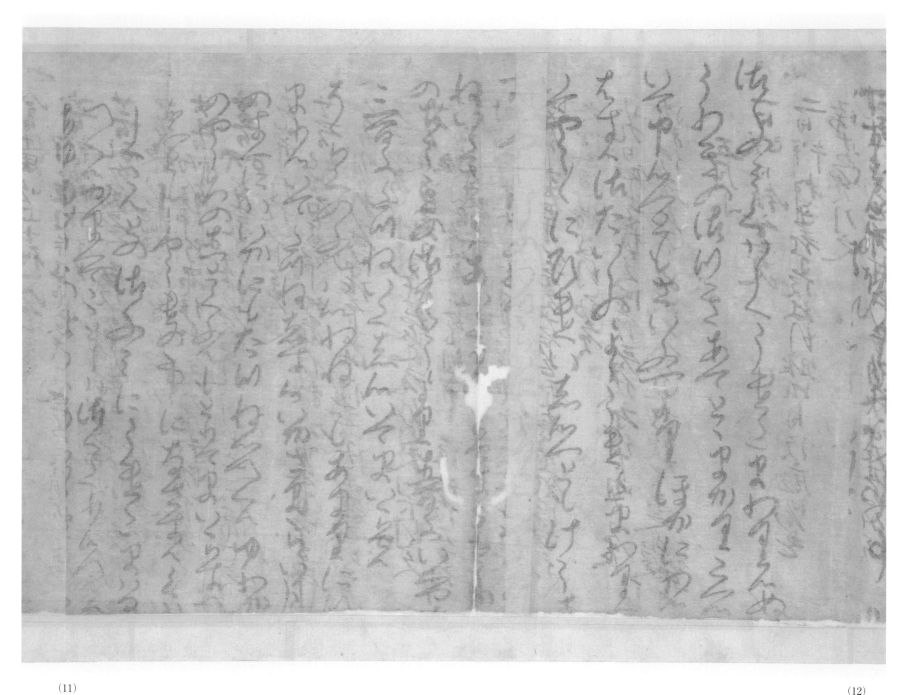

(10)　(11)

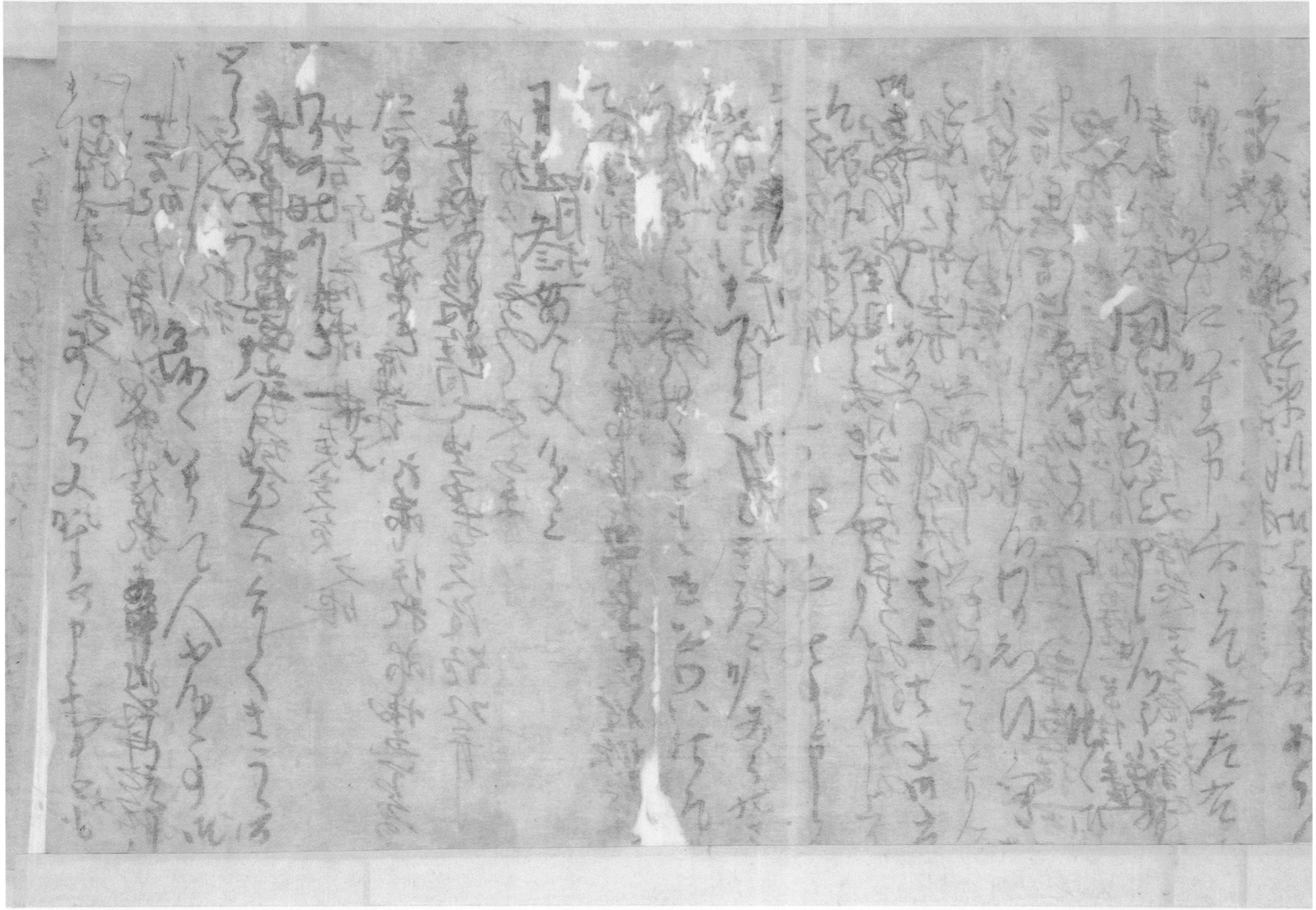

(9)　(10)

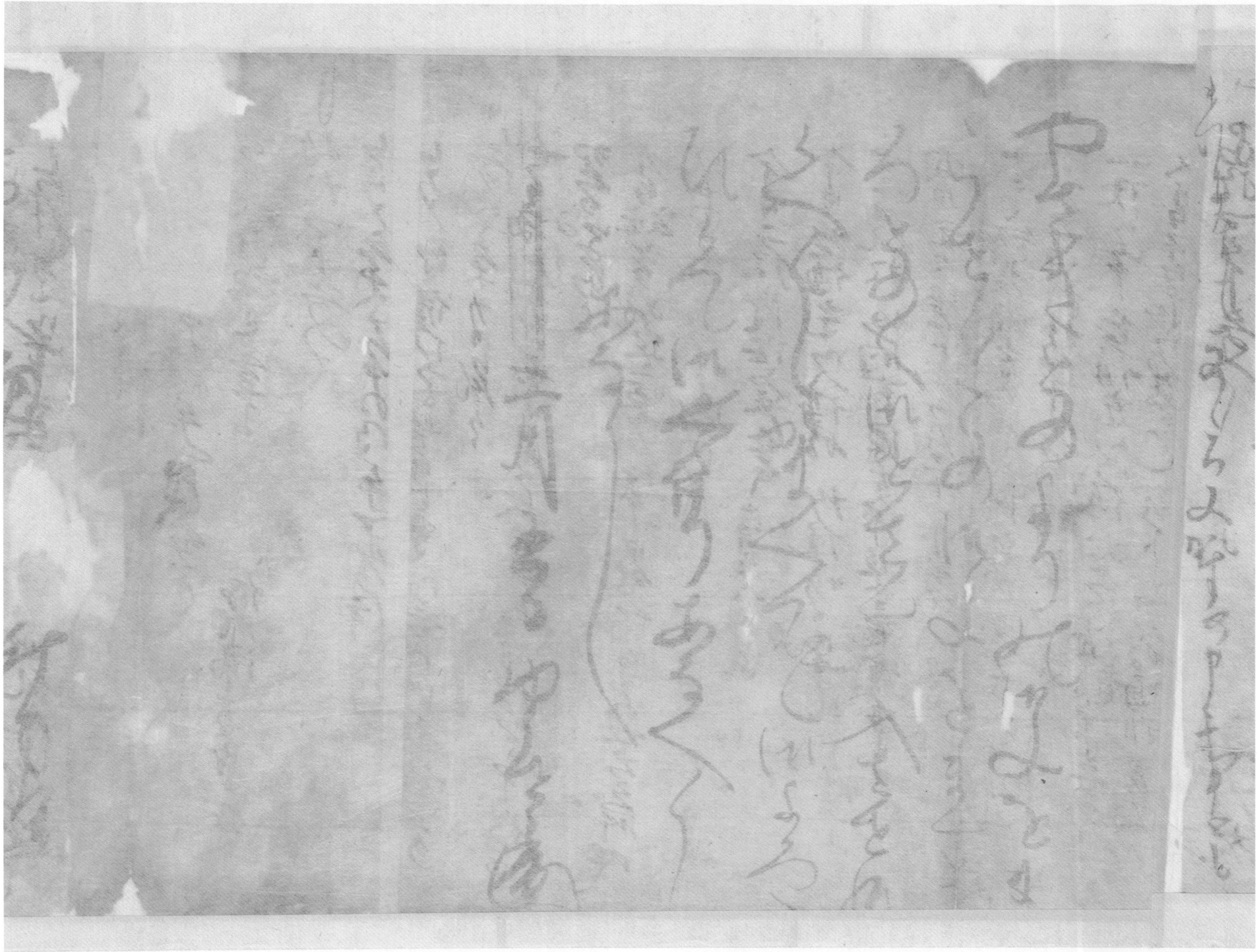

(9)　(8)

(7)　(8)

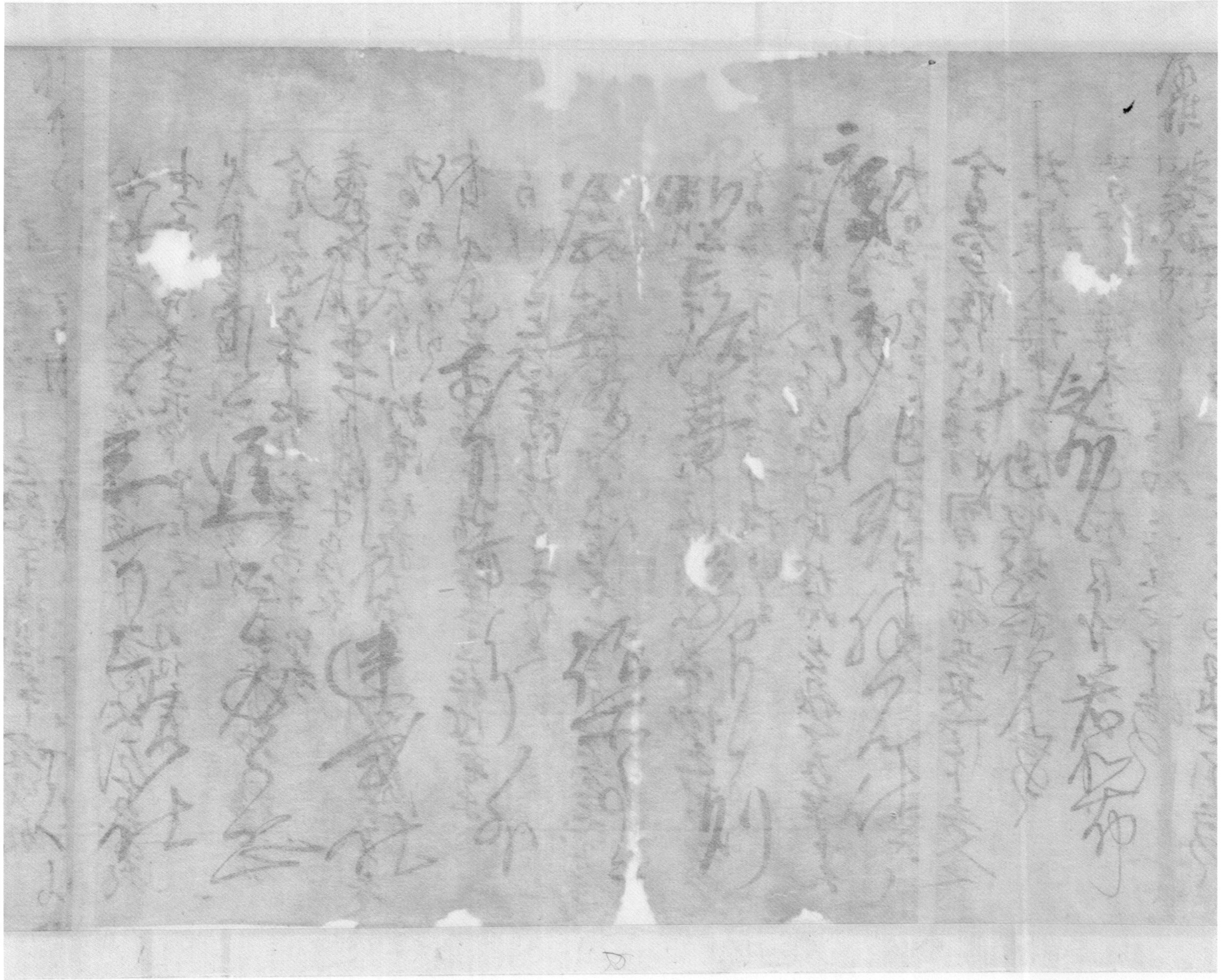

(6) (7)

(5)　(6)

（4）　（5）

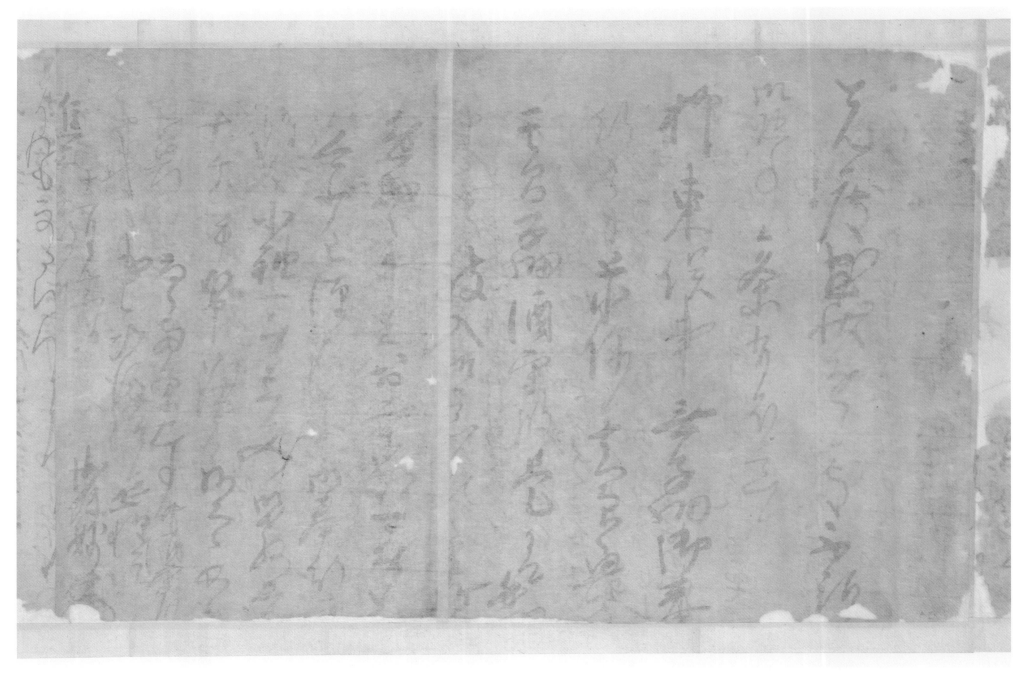

(3)　(4)

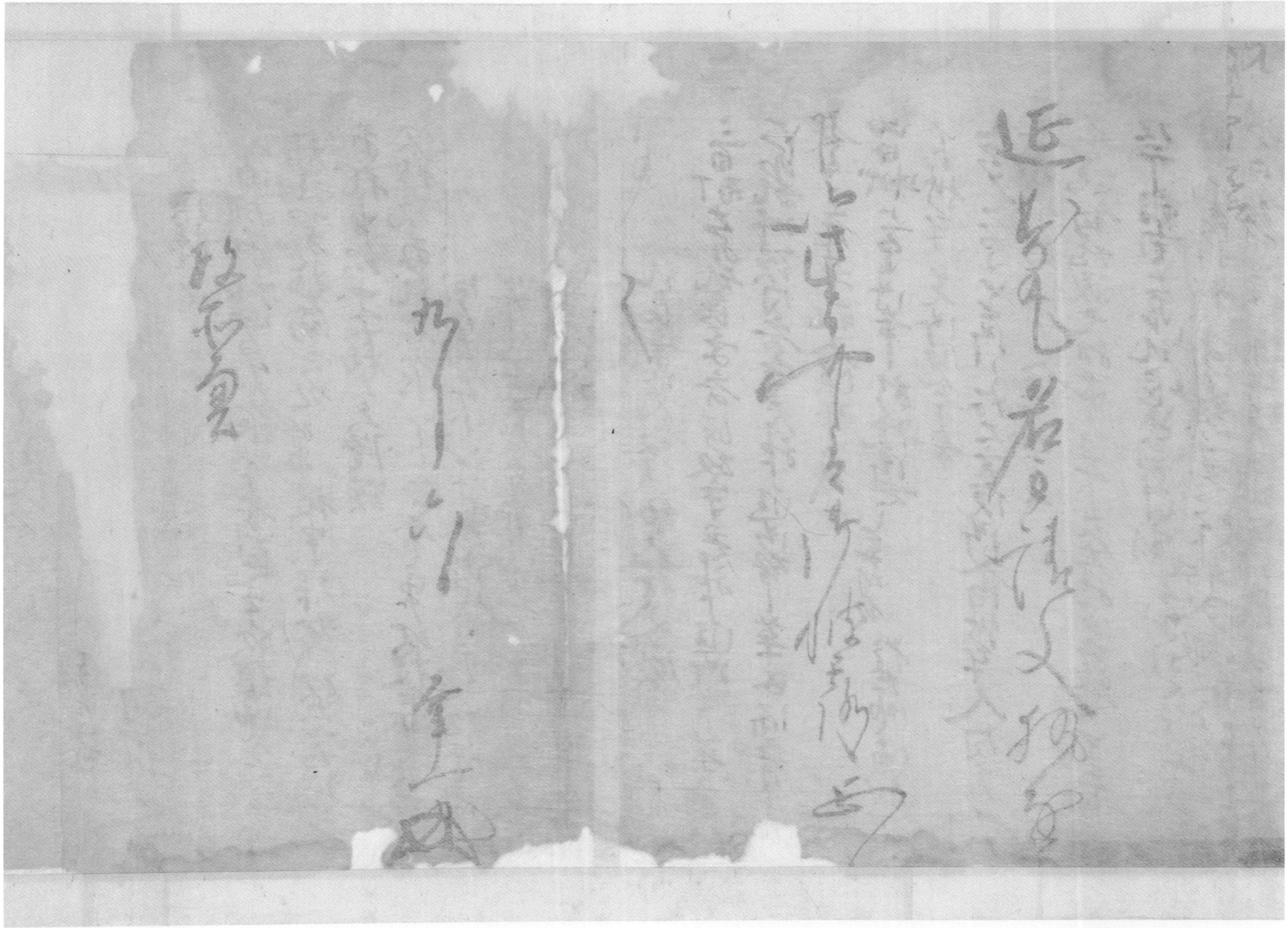

(2)　(3)

(1)　　(2)

参考図版

(30)　(31)

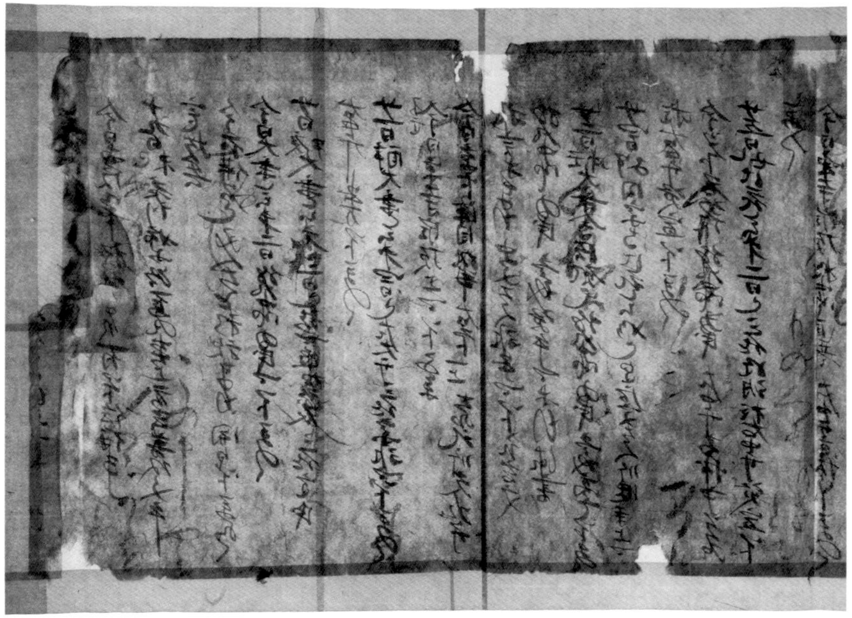

(31)

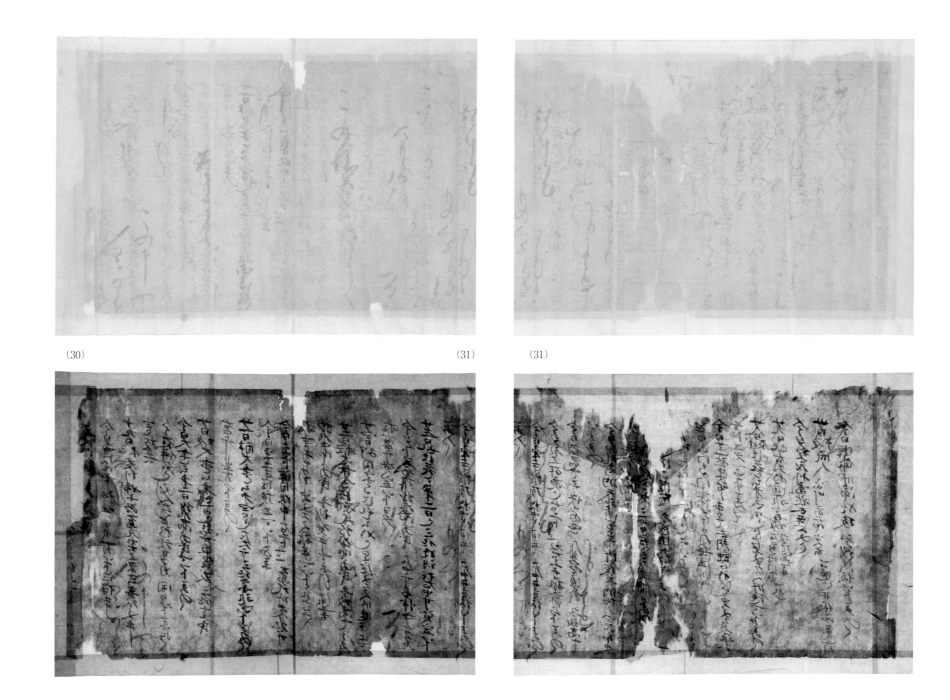

（28）　（29）　（29）　（30）

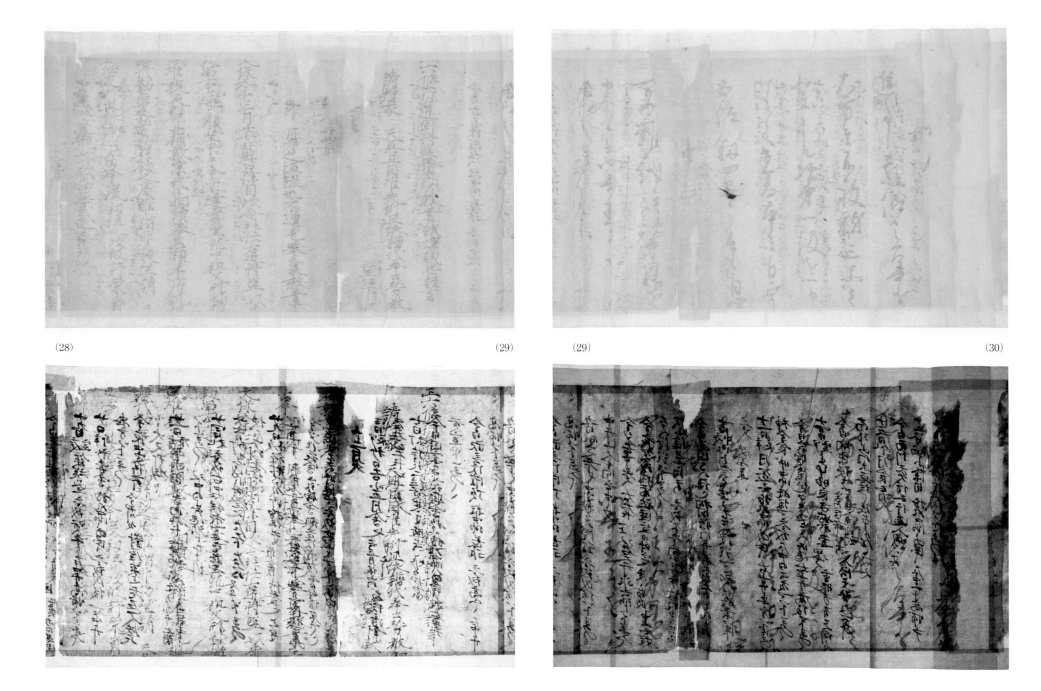

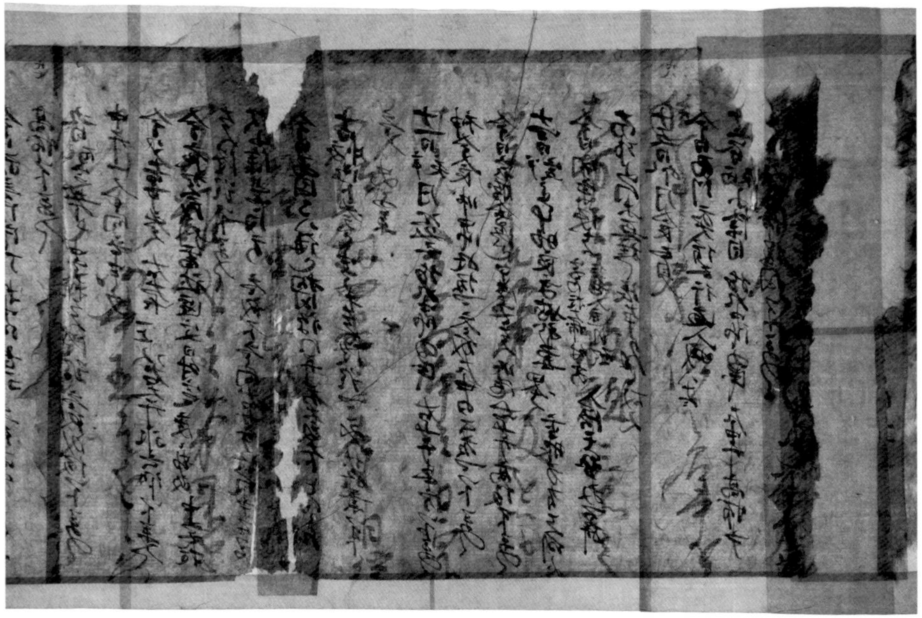

（26）　（27）

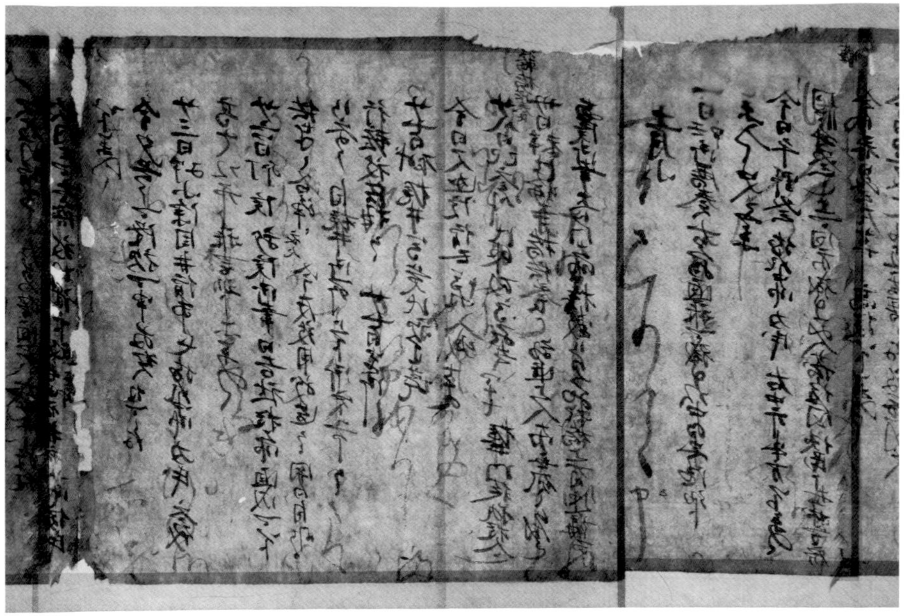

（27）　（28）

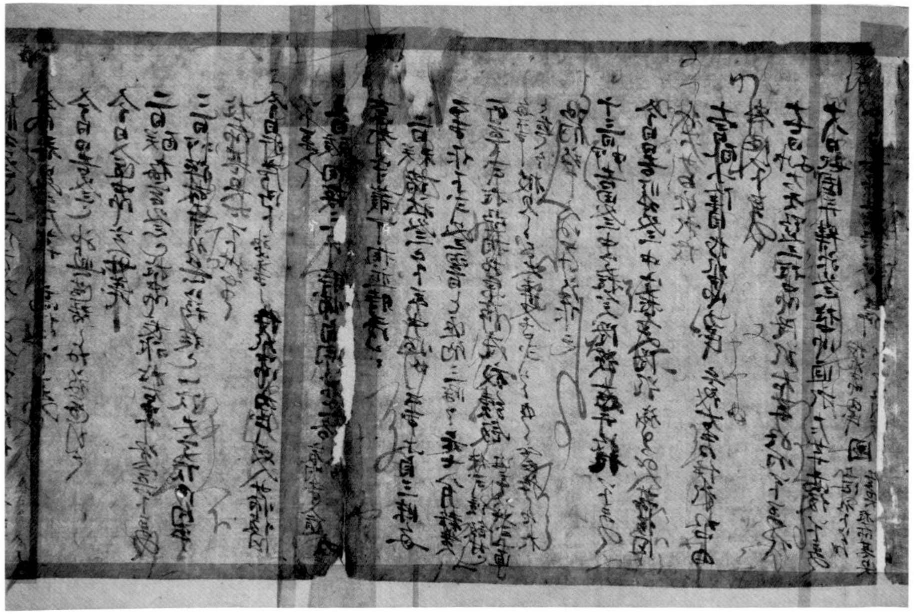

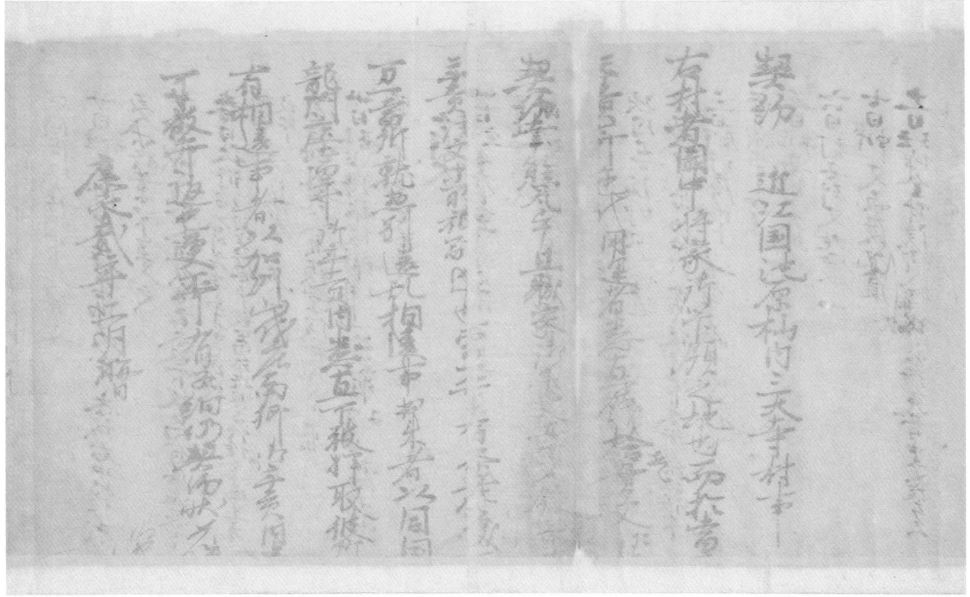

（24）　（25）

（25）　（26）

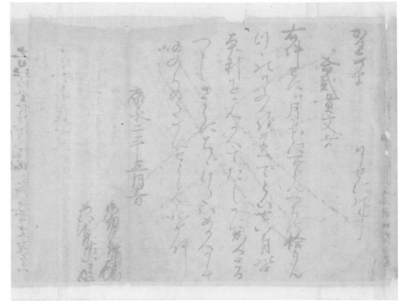

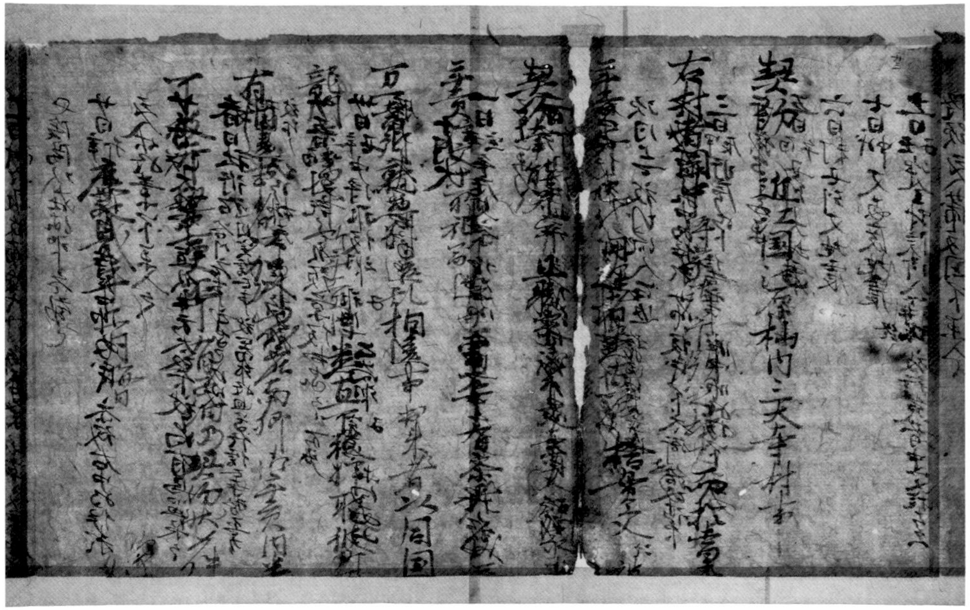

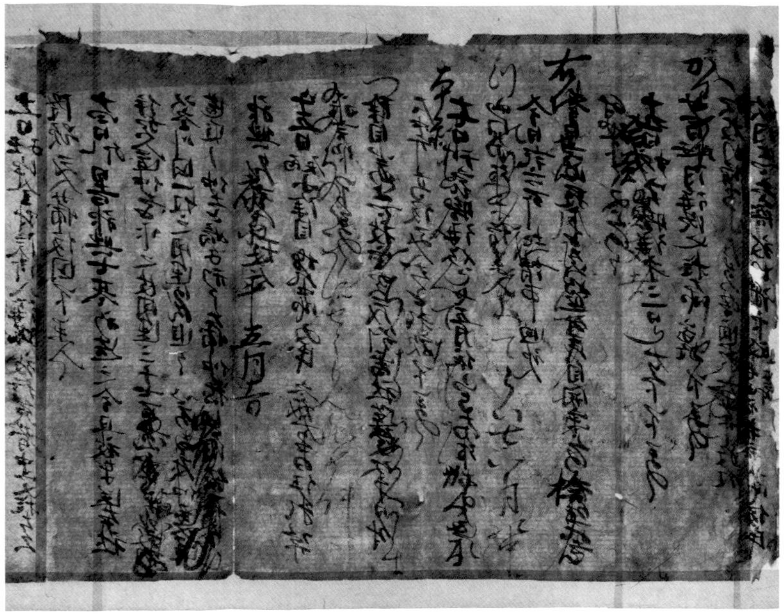

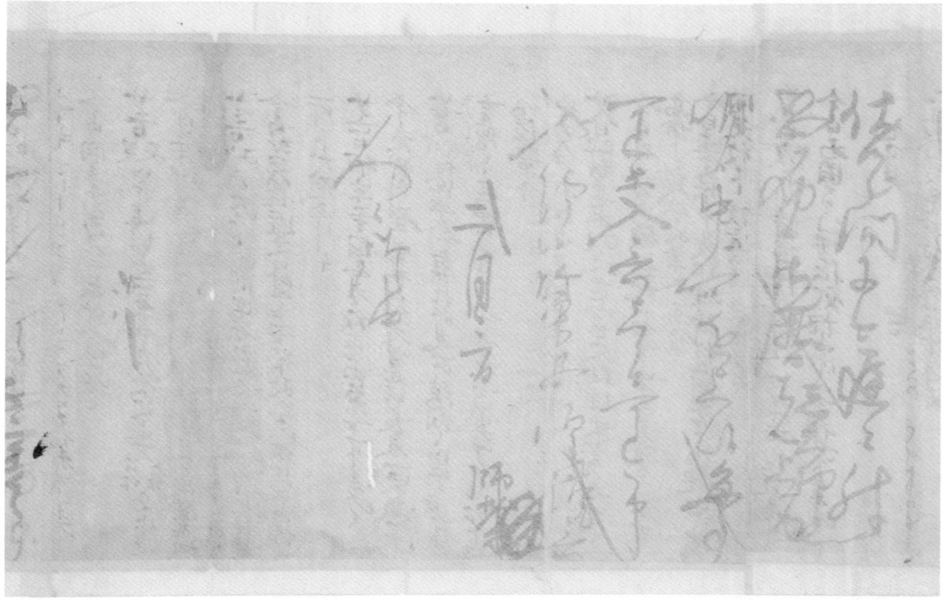

(22)　(23)　(23)　(24)

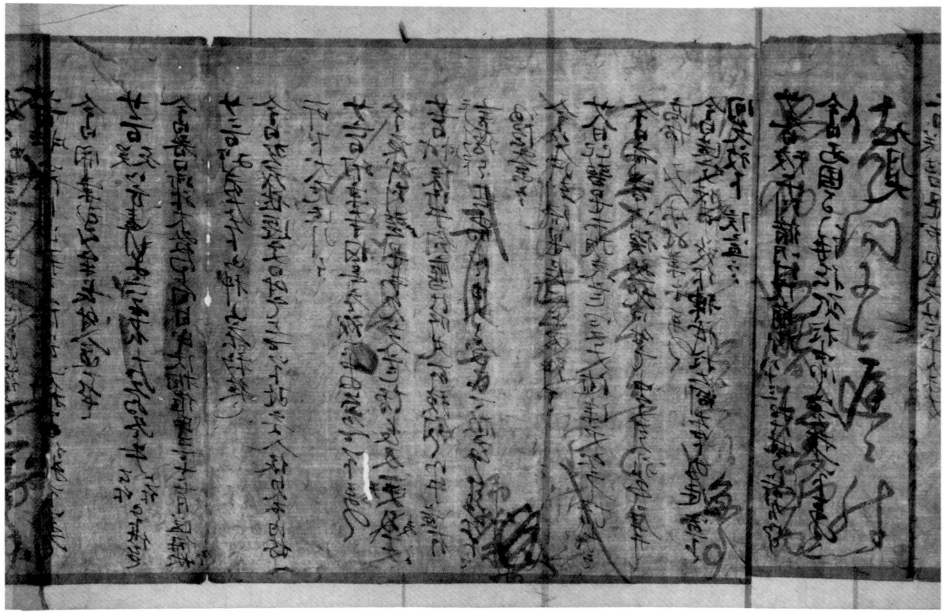

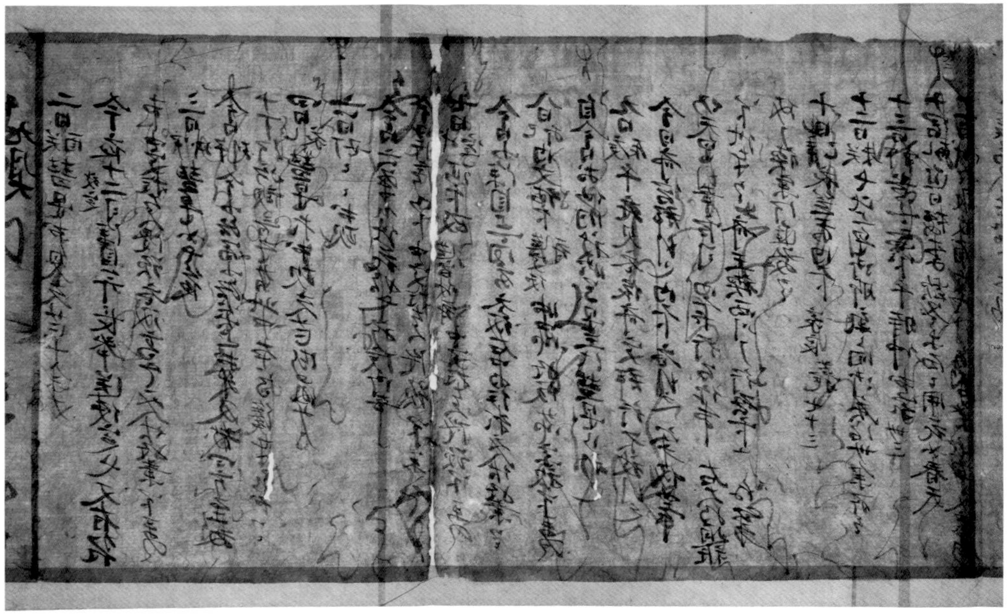

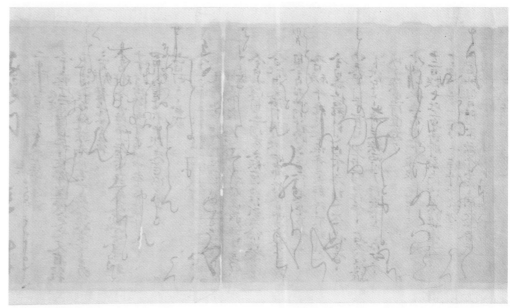

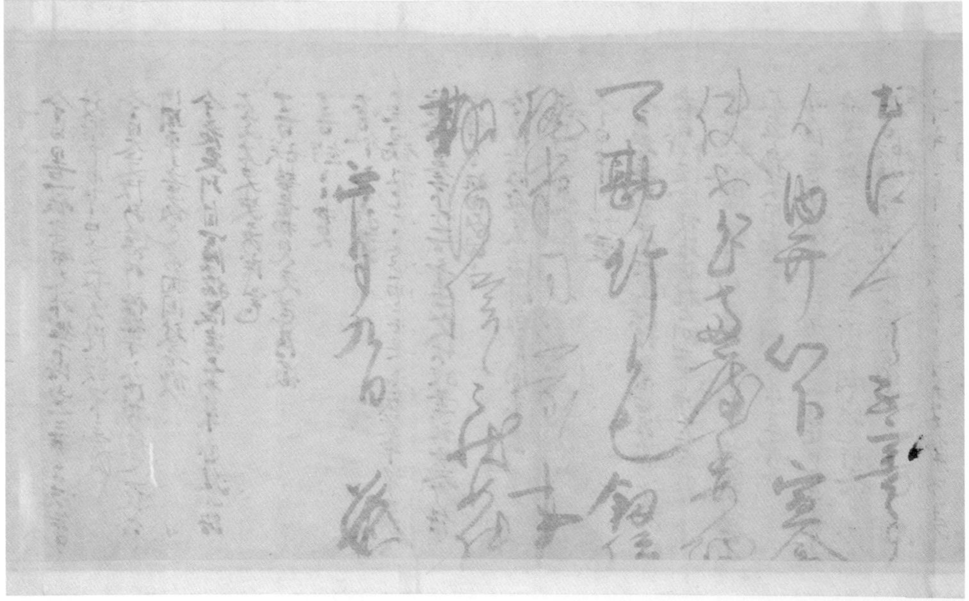

(21)　(22)

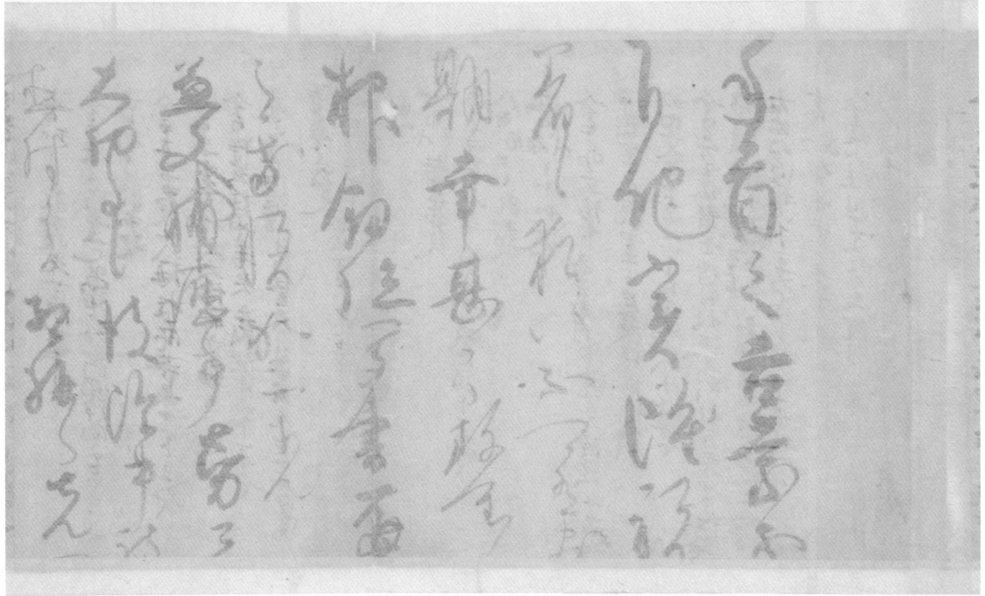

(20)　(21)

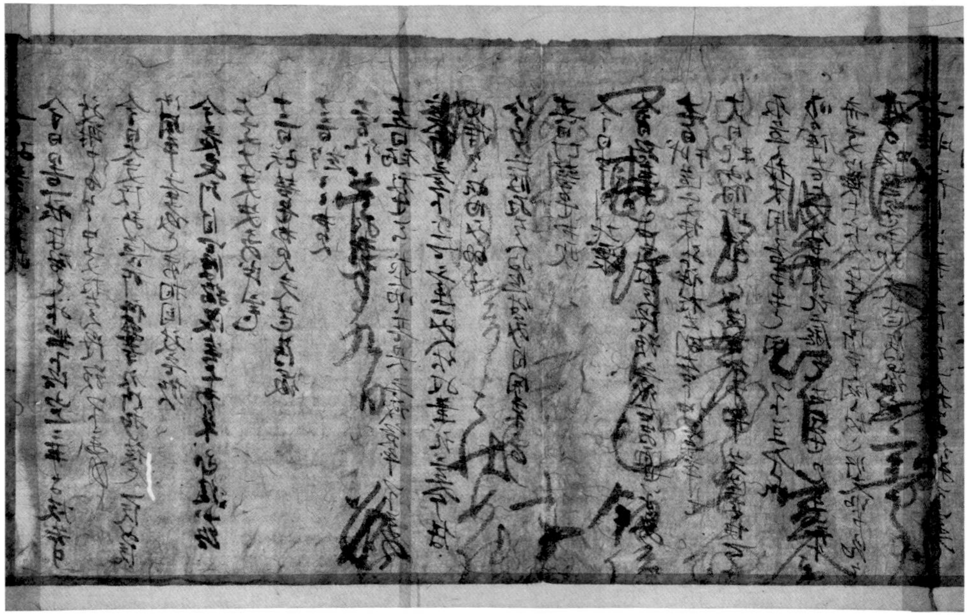

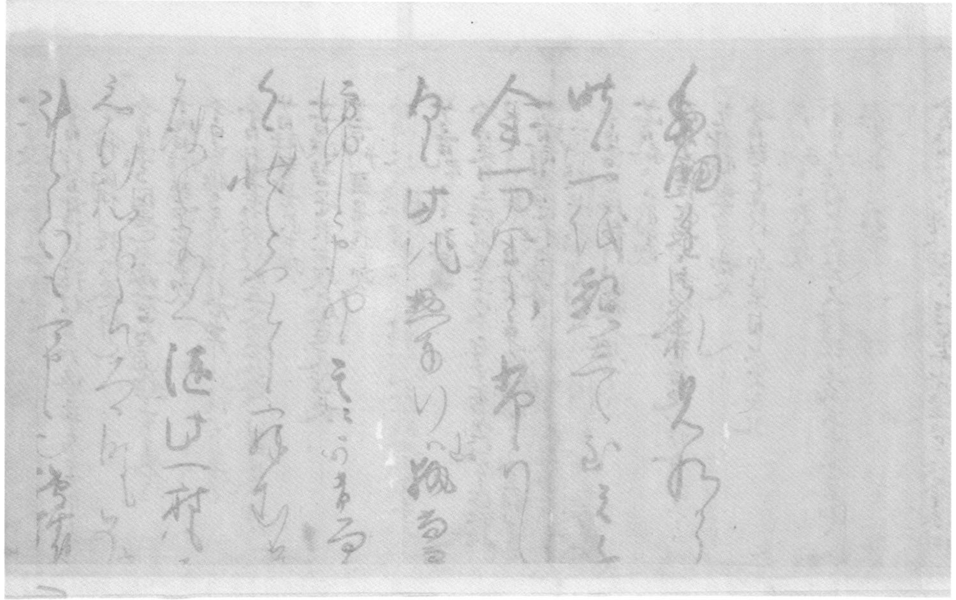

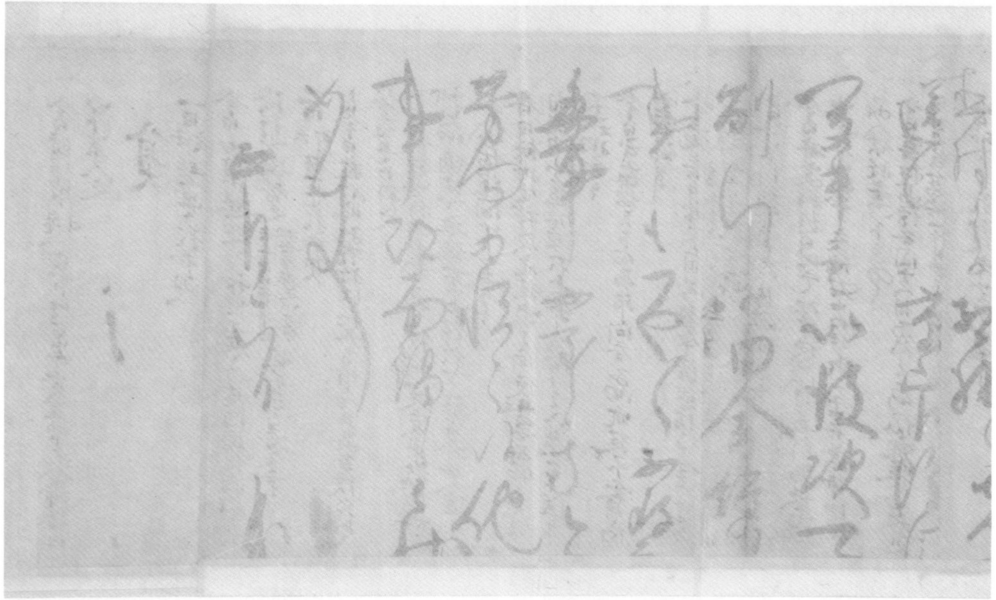

(18)　　(19)　　(19)　　(20)

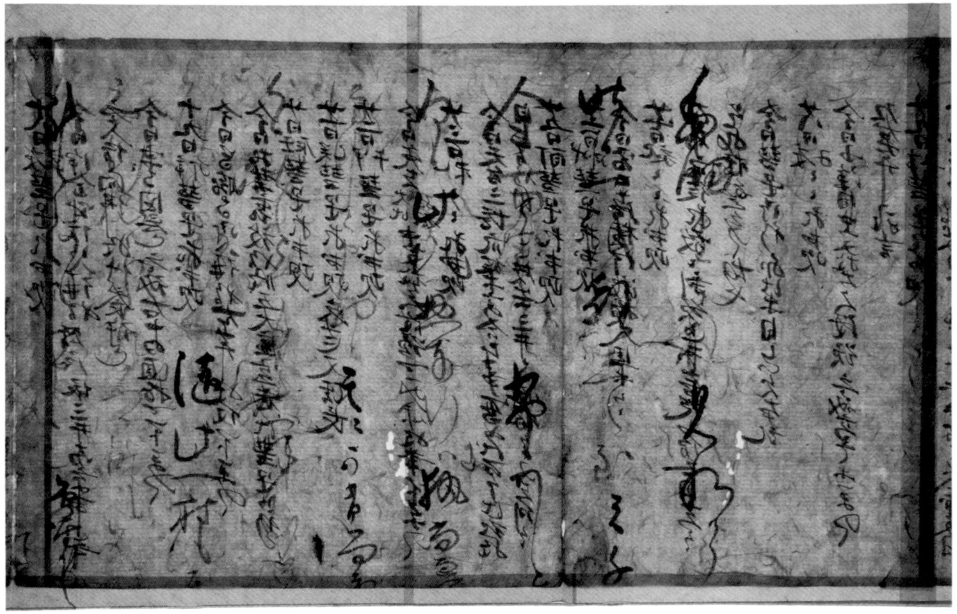

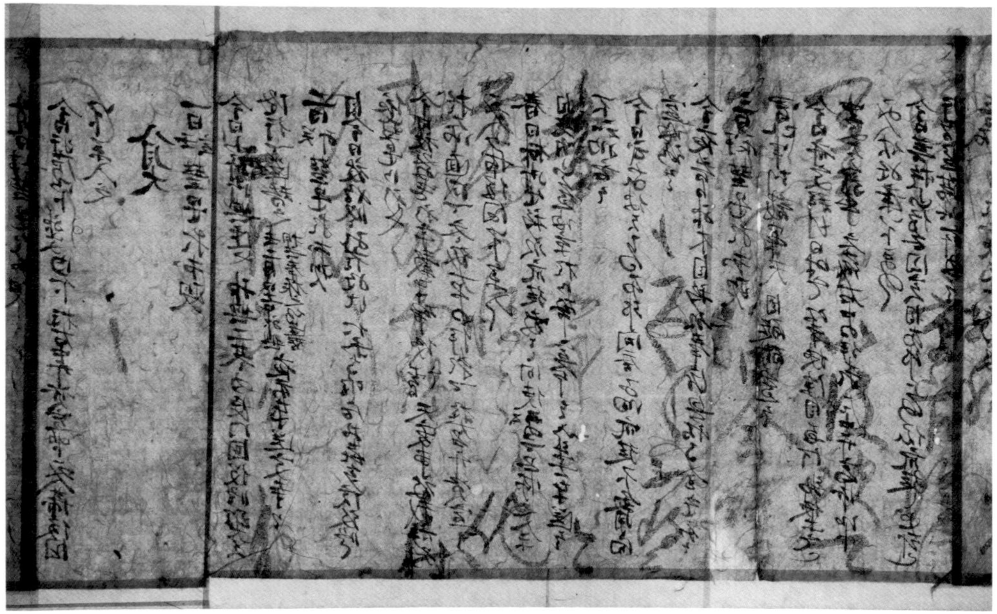

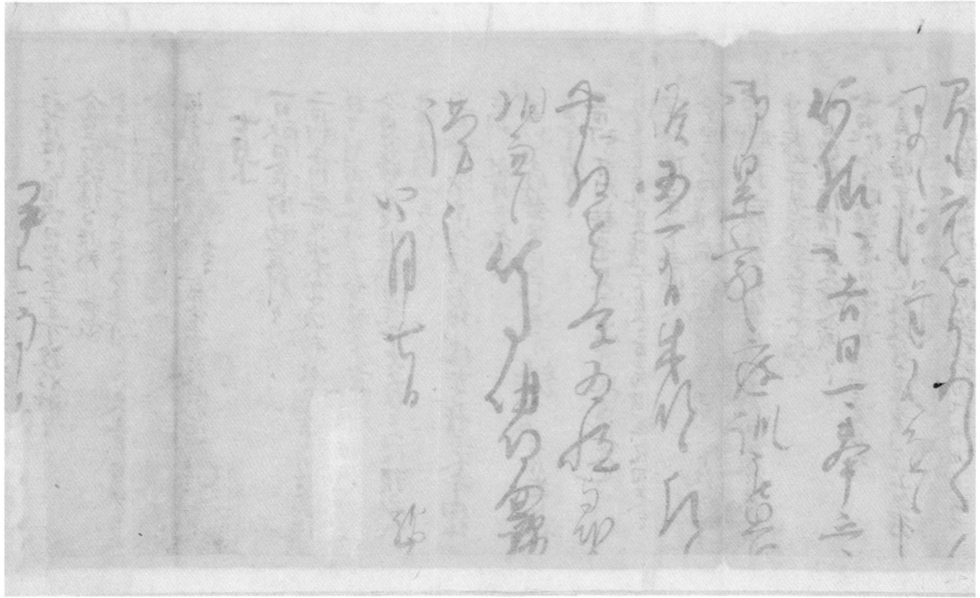

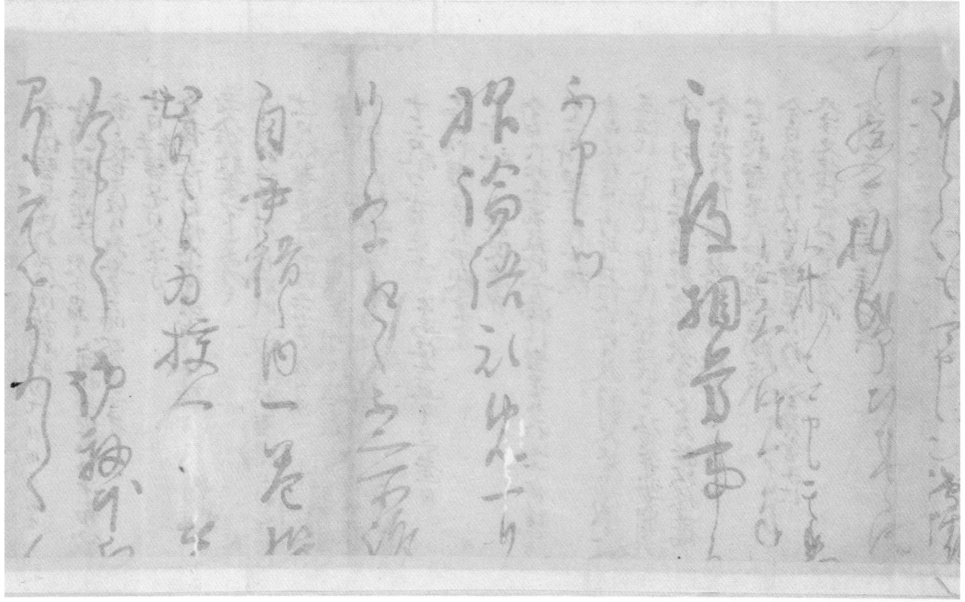

(16)　(17)　(17)　(18)

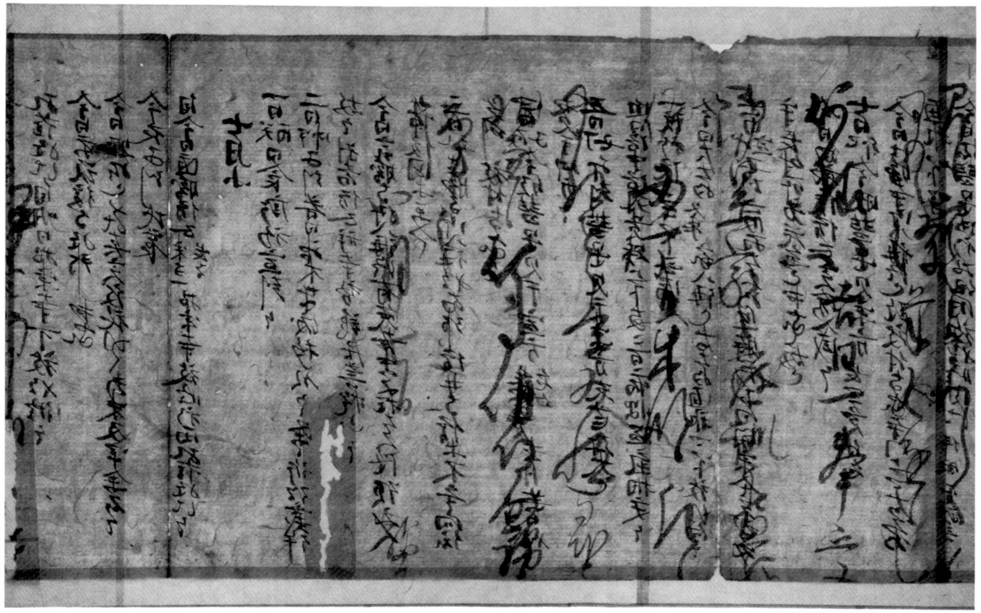

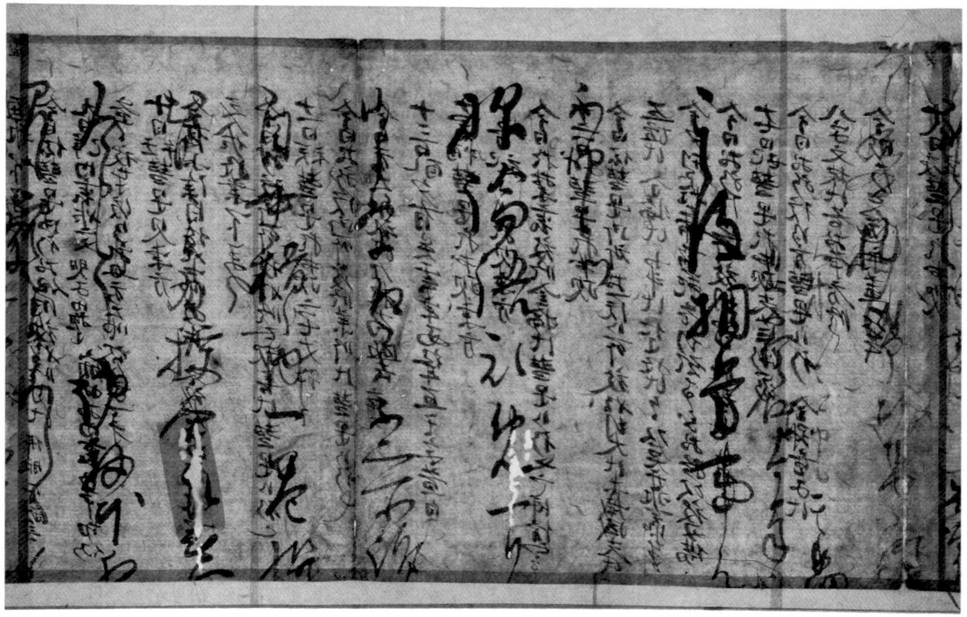

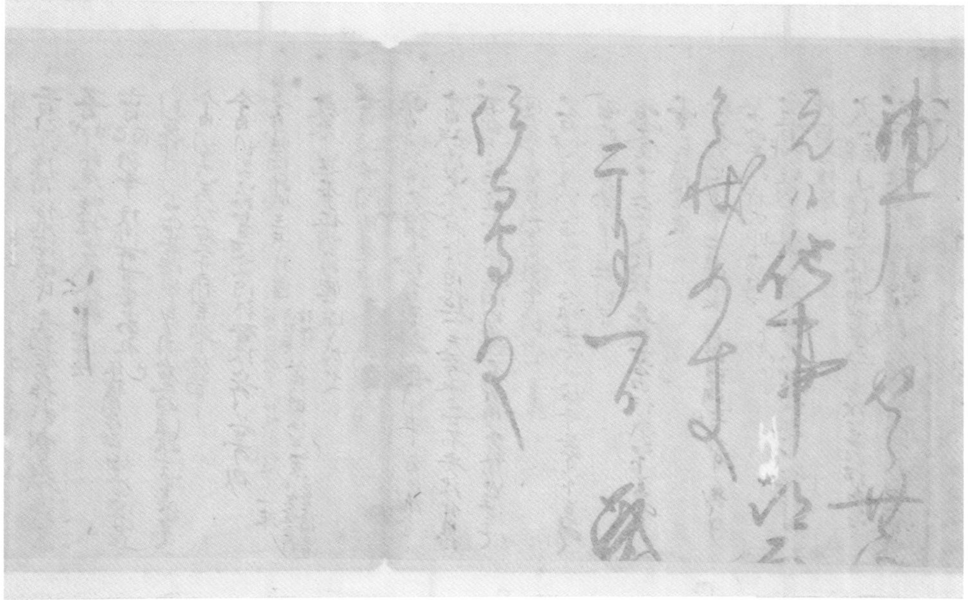

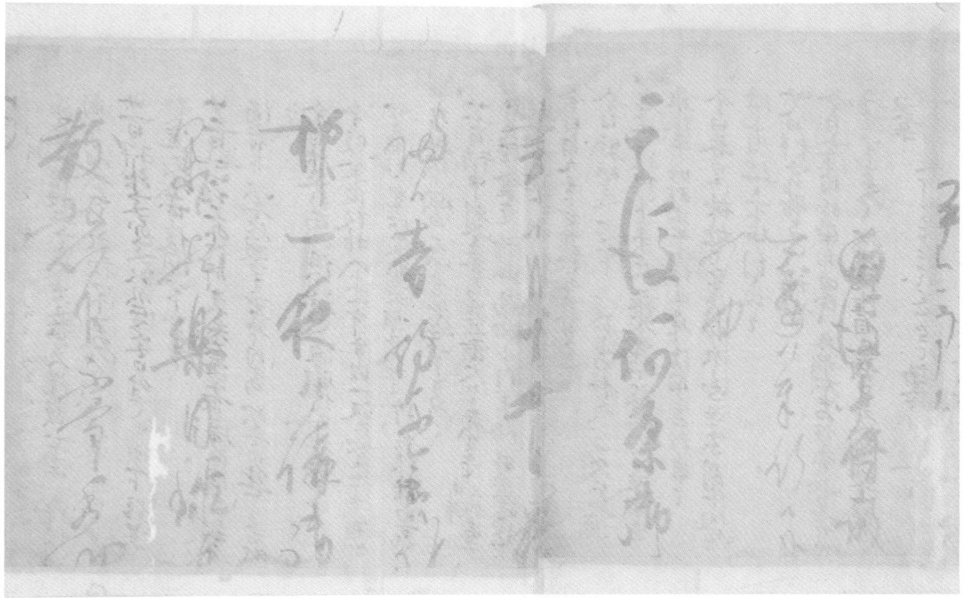

(14)　(15)

(15)　(16)

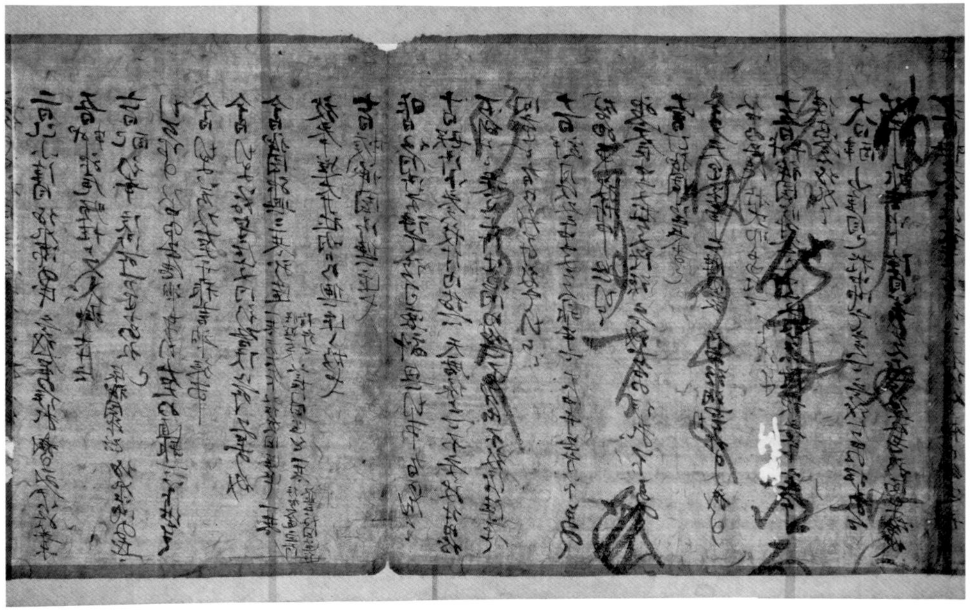

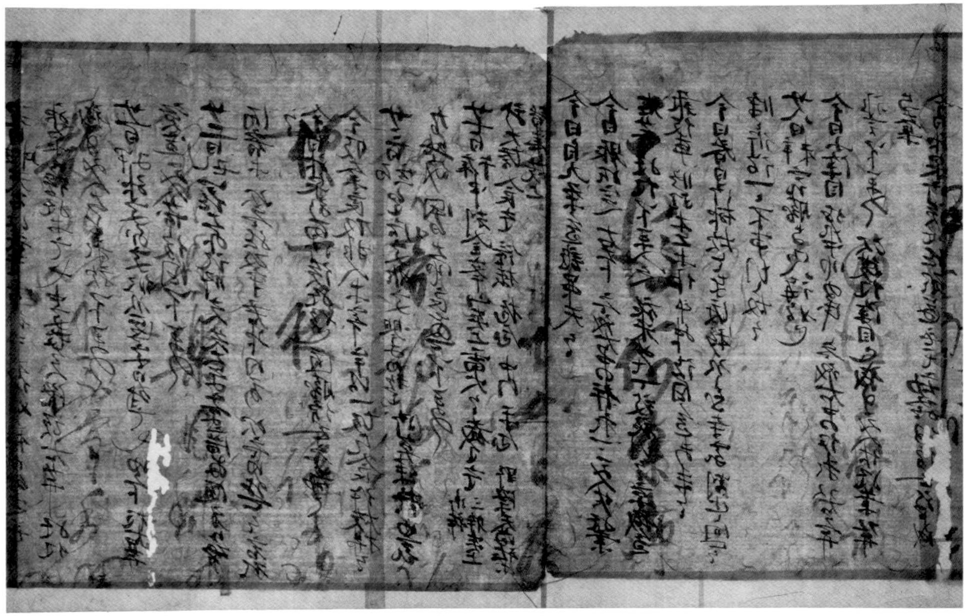

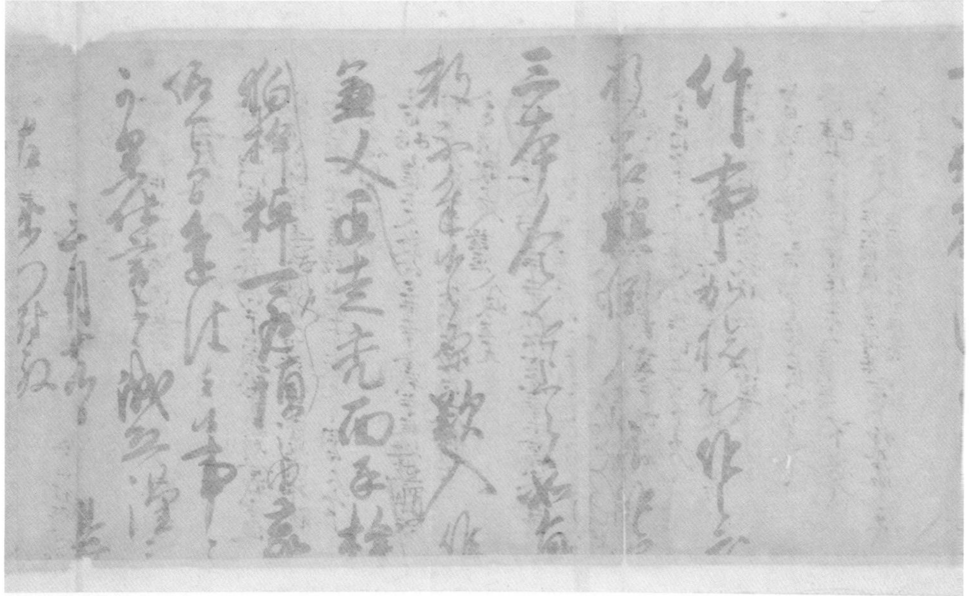

(12)　(13)

(13)　(14)

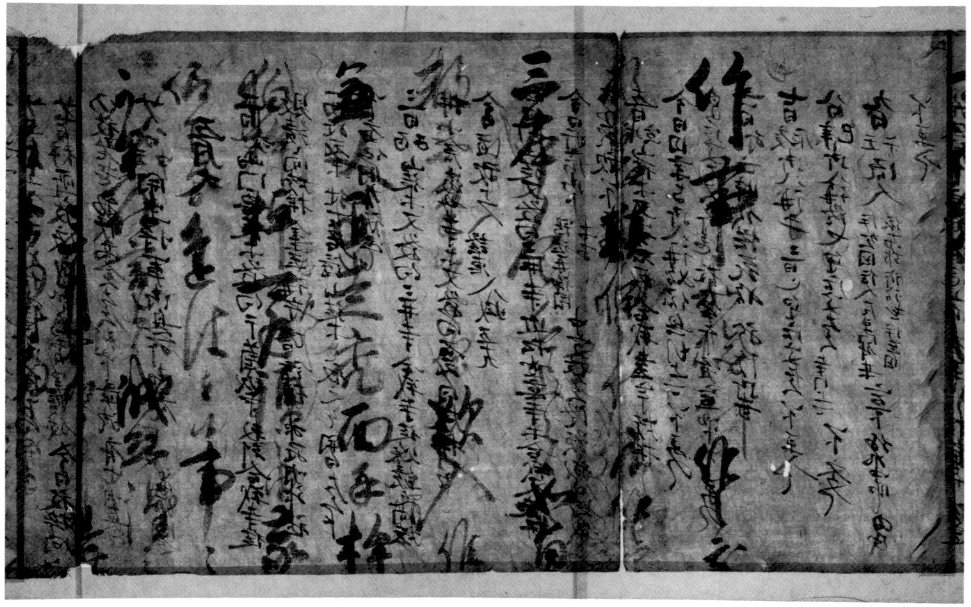

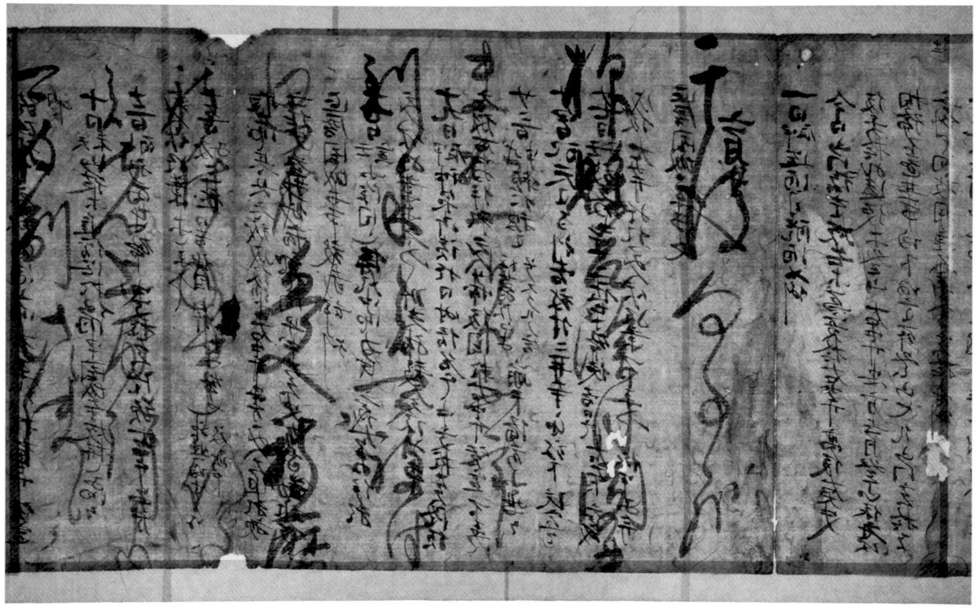

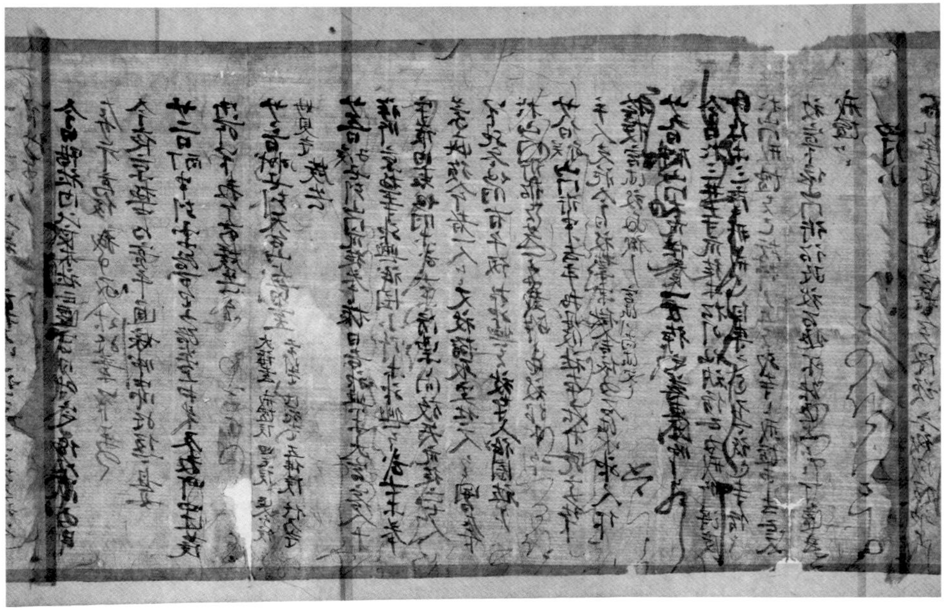

(10)　(11)

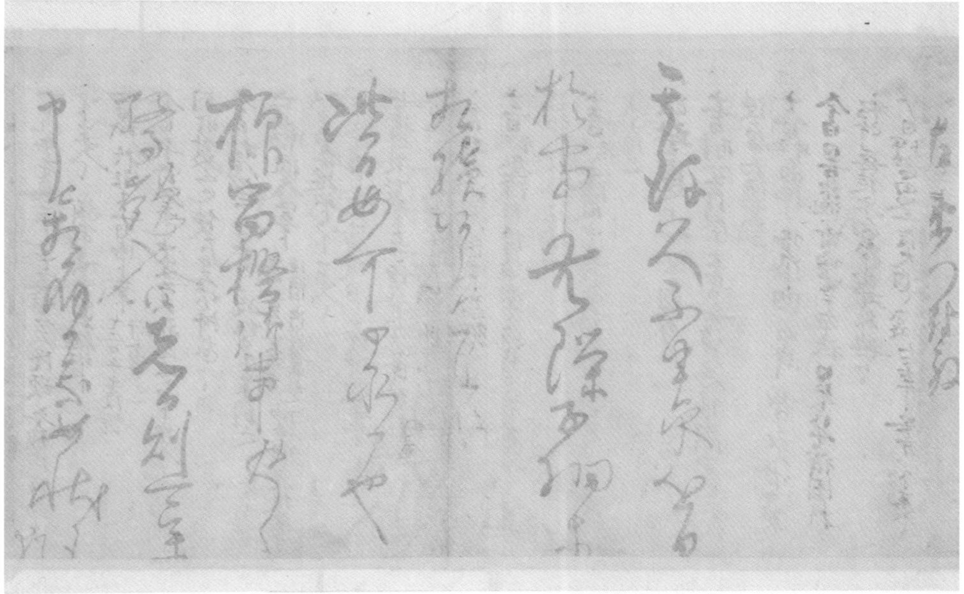
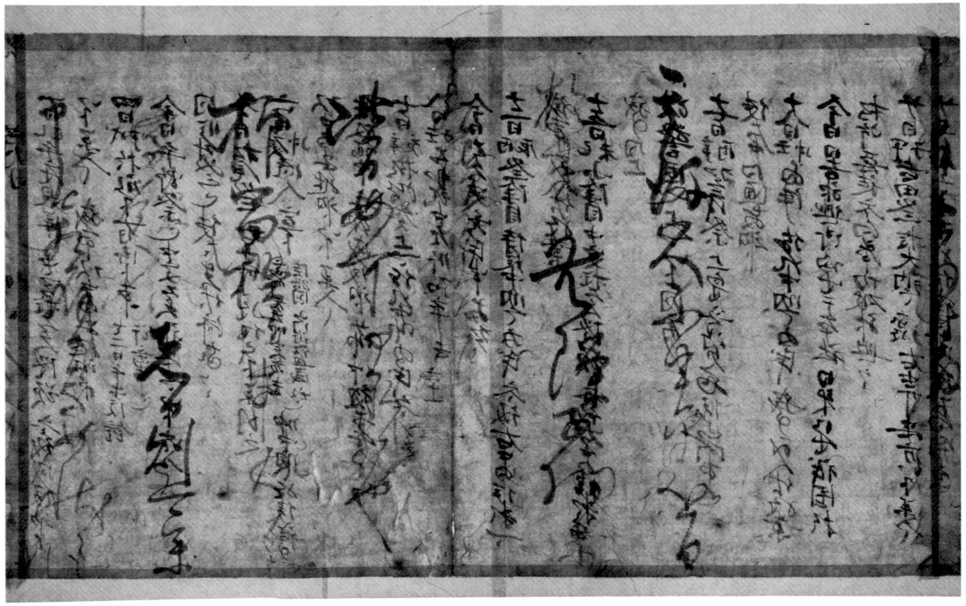

(11)　(12)

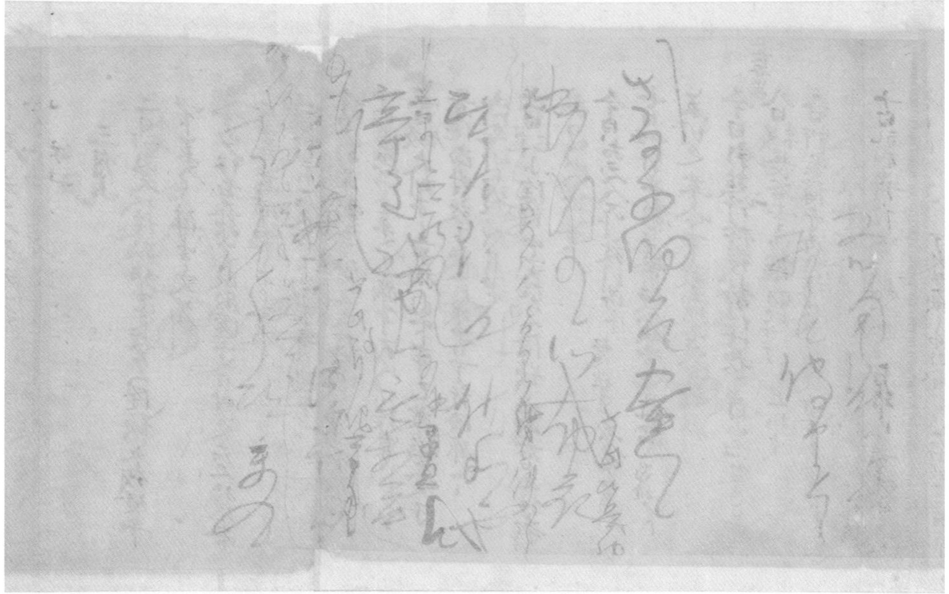

(8)　(9)　(9)　(10)

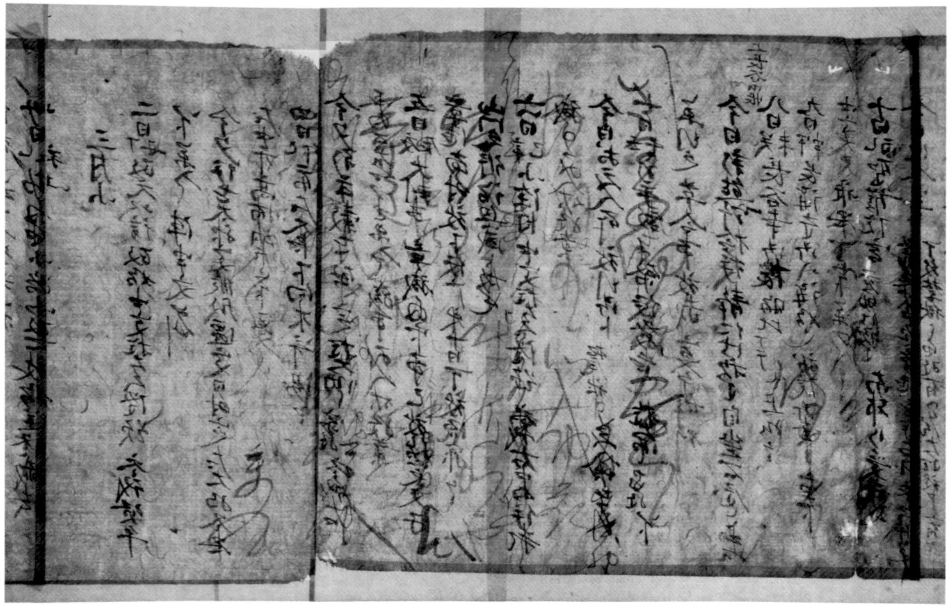

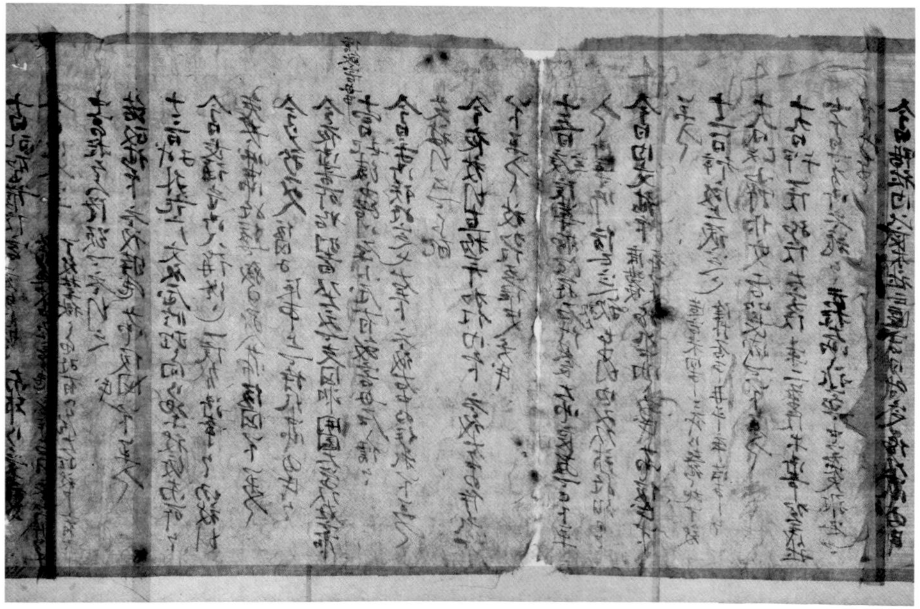

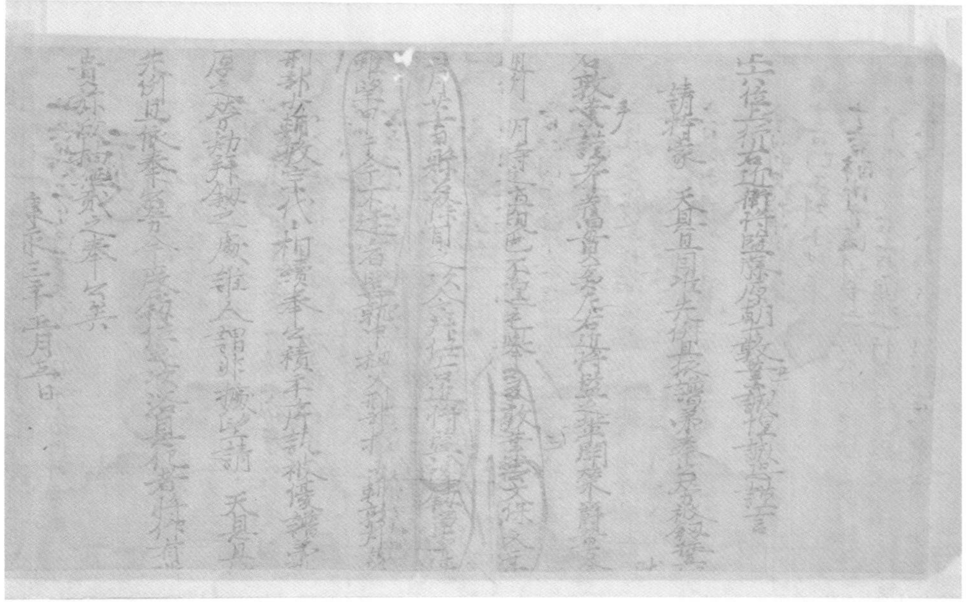

(6)　(7)

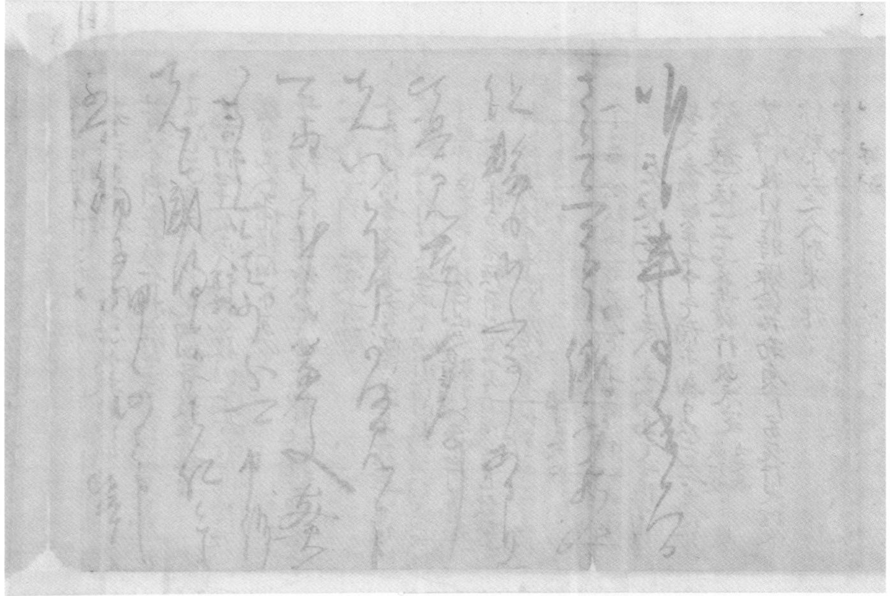

(7)　(8)

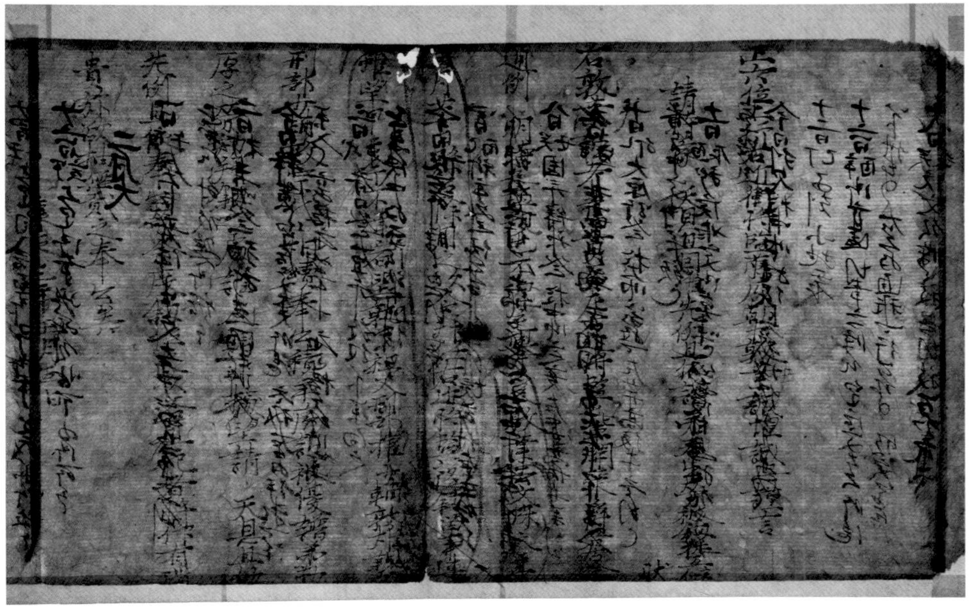

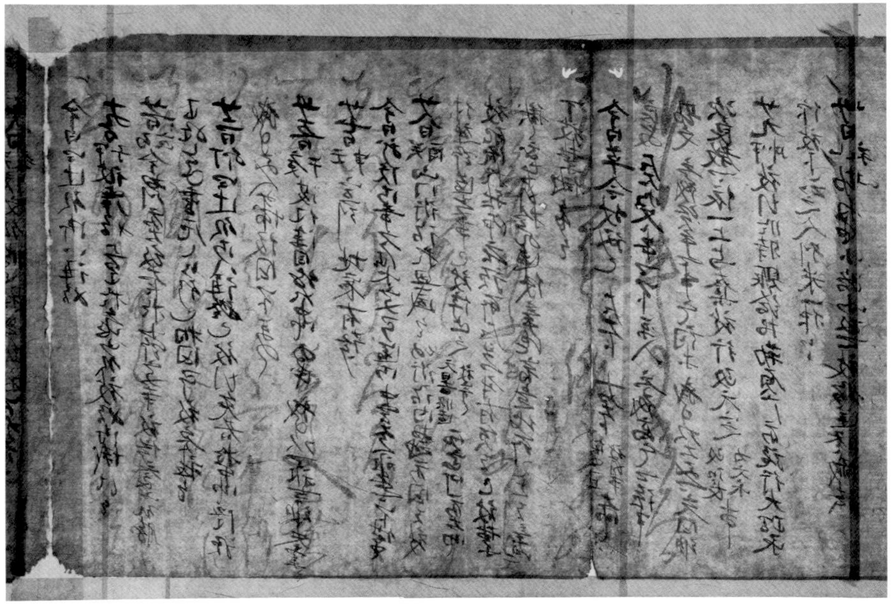

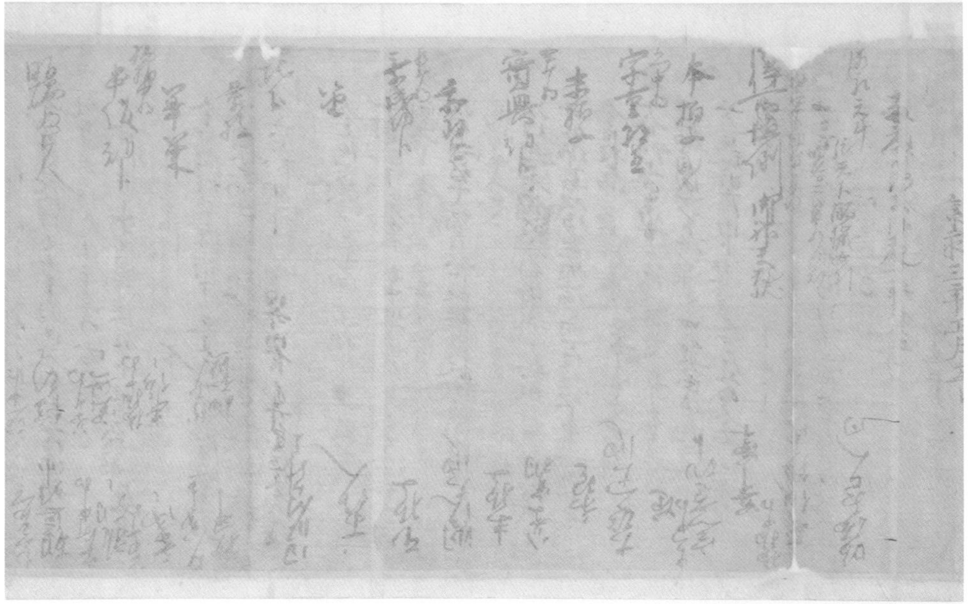

(4)　　(5)　　(5)　　(6)

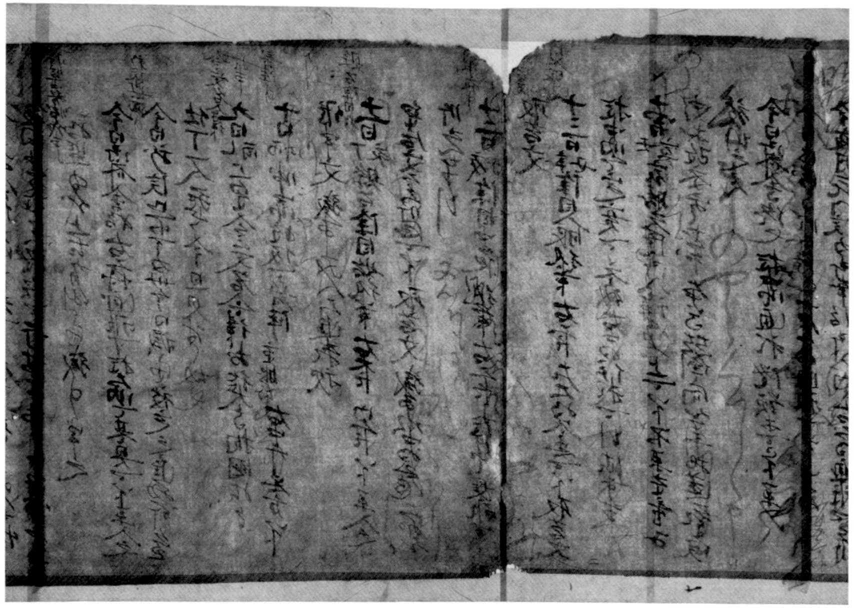

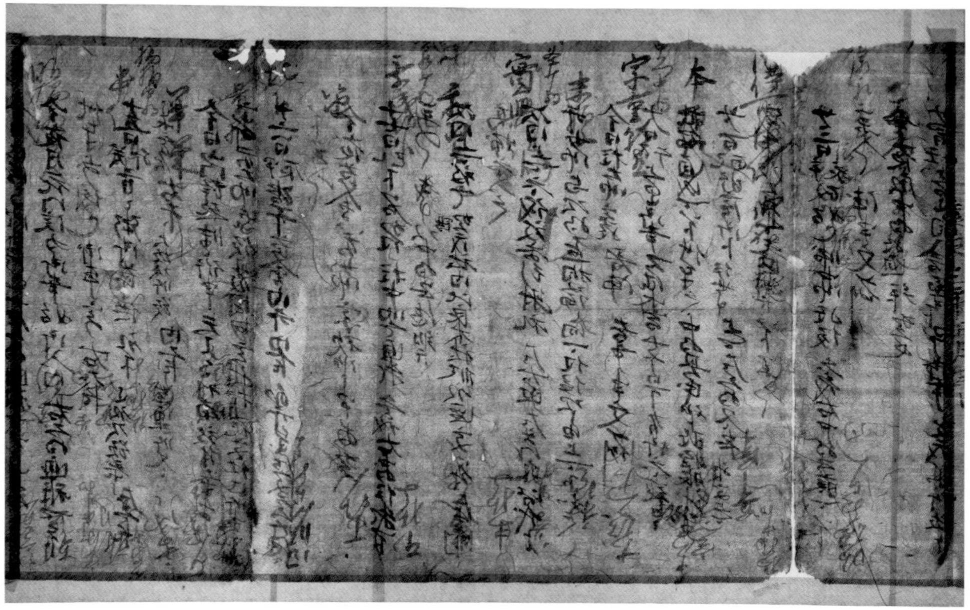

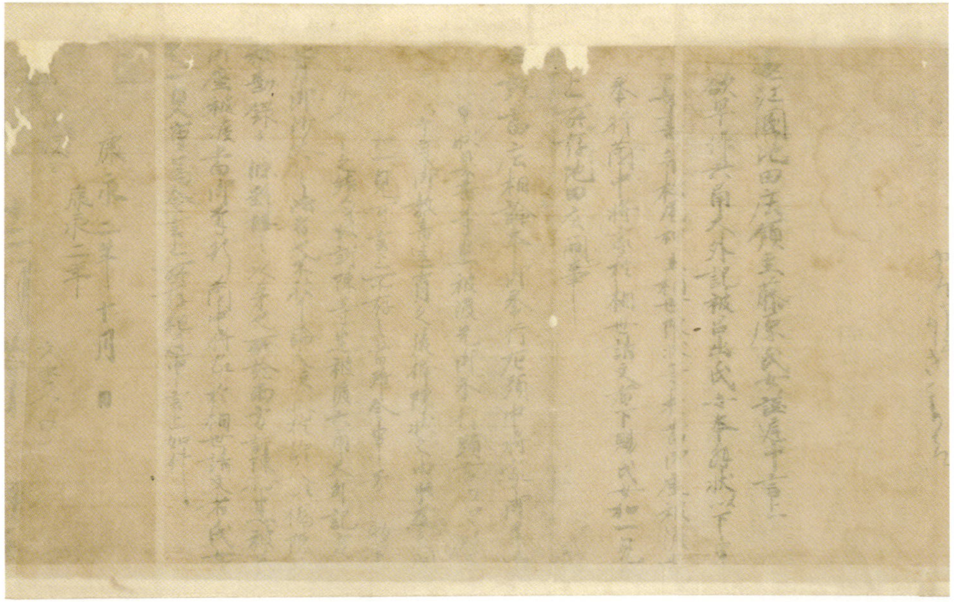

(2)　(3)

(3)　(4)

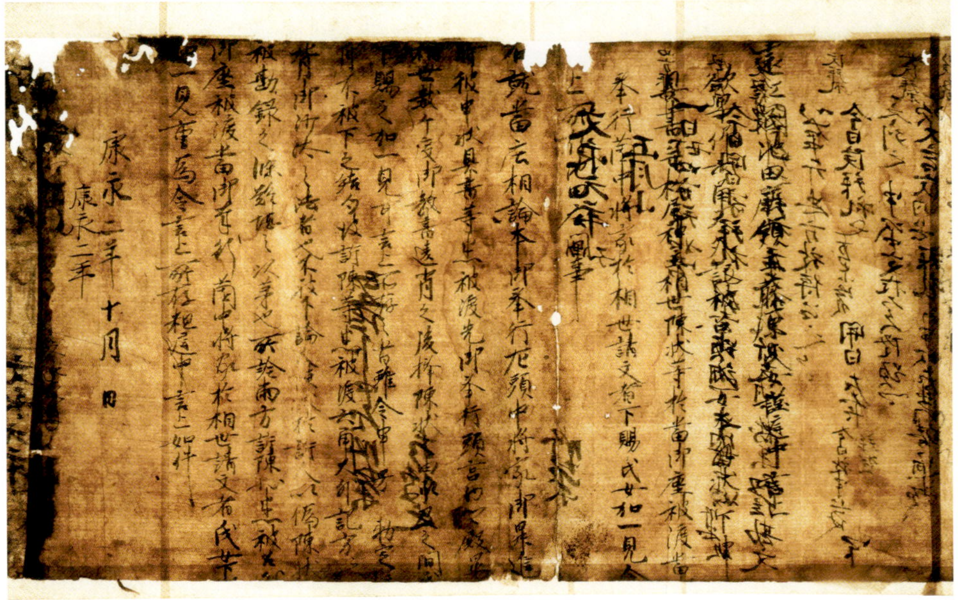

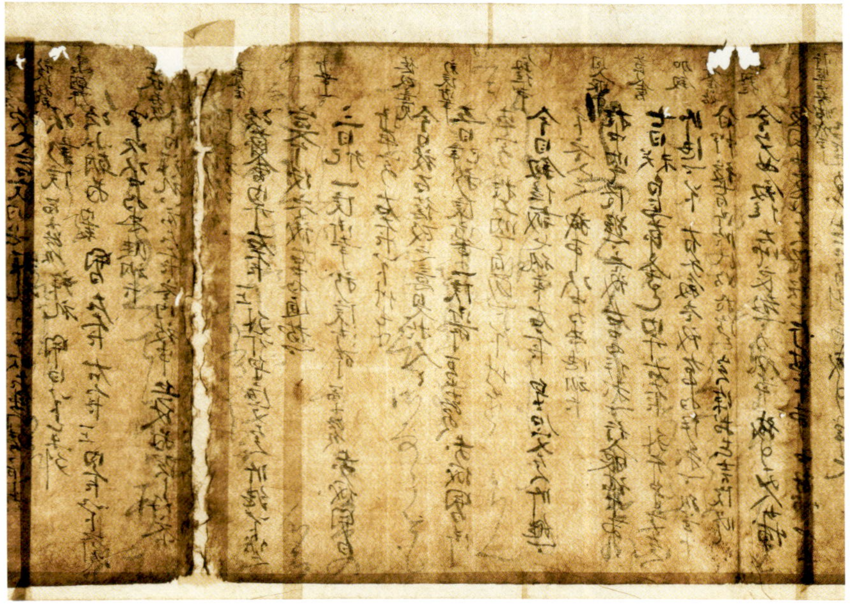

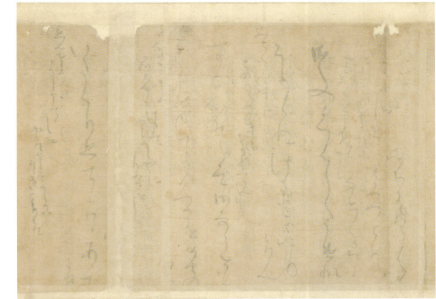

（1）　（2）

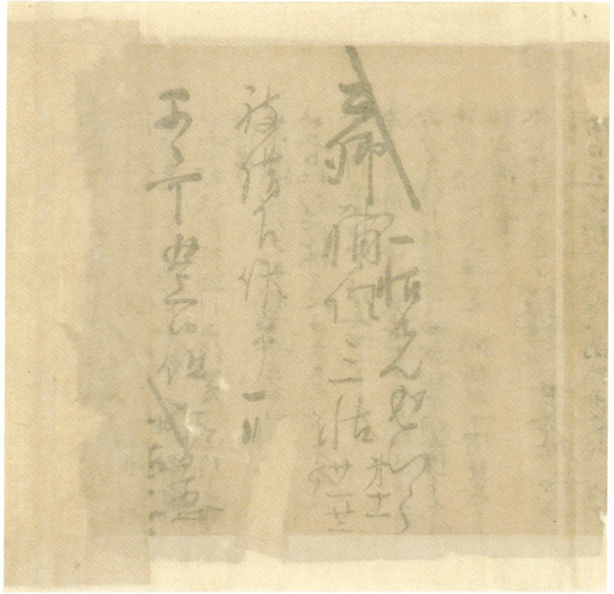

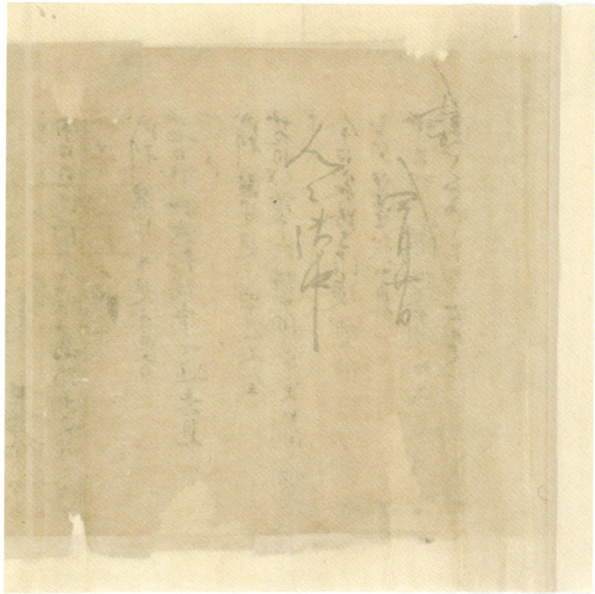

(34)　(35)　(35)

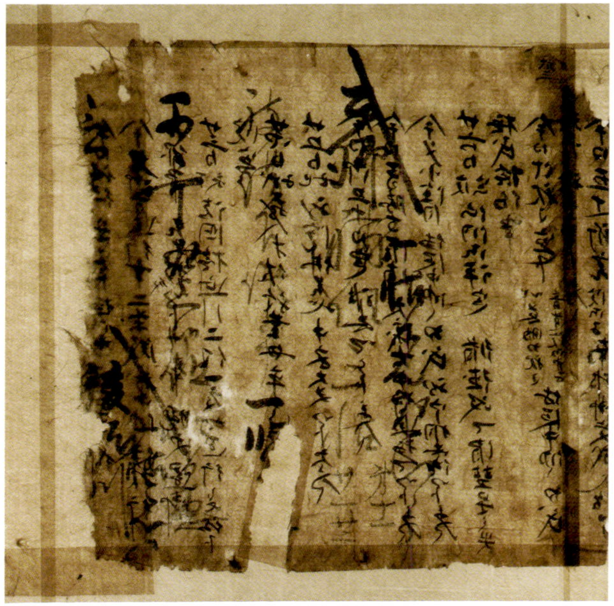

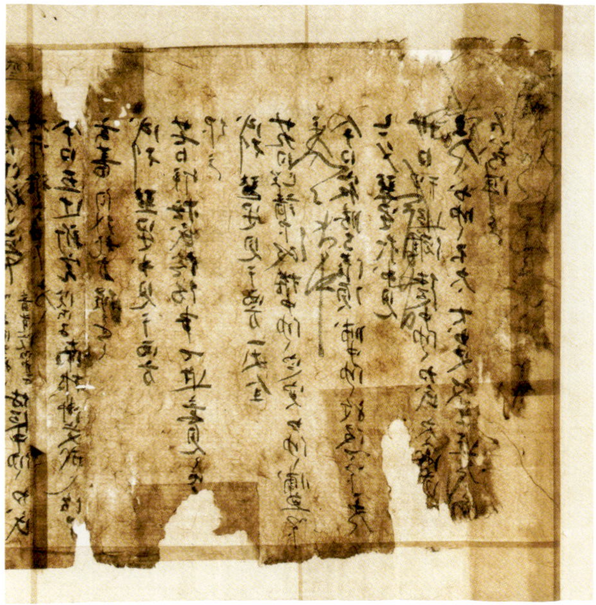

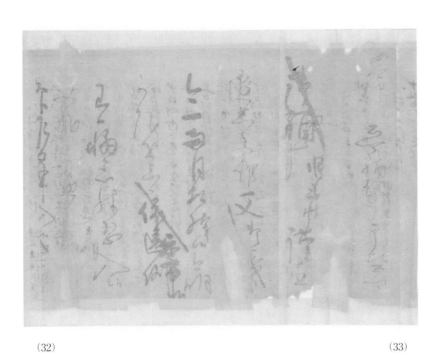

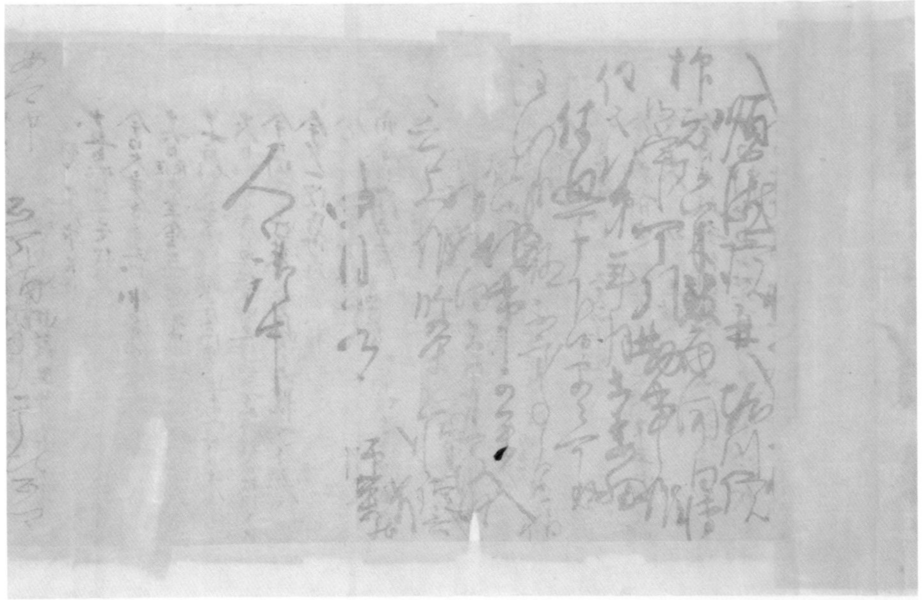

(32)　(33)　(33)　(34)

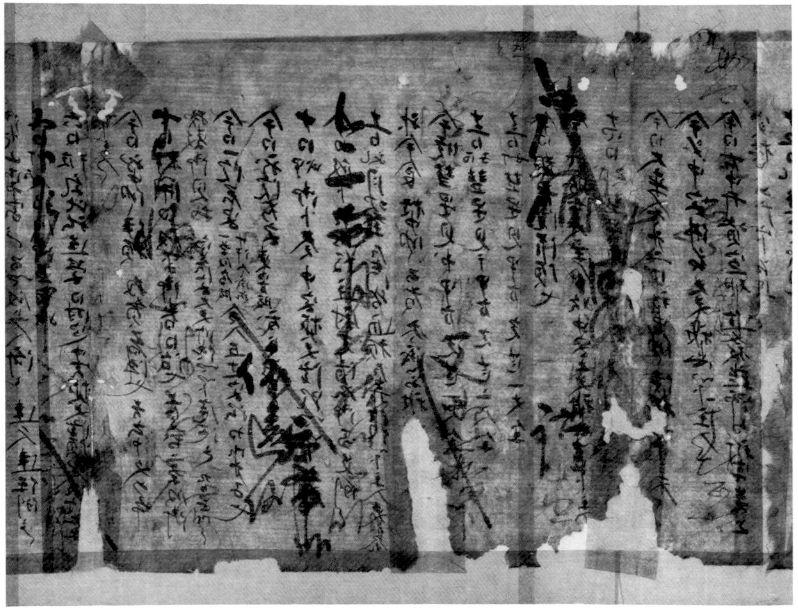

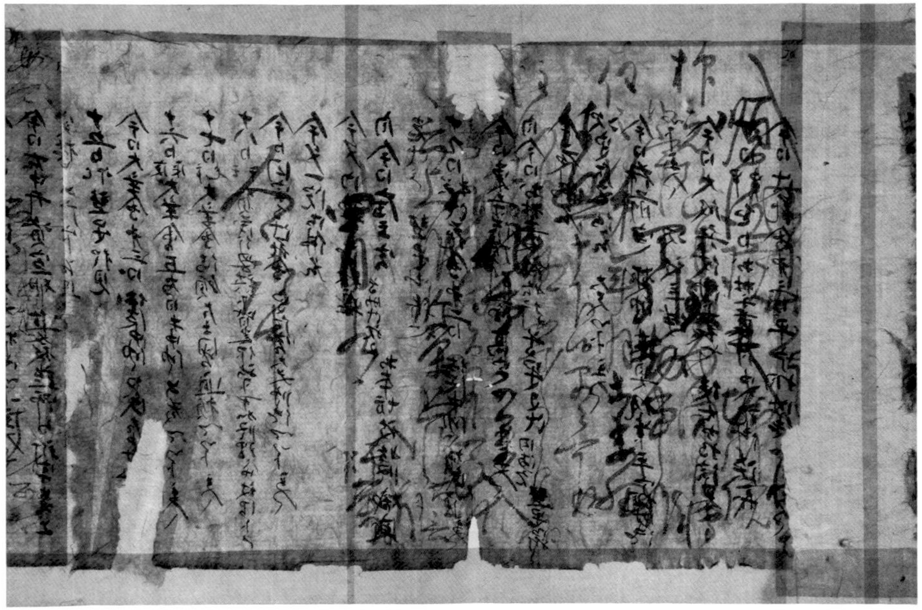

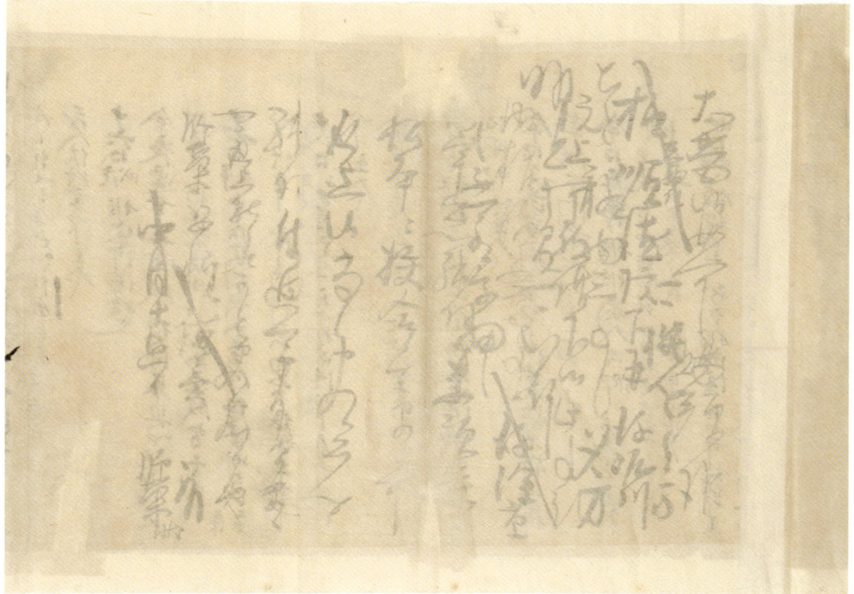

（30）　（31）

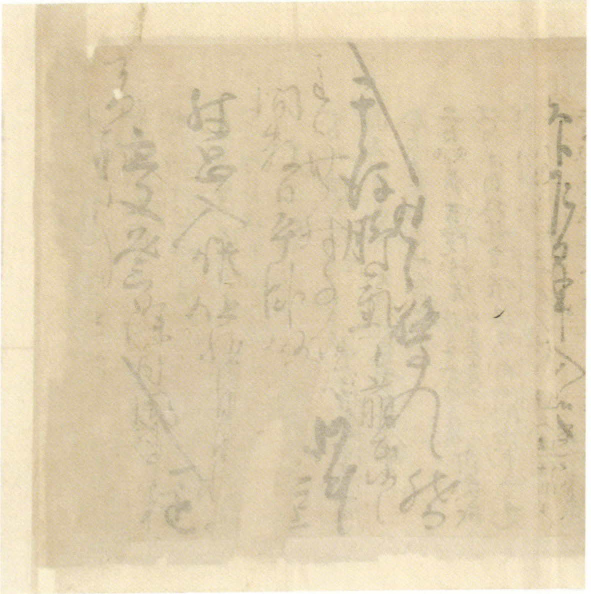

（31）　（32）

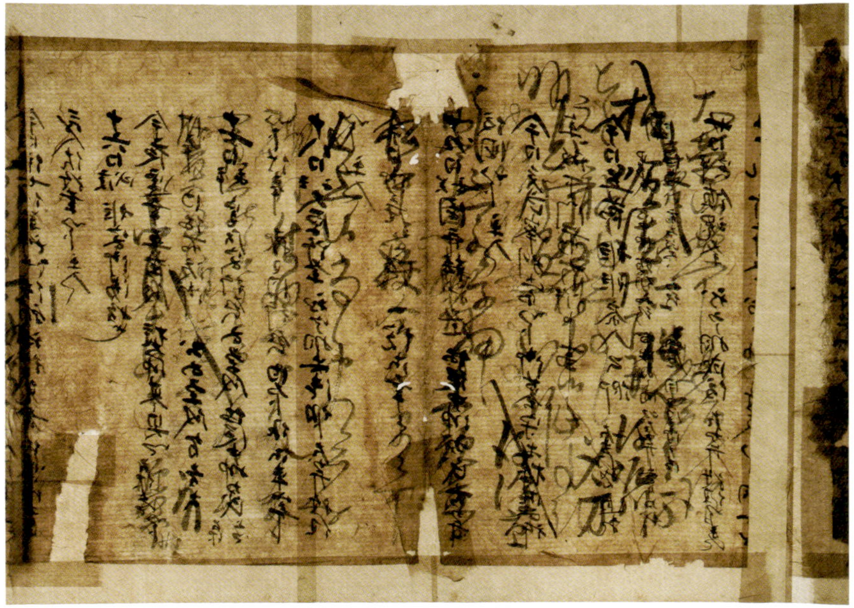

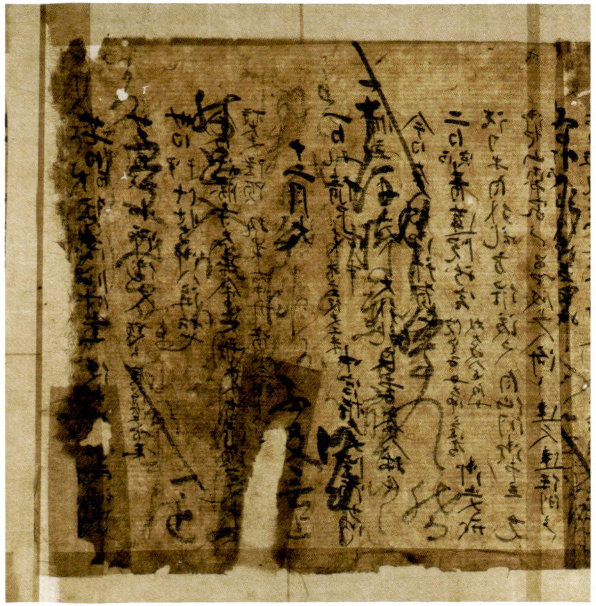

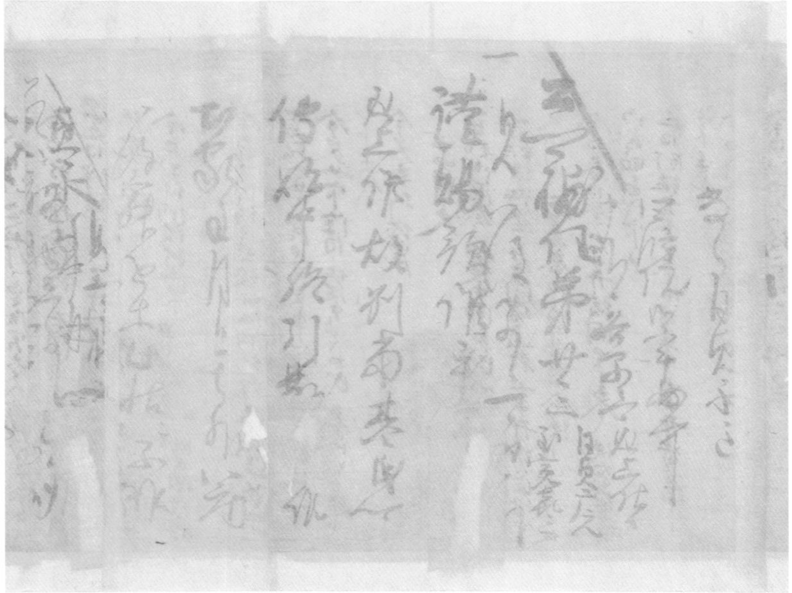

（28）　（29）　（29）　（30）

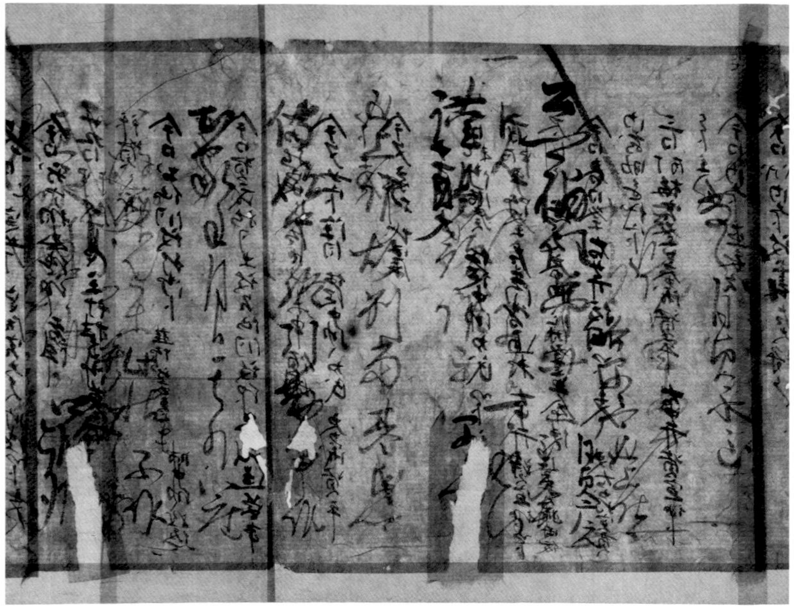

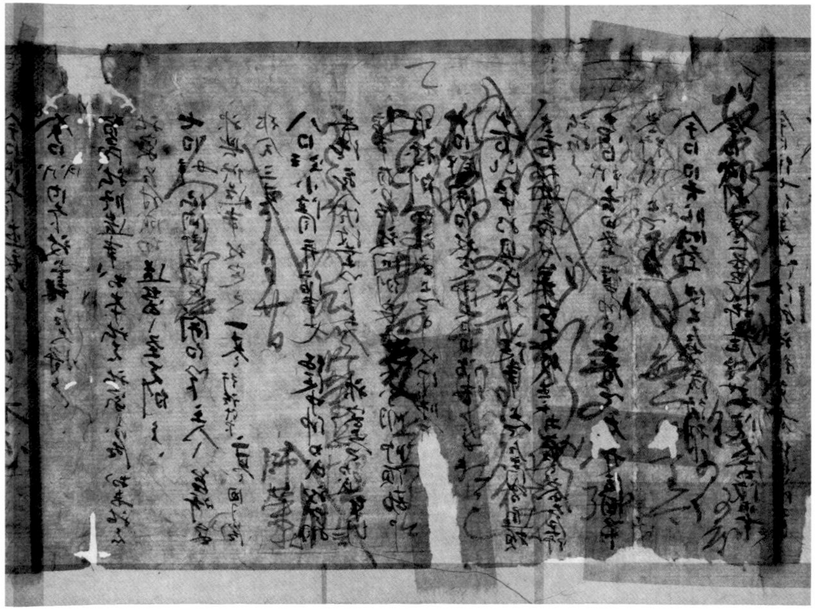

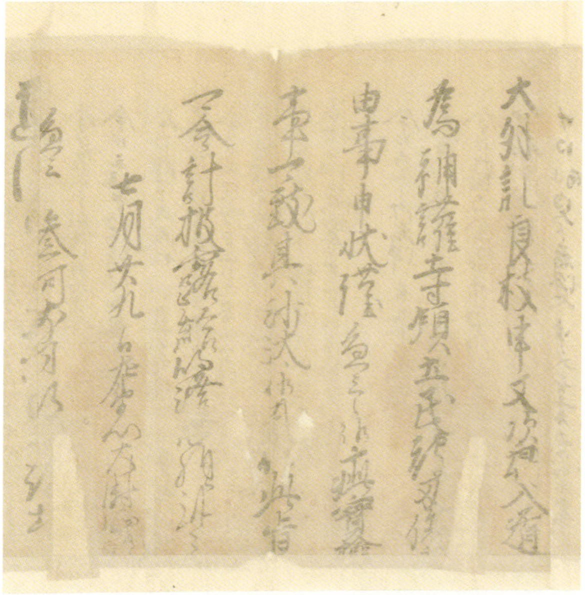

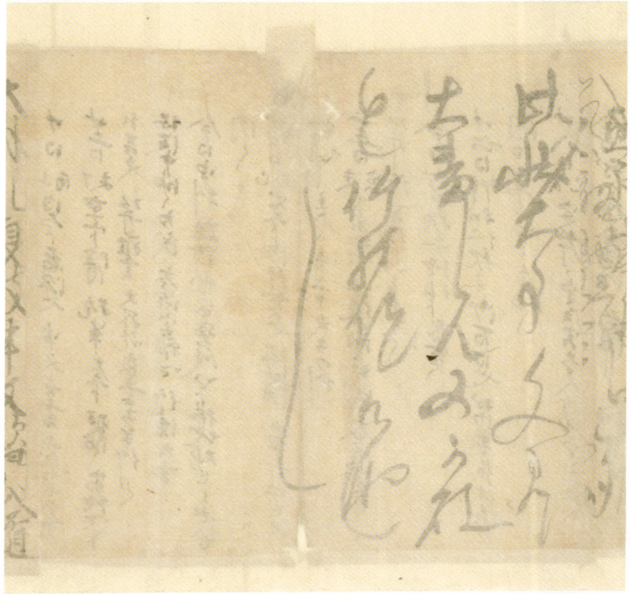

（26）　（27）　（27）　（28）

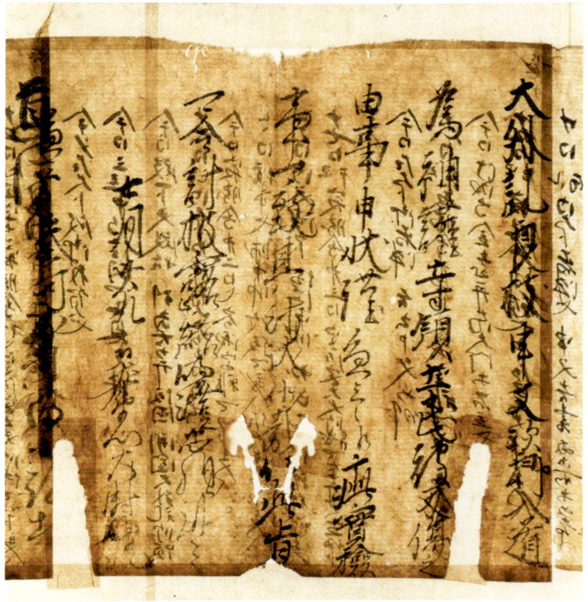

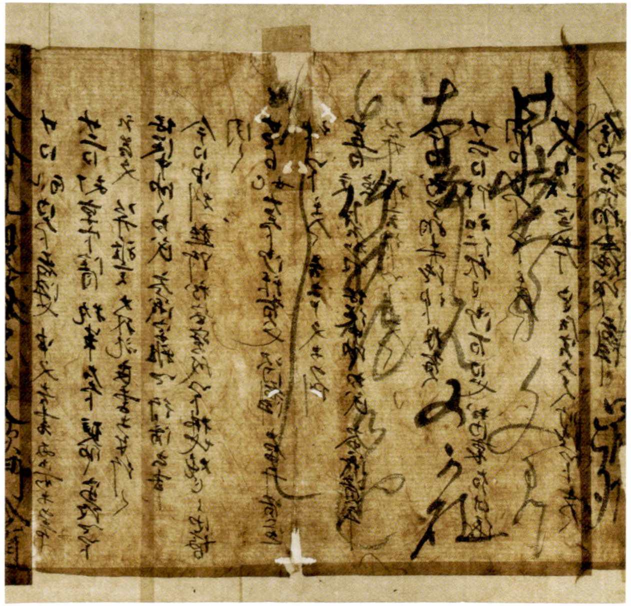

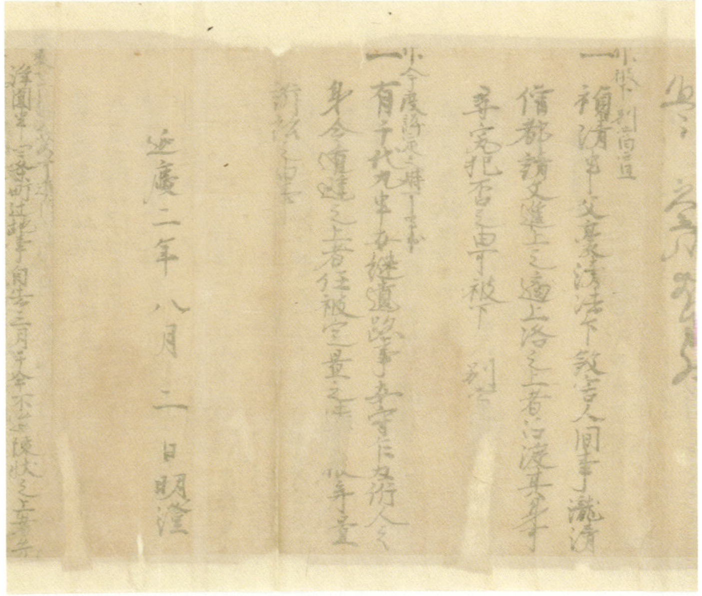
延慶二年　八月　二日　明澄

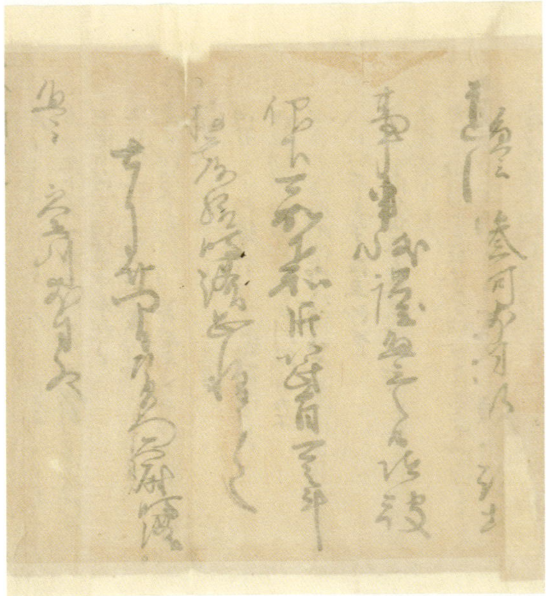

（24）　（25）　（25）　（26）

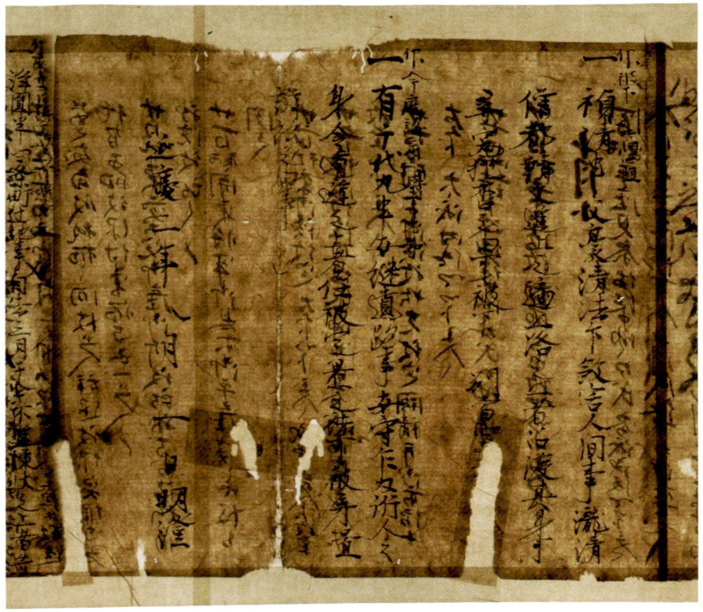

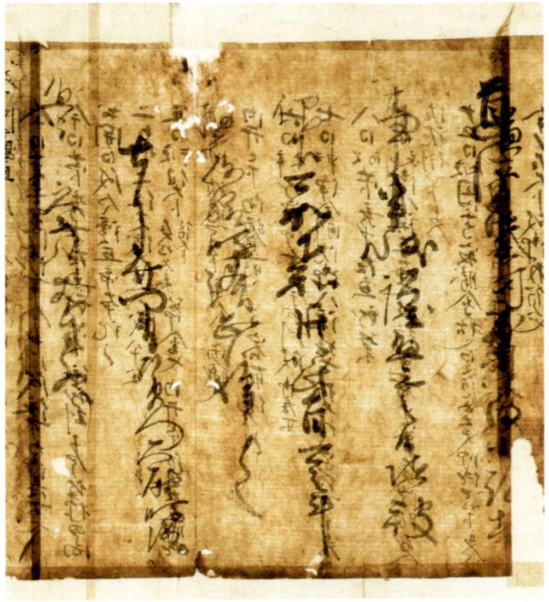

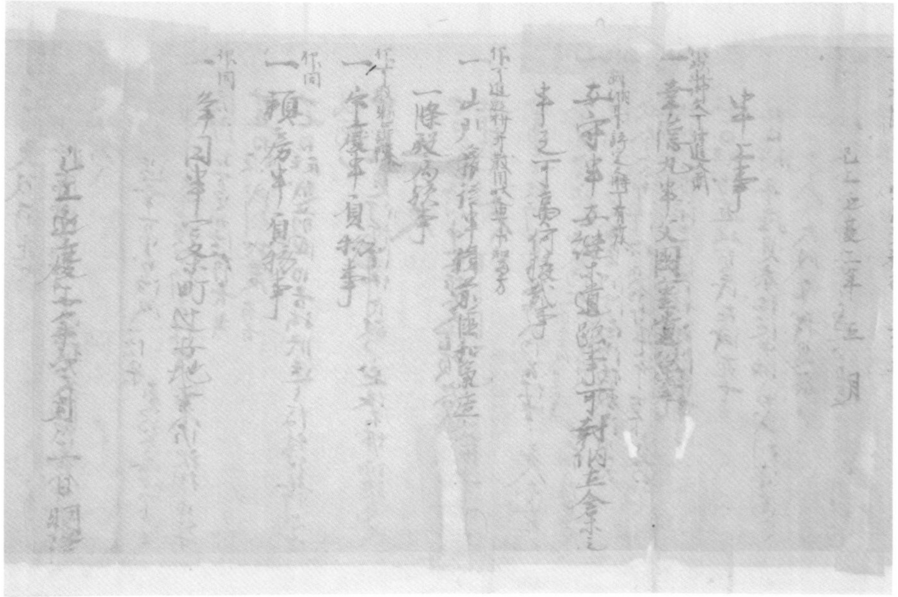

(22)　(23)　(23)　(24)

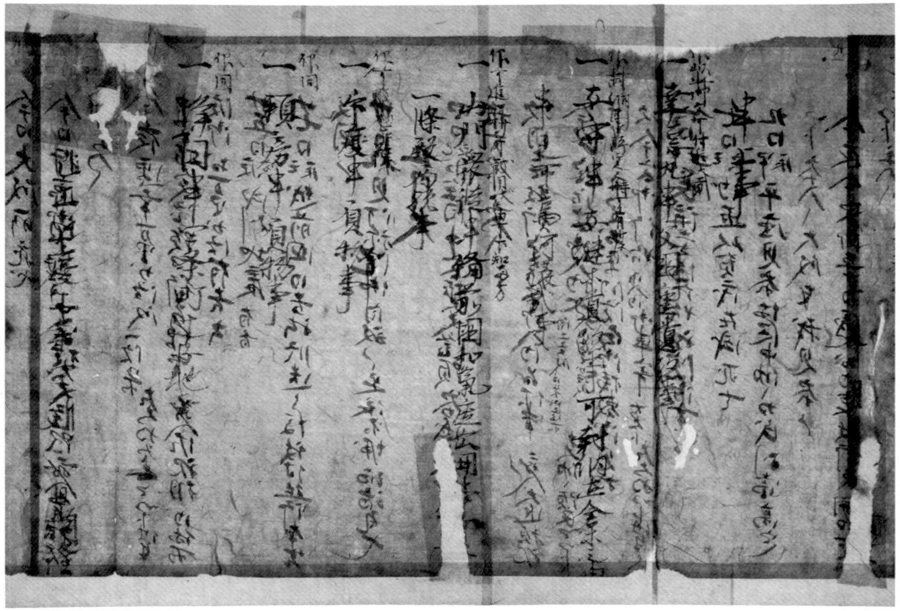

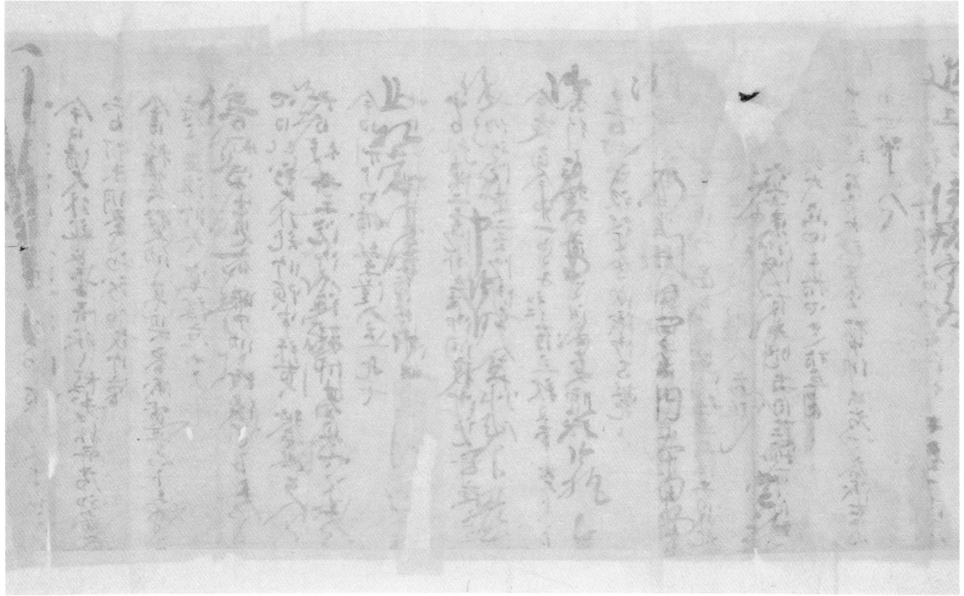

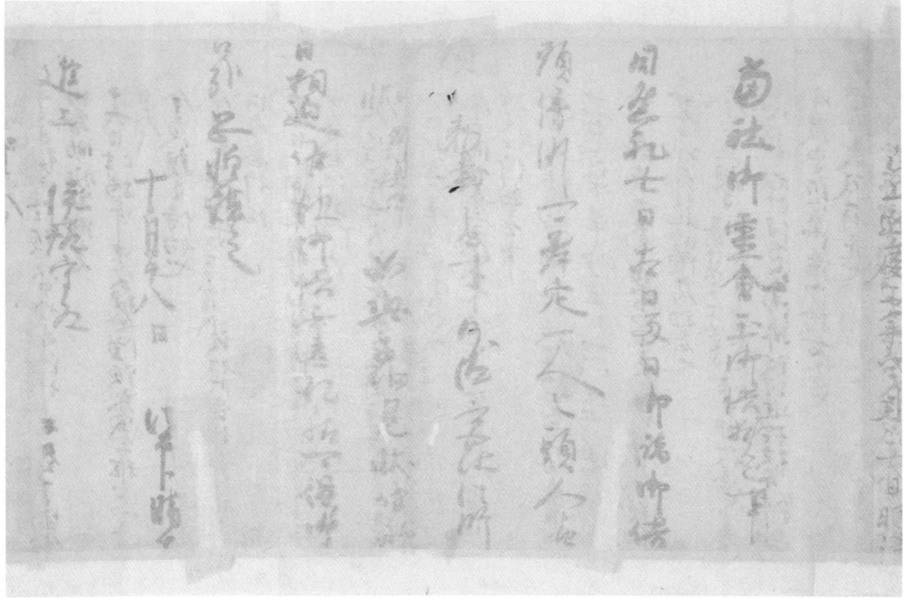

（20）　（21）　（21）　（22）

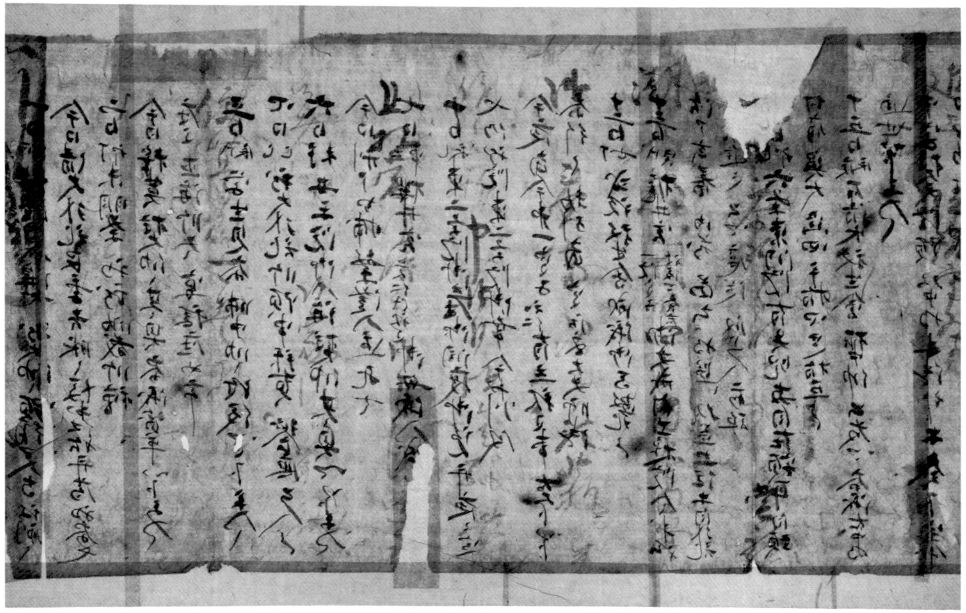

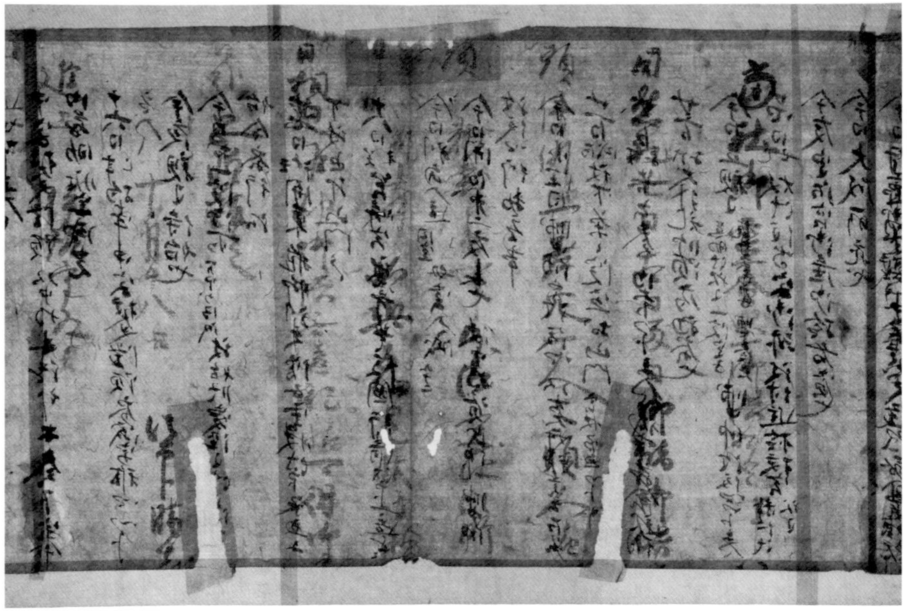

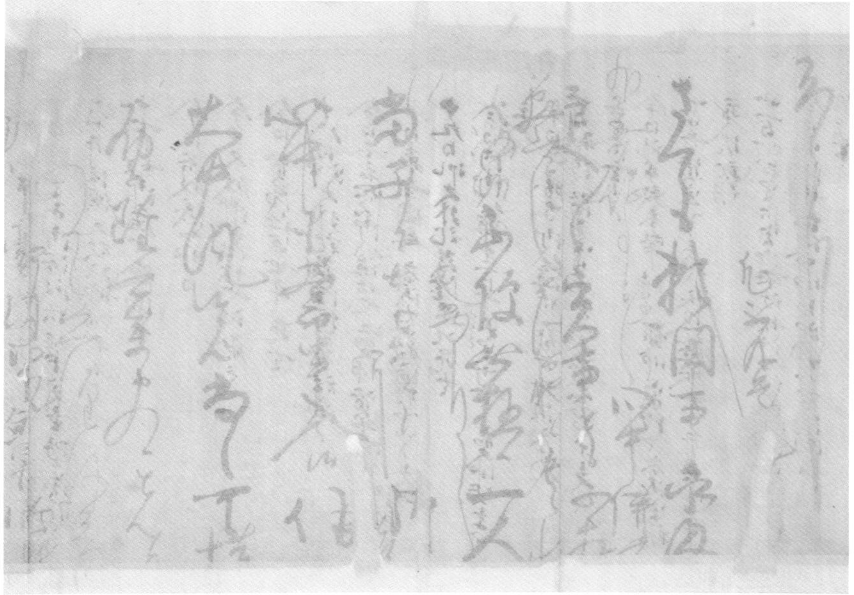

(18)　(19)　(19)　(20)

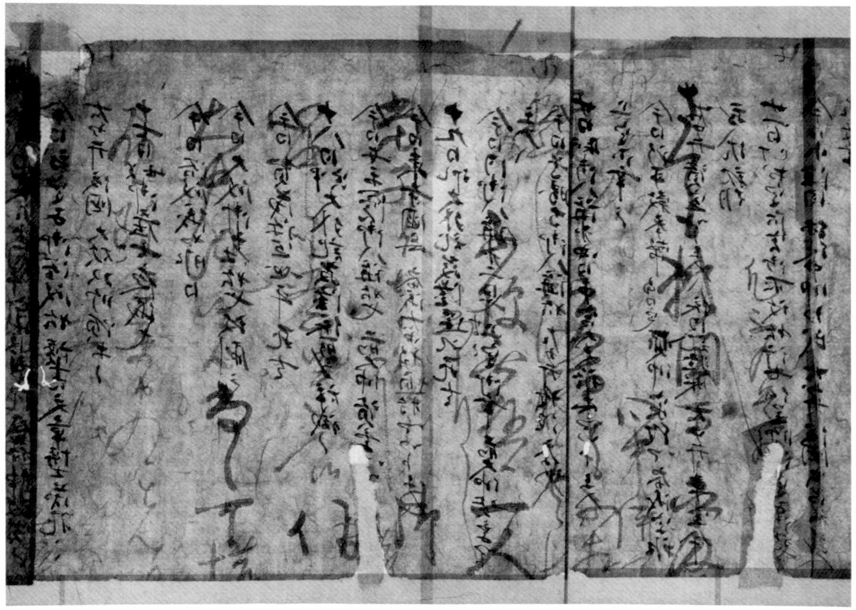

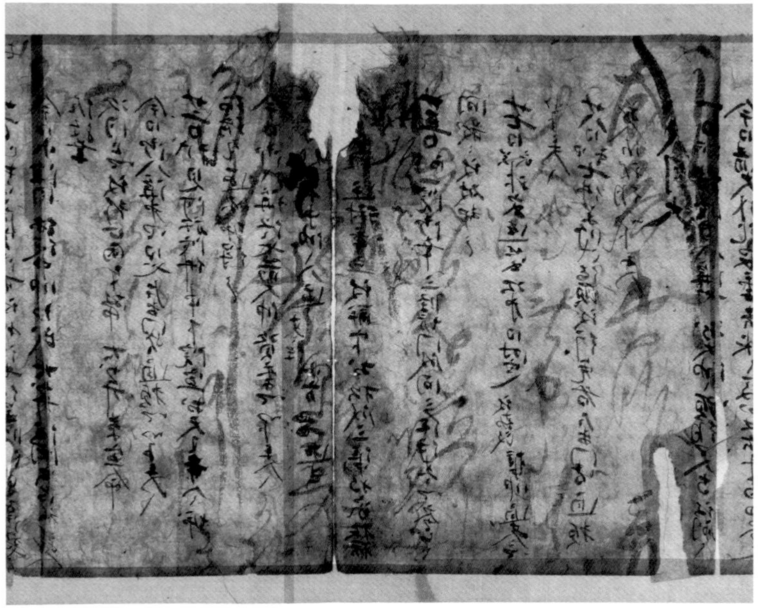

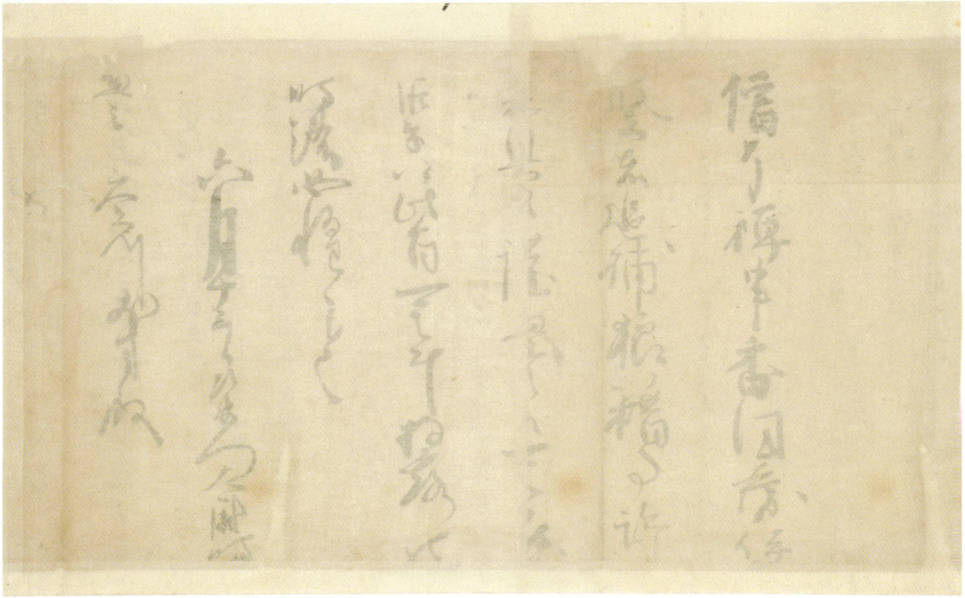

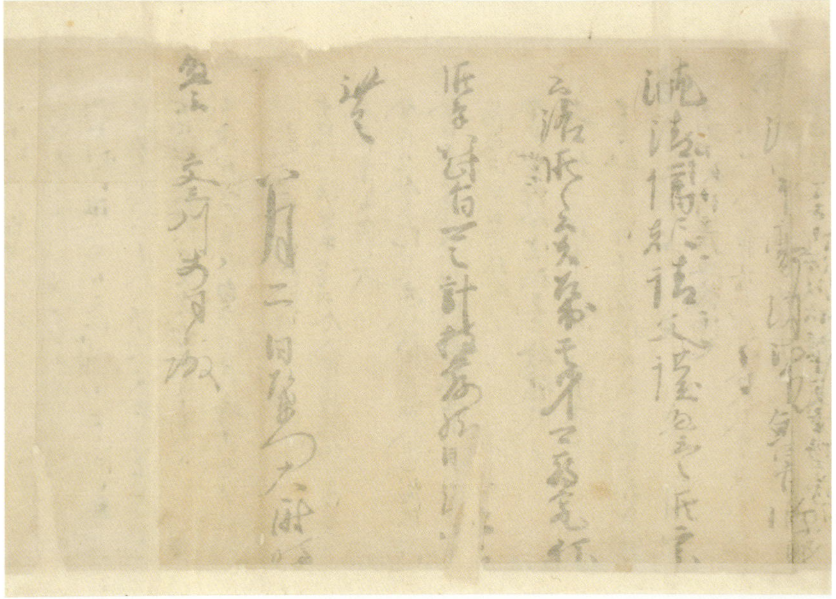

（16）　（17）　（17）　（18）

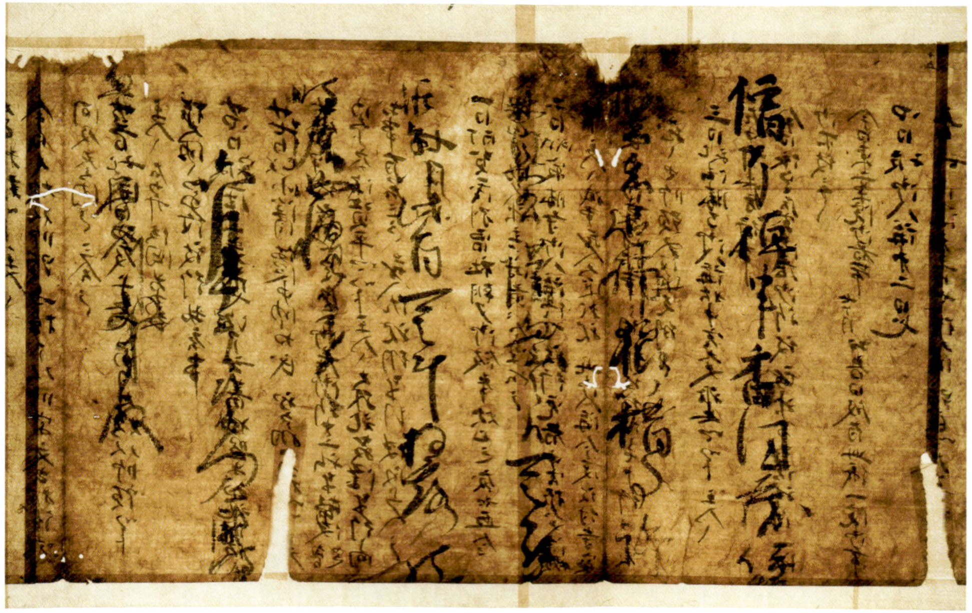

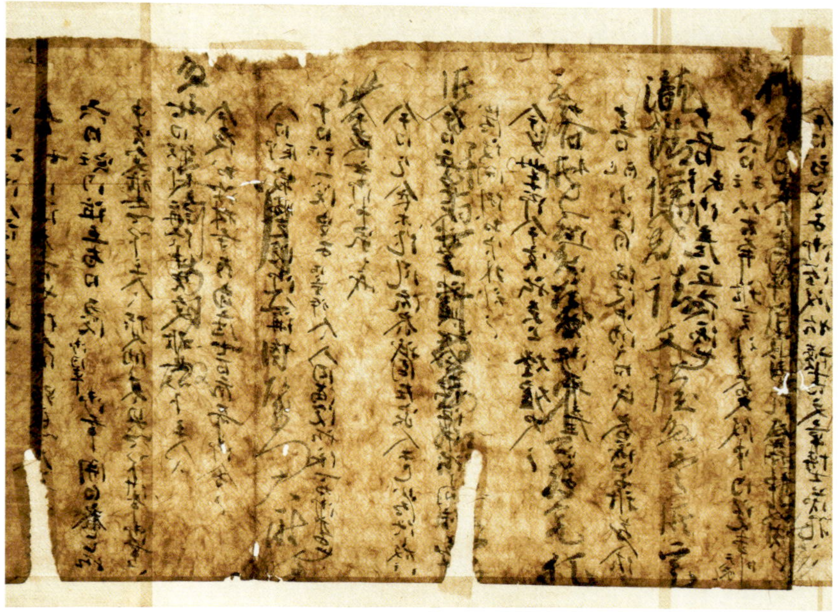

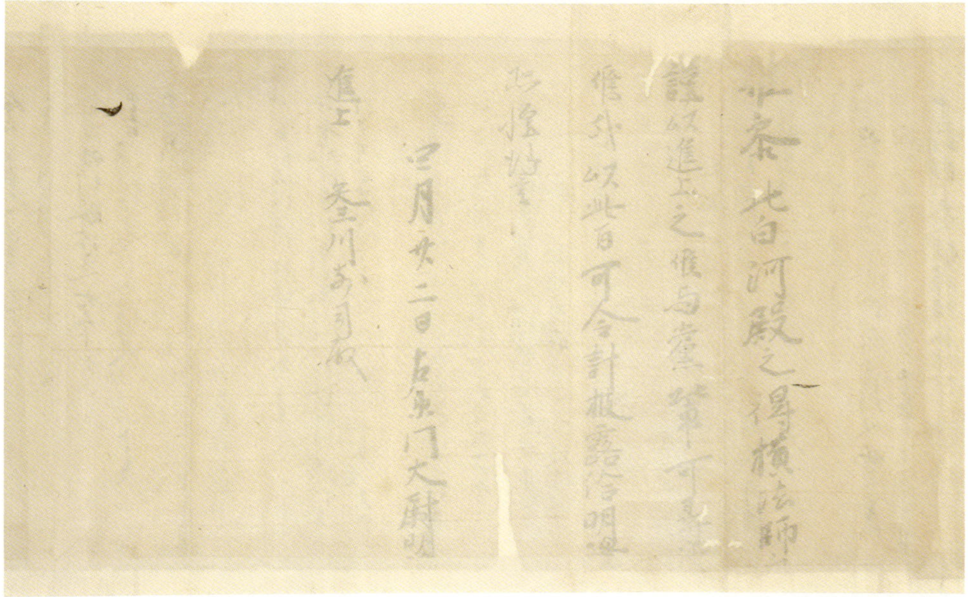

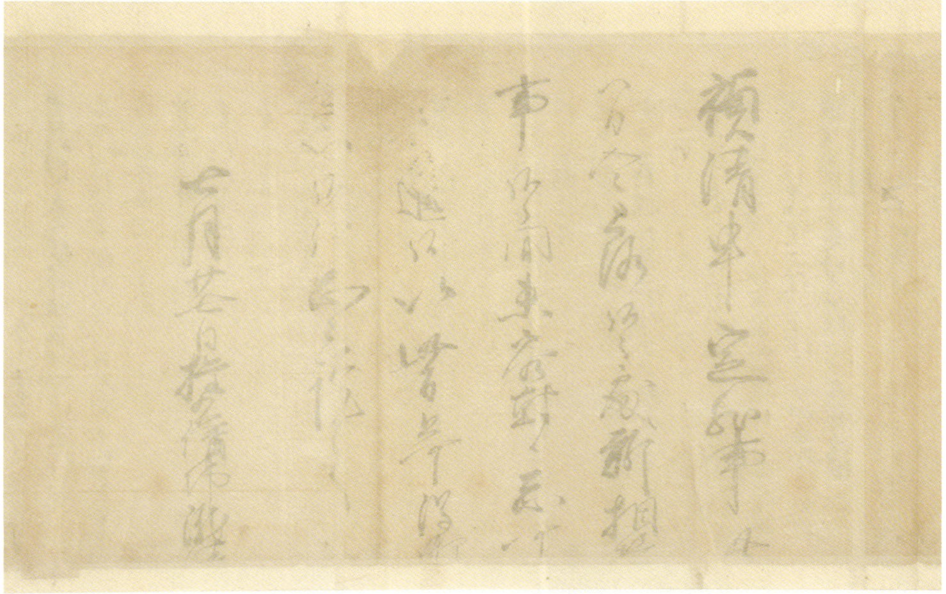

(14)　(15)

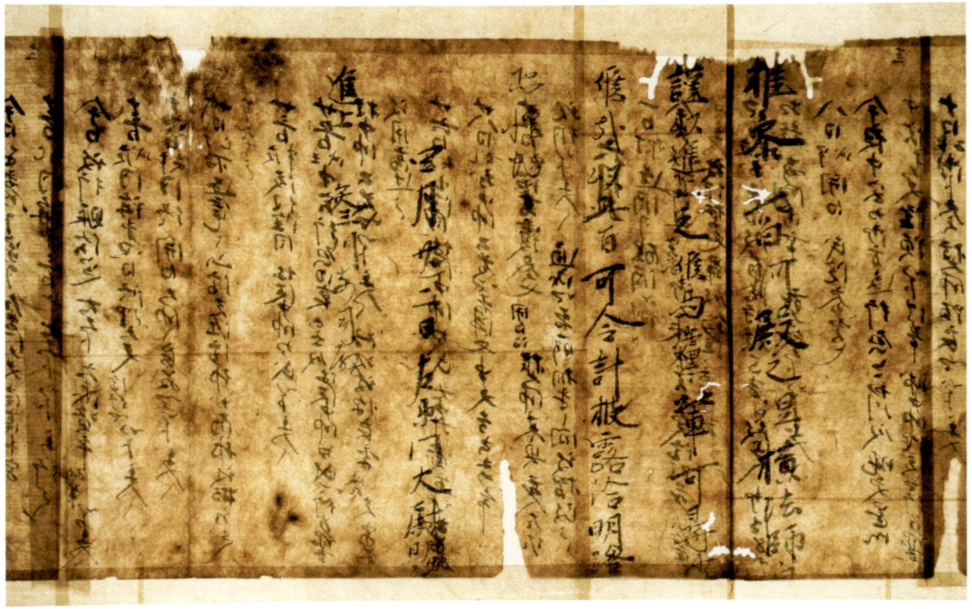

(15)　(16)

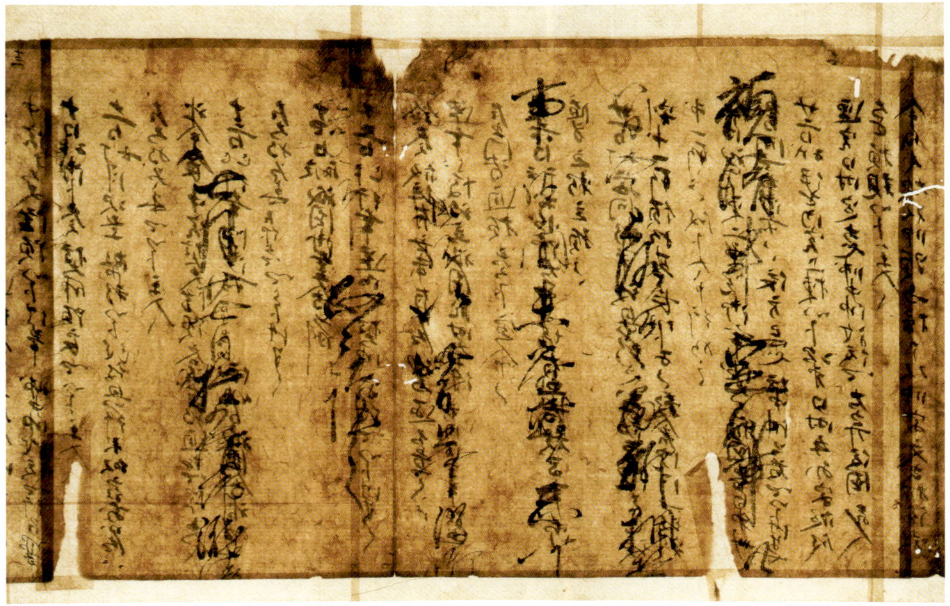

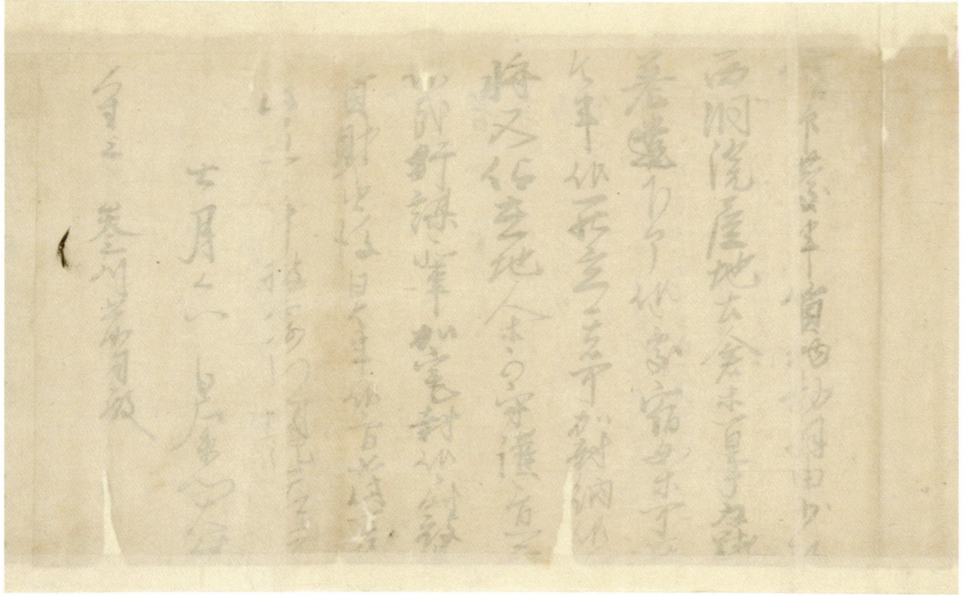

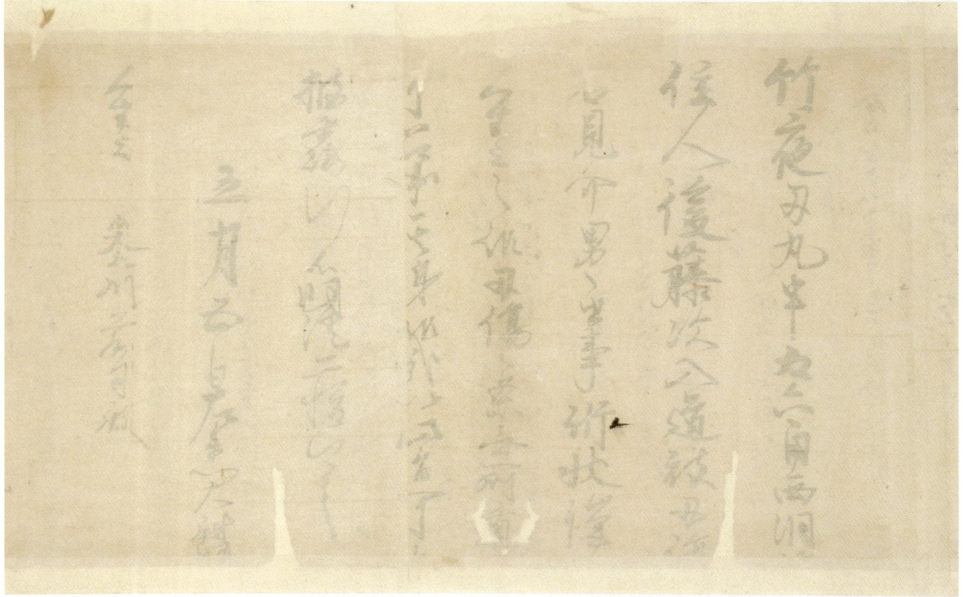

（12）　（13）　（13）　（14）

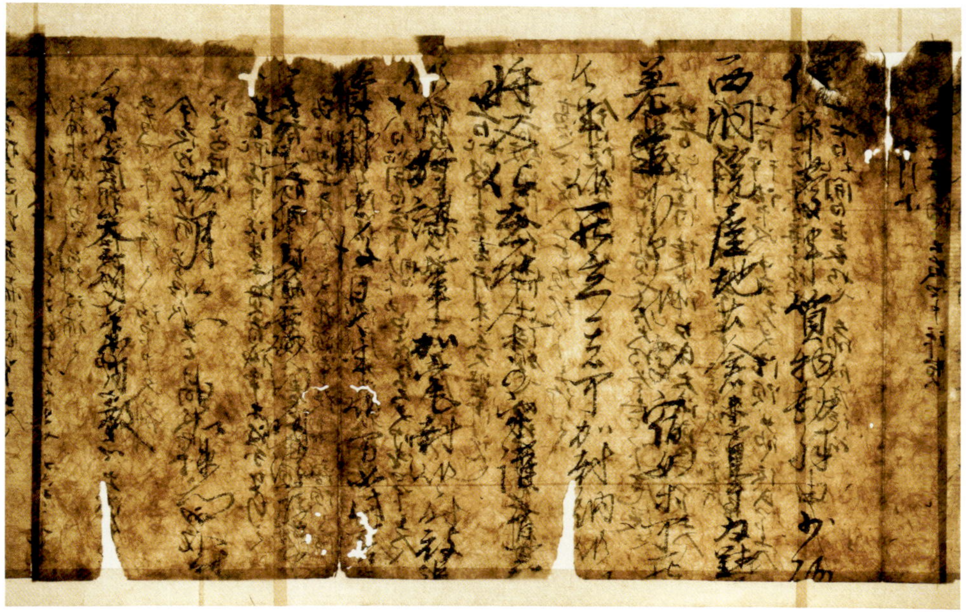

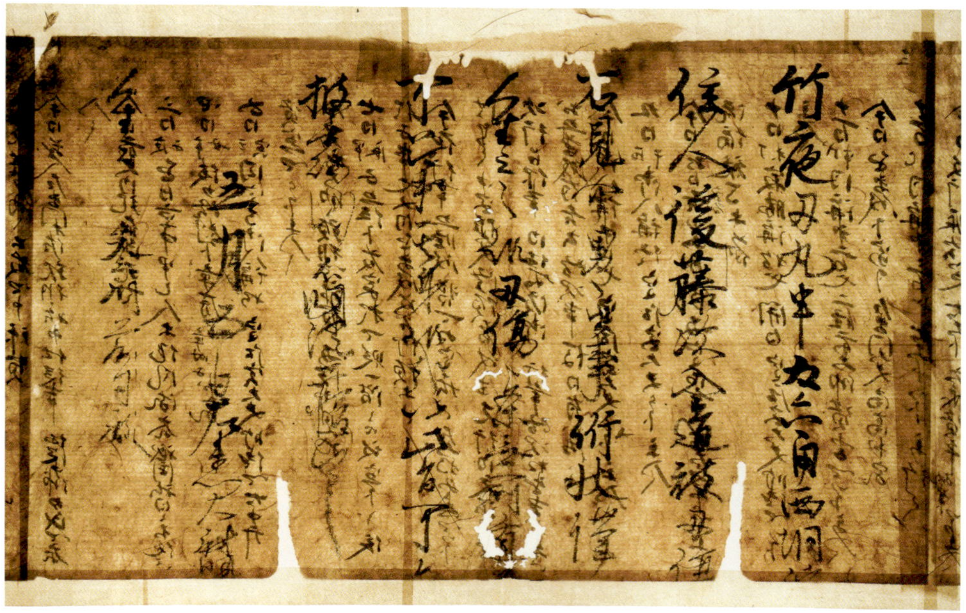

（10）　（11）

（11）　（12）

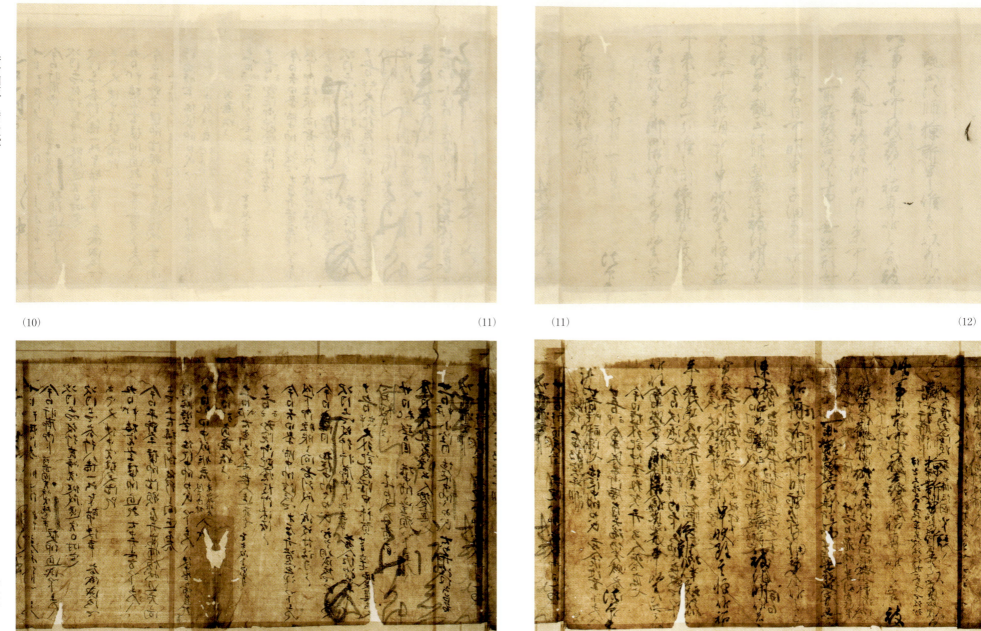

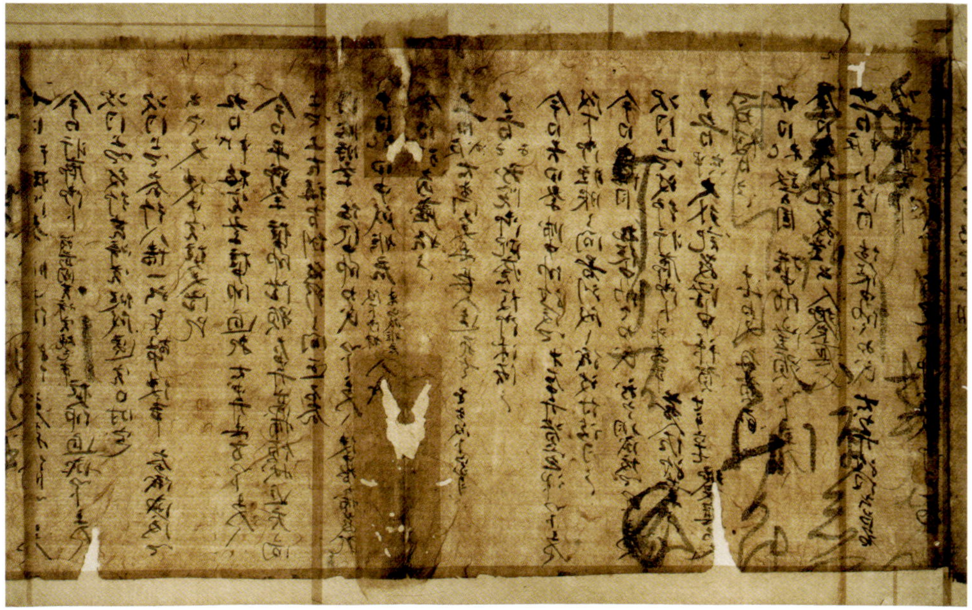

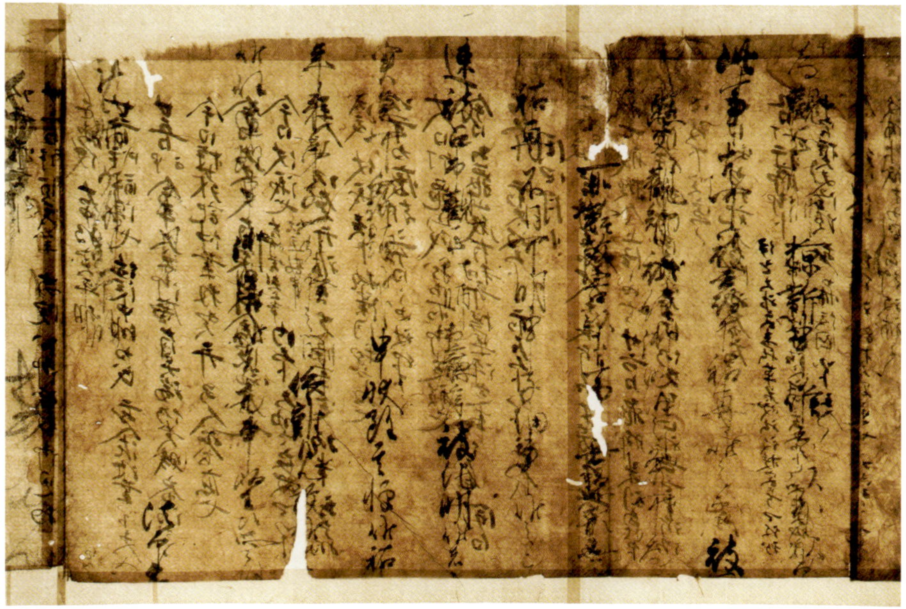

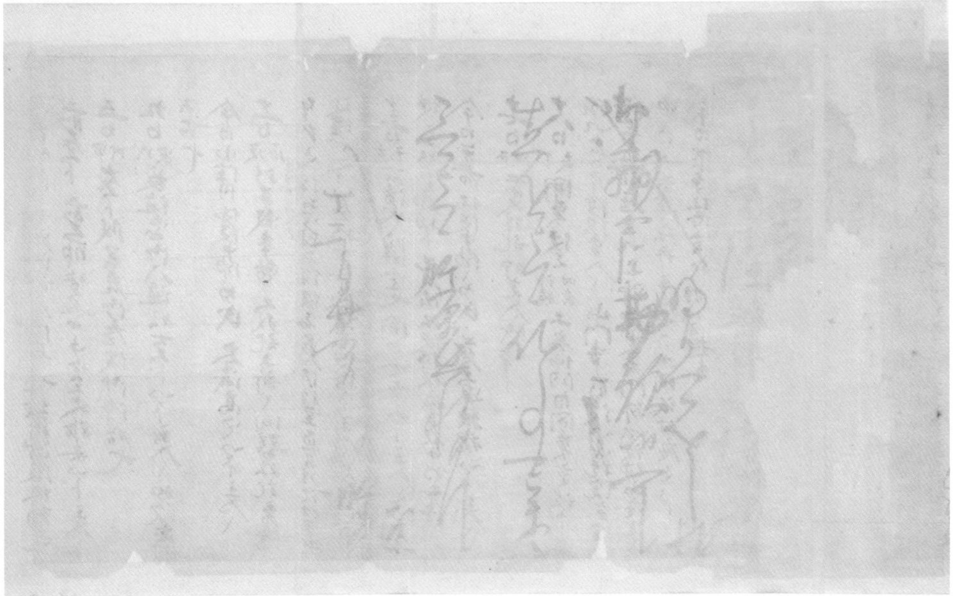

(8)　(9)

(9)　(10)

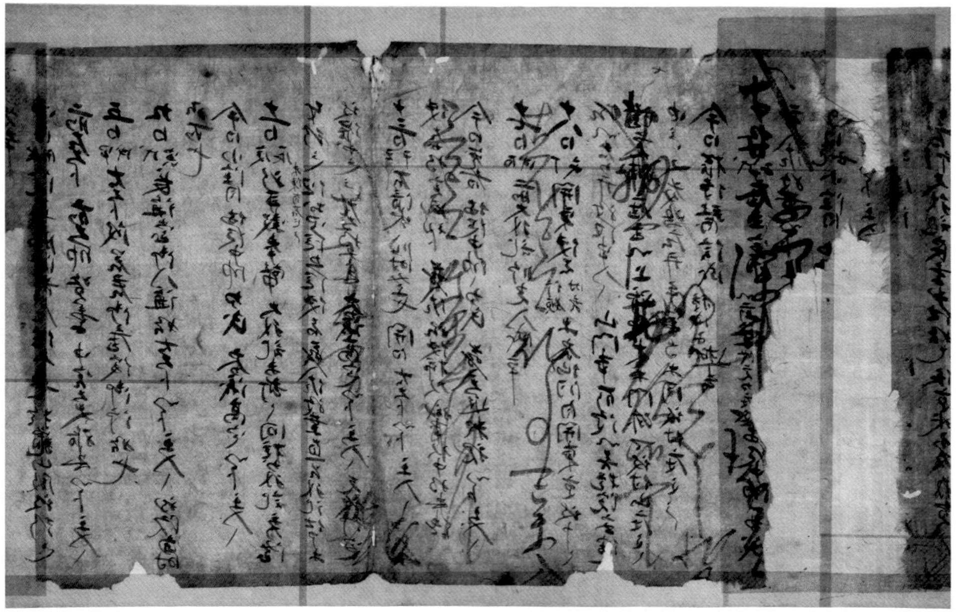

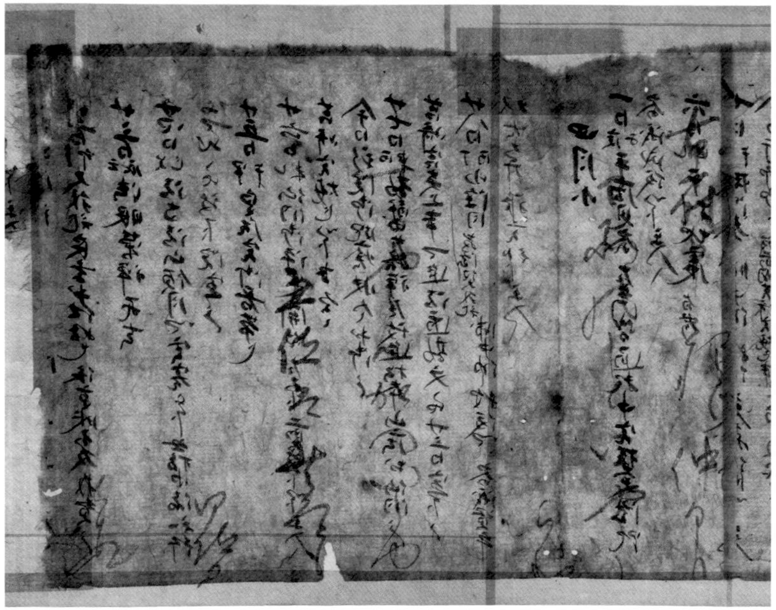

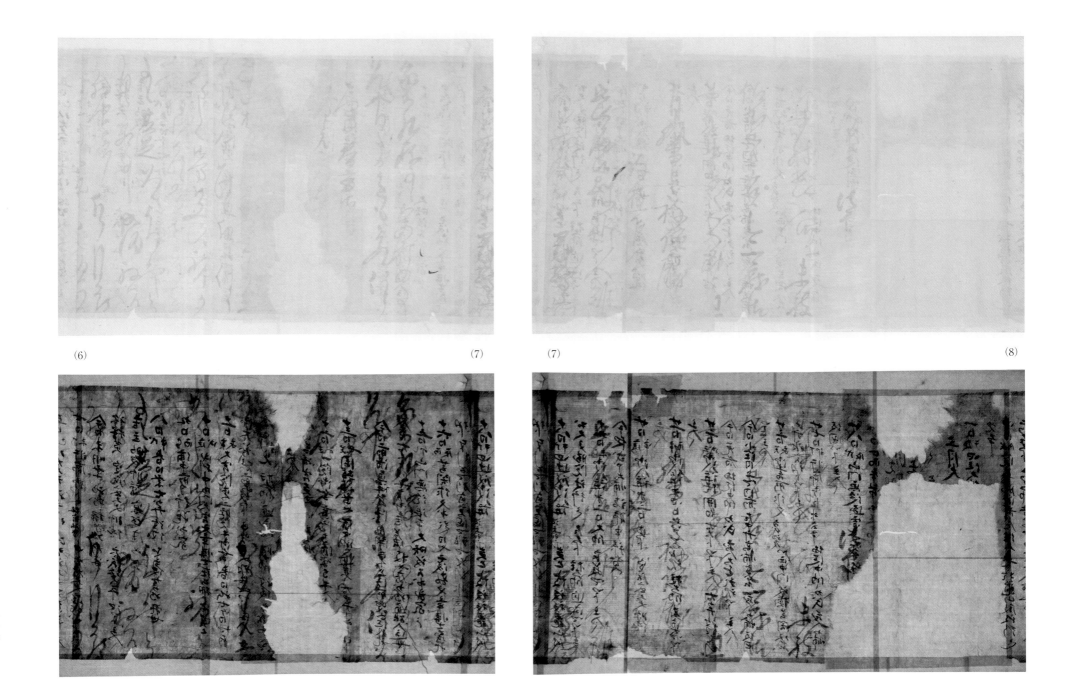

(6)　(7)

(7)　(8)

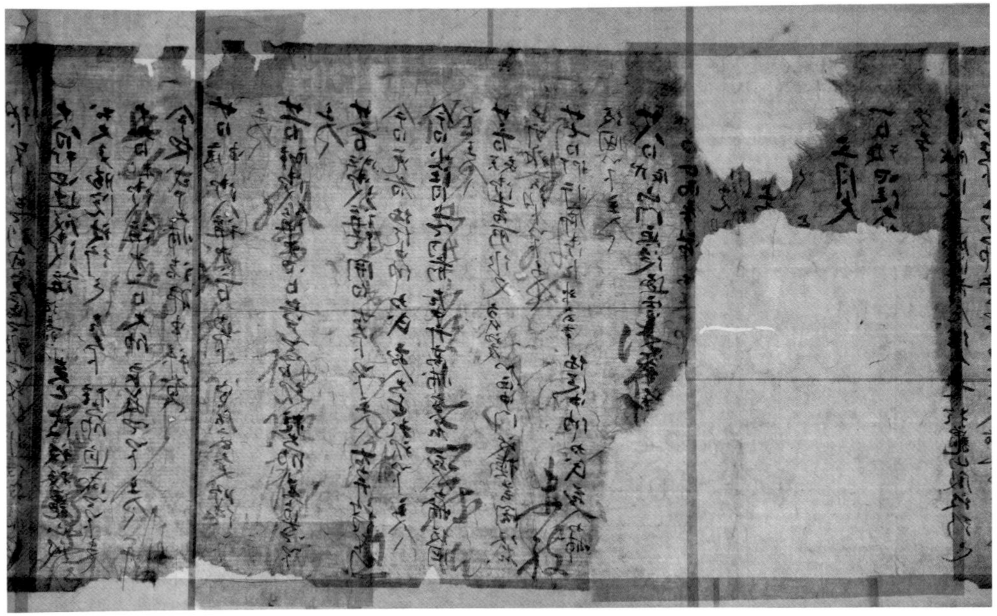

(4)　(5)　(5)　(6)

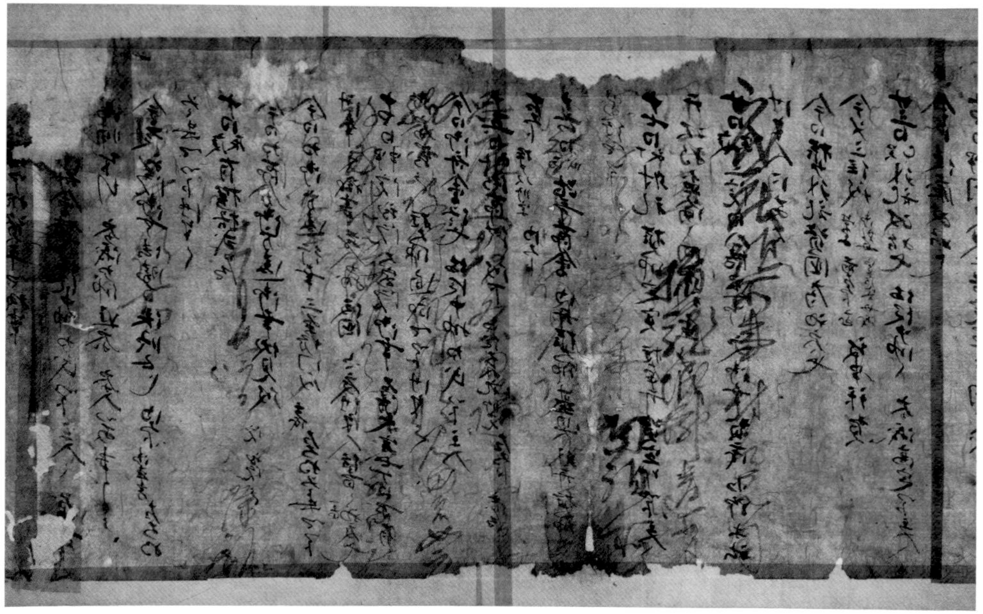

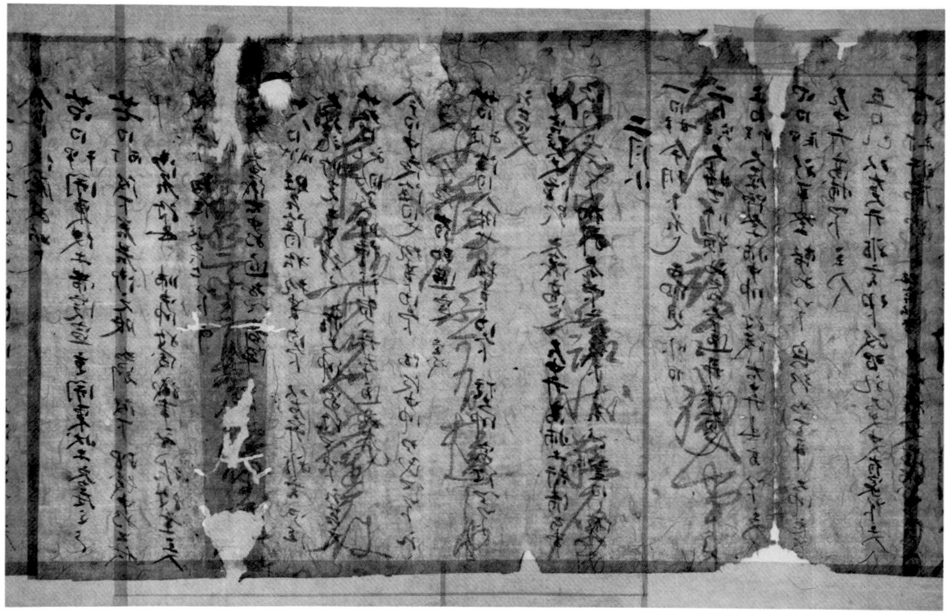

(2)　(3)　(3)　(4)

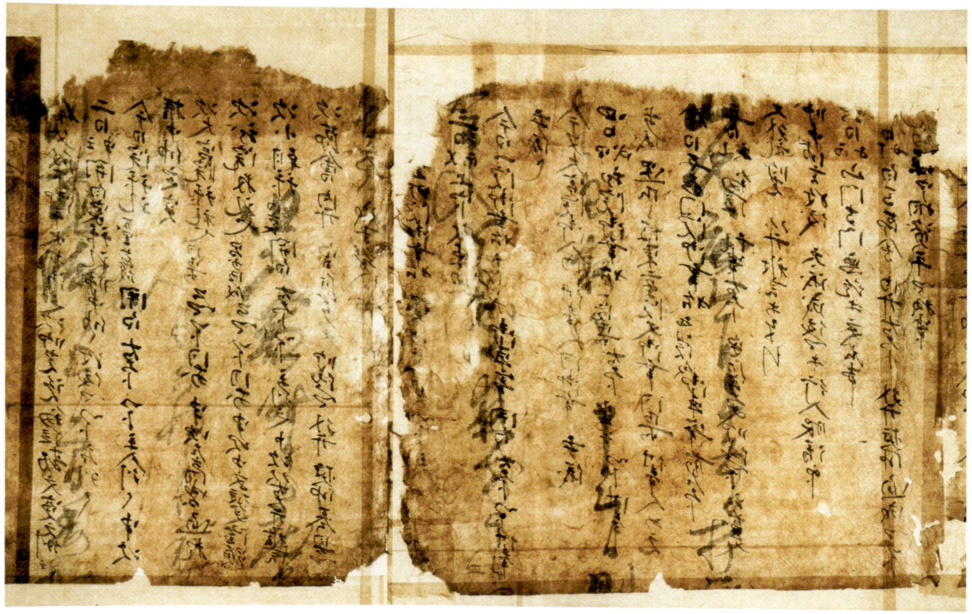

(1)　(2)

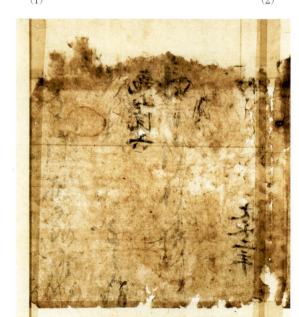

巻三紙背

(29)　(30)　(30)

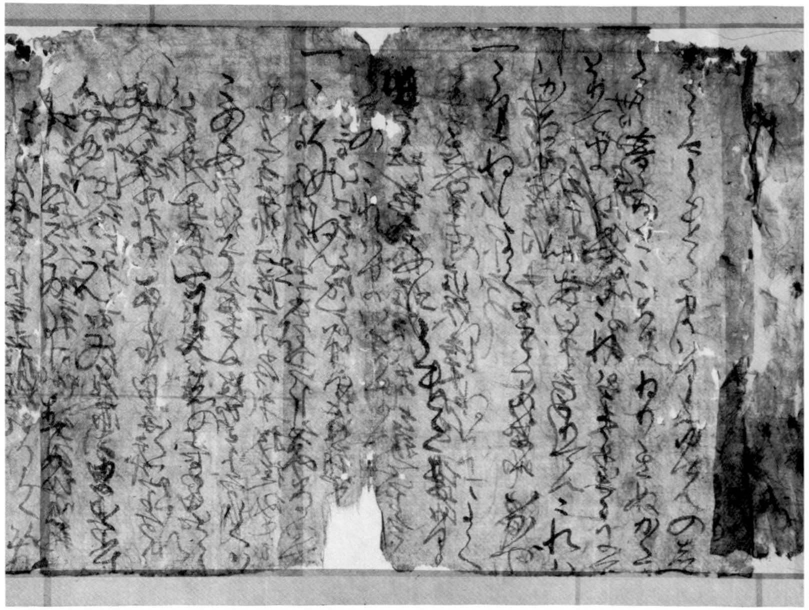

(27)　(28)　(28)　(29)

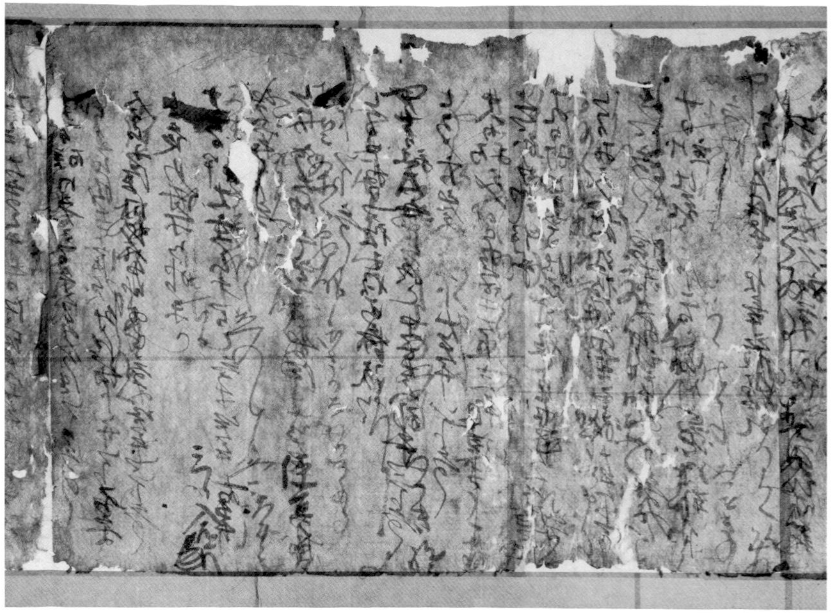

（25）　（26）　（26）　（27）

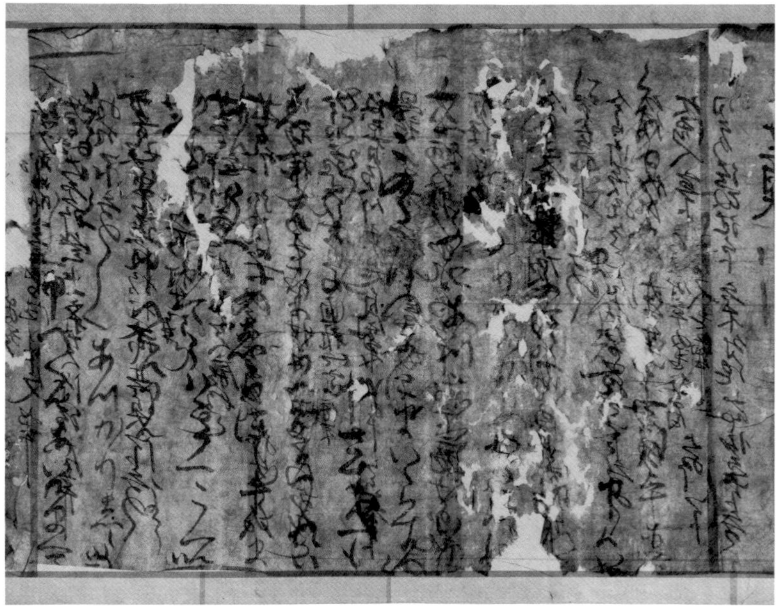

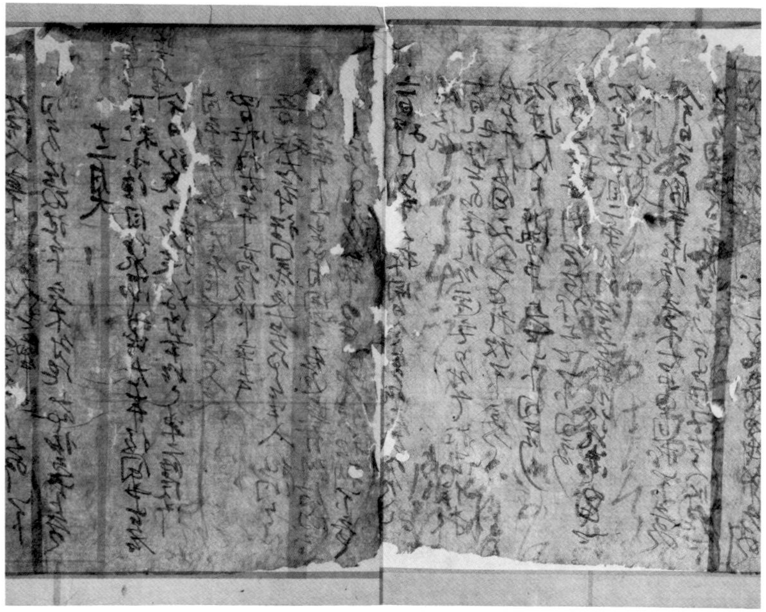

(23)　(24)　(24)　(25)

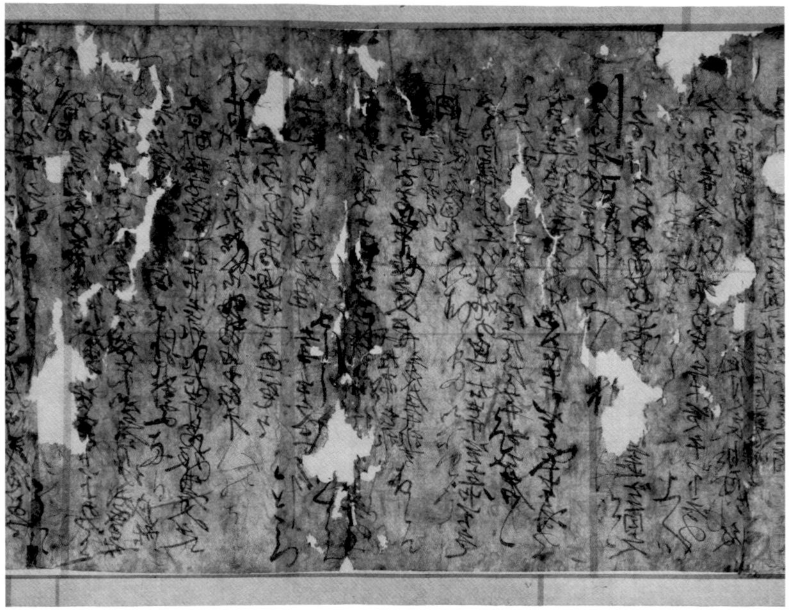

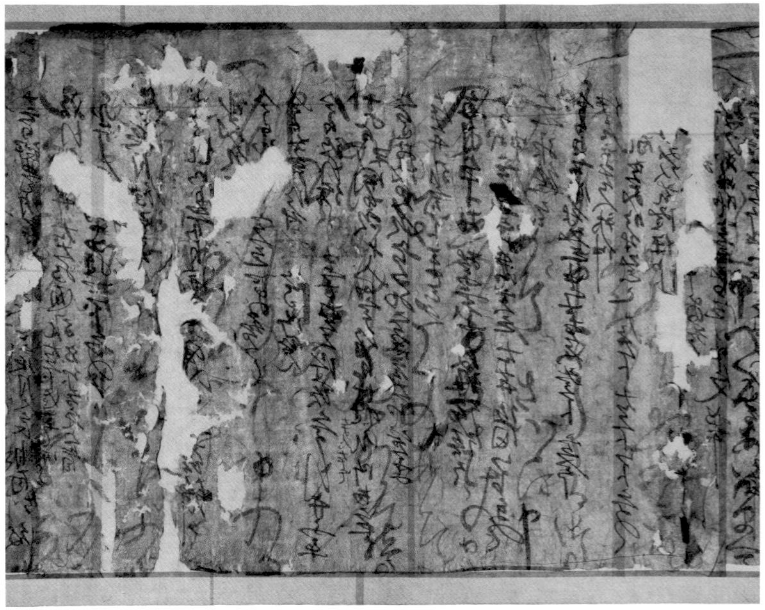

（21）　（22）　（22）　（23）

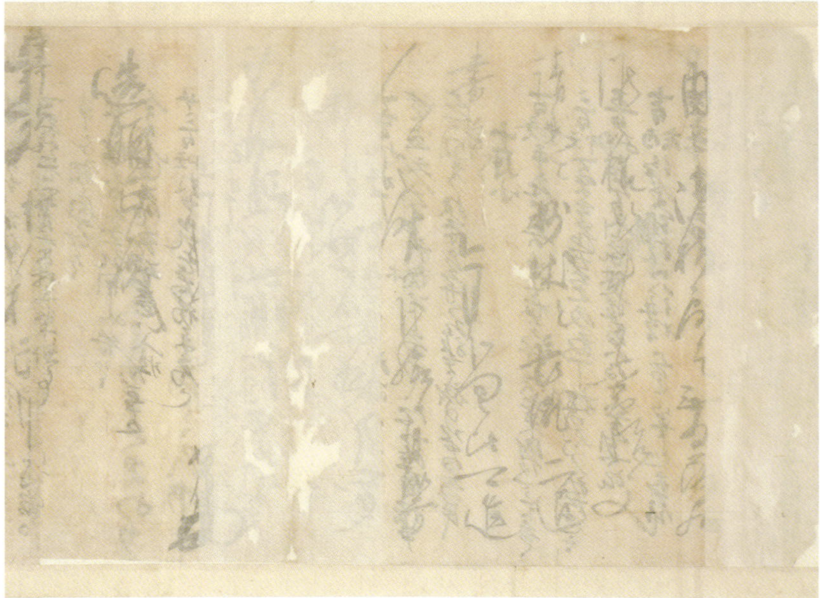

(19)　　(20)　　(20)　　(21)

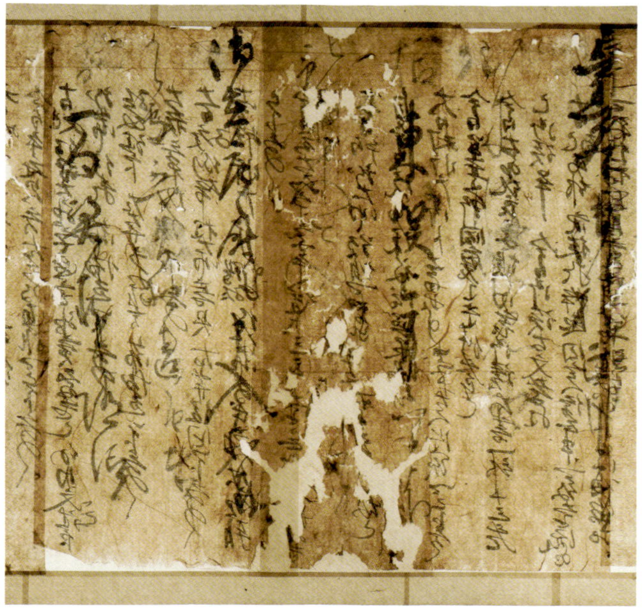

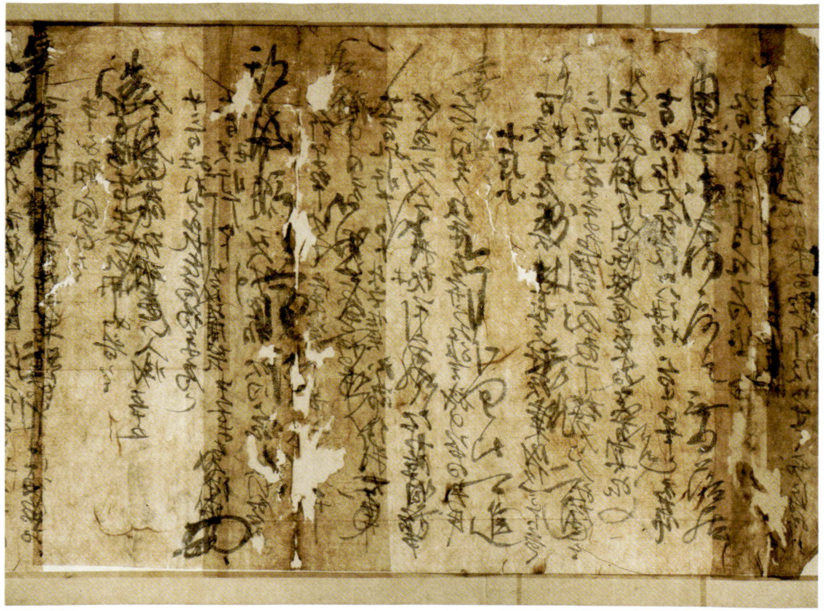

（17）　（18）　（18）　（19）

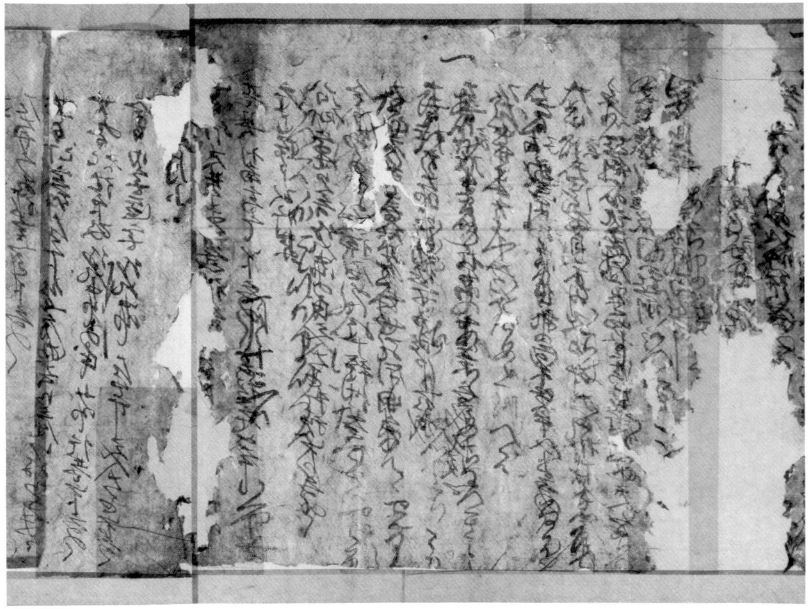

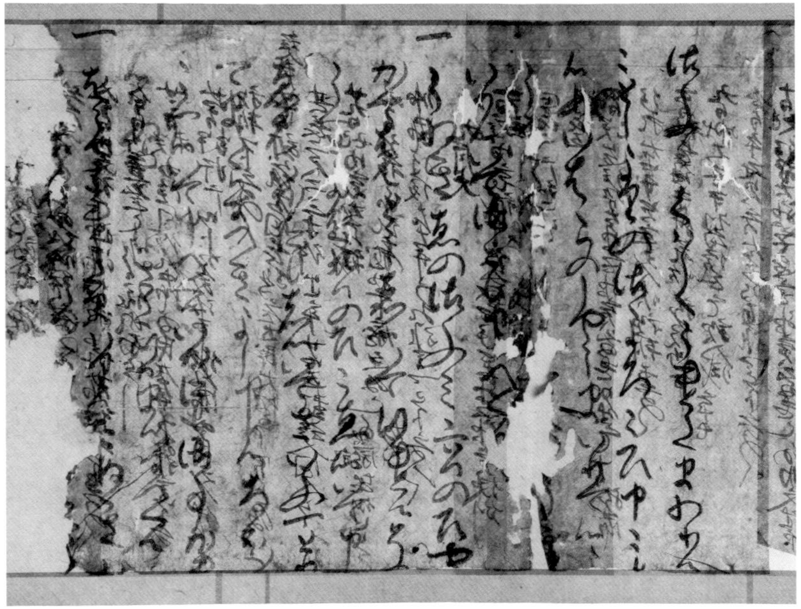

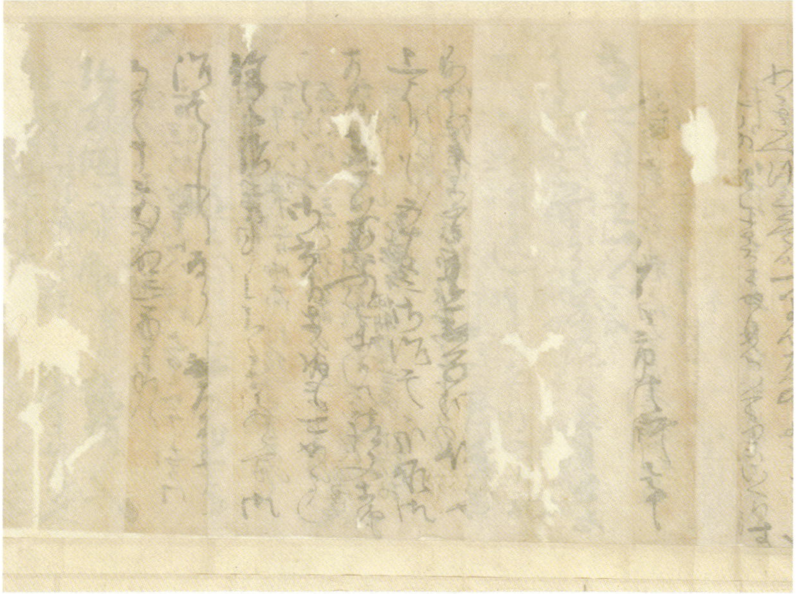

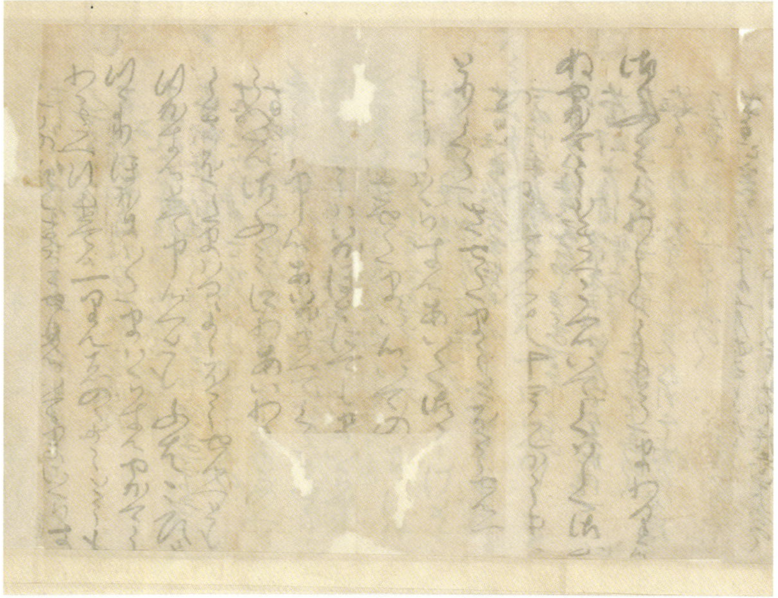

（15）　（16）　（16）　（17）

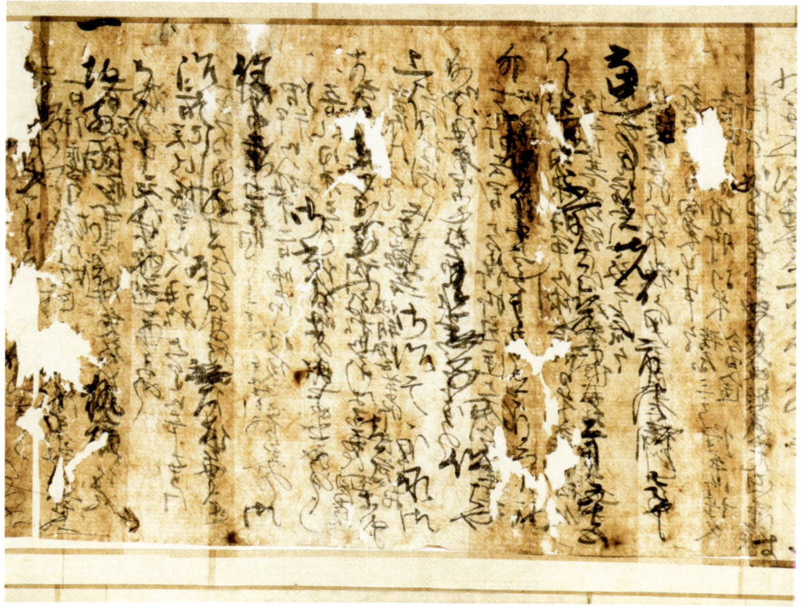

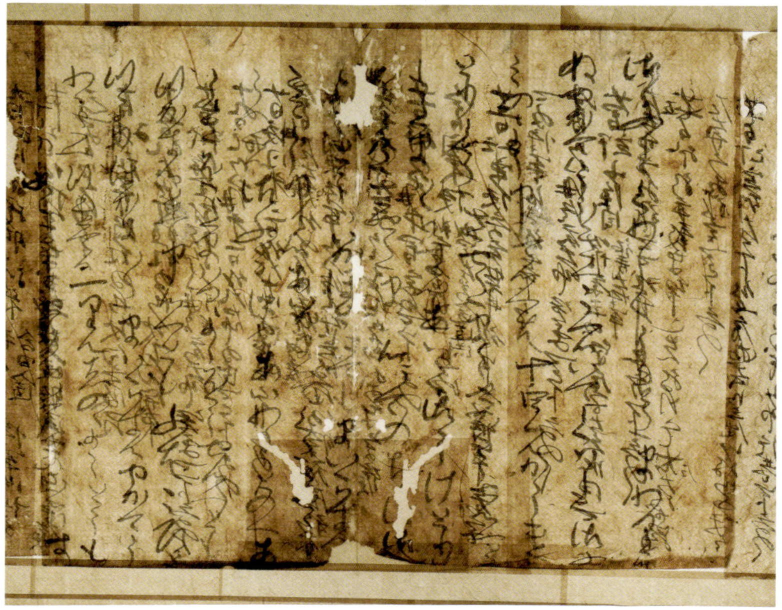

(13)　(14)　(14)　(15)

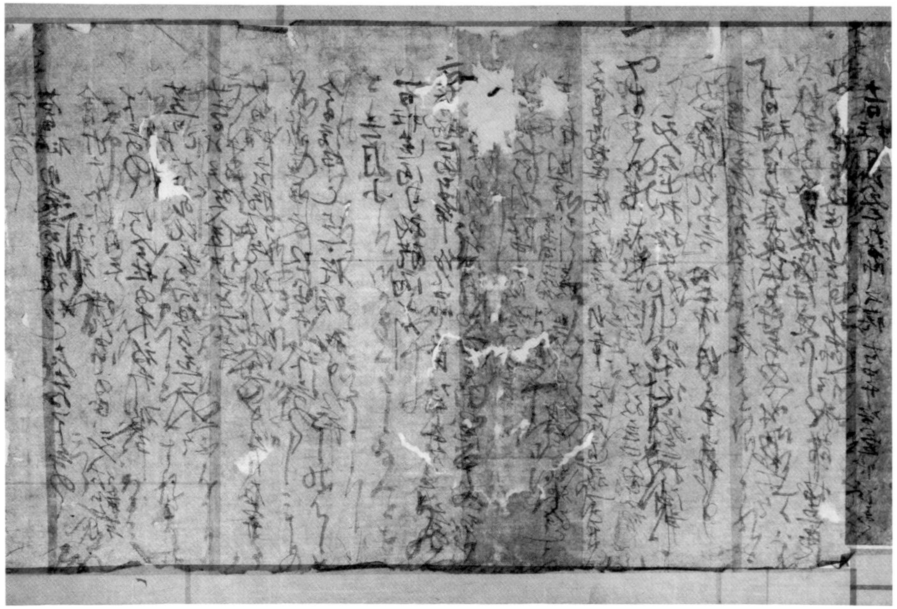

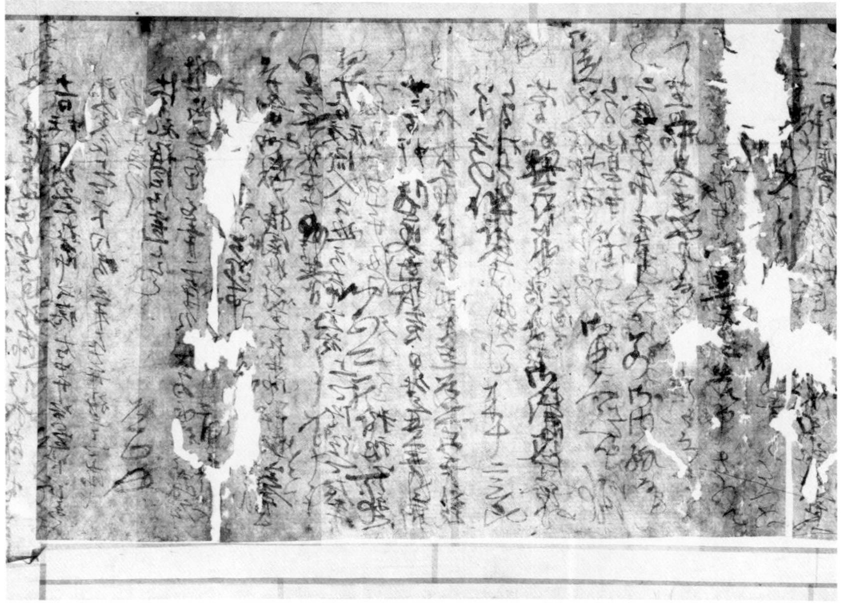

(12)　(13)

(11)　(12)

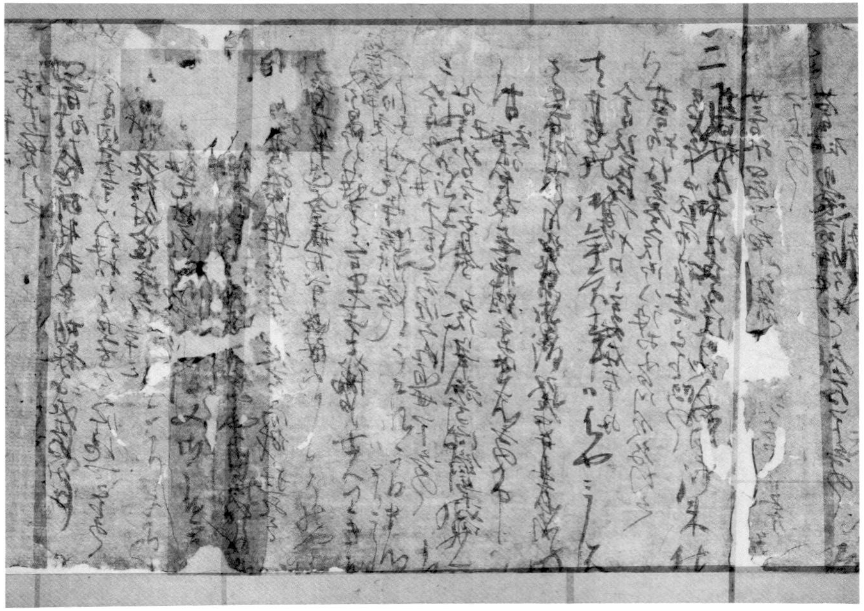

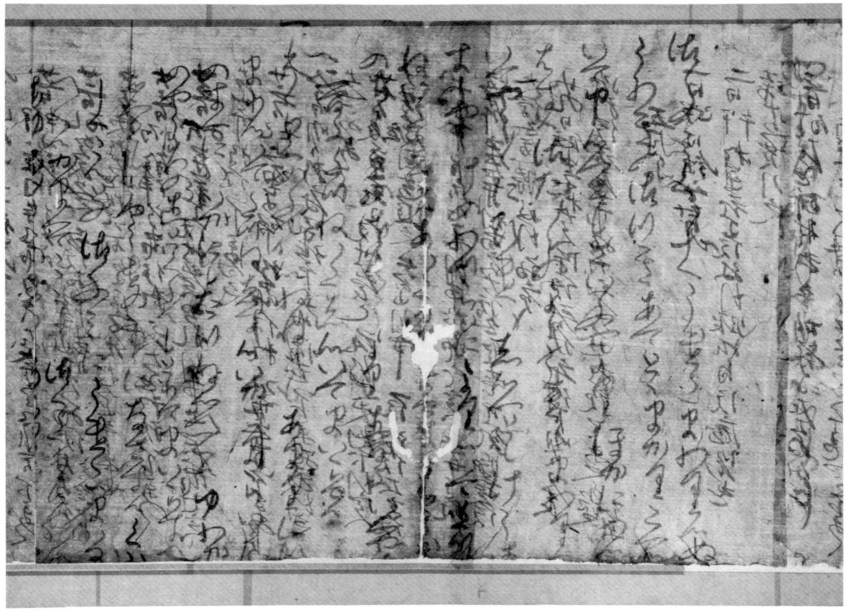

(9)　(10)　(10)　(11)

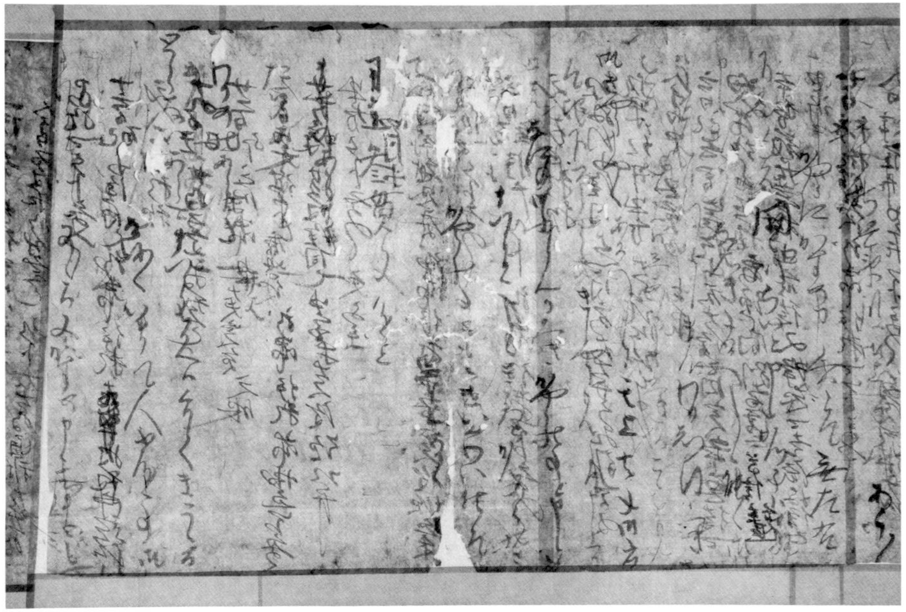

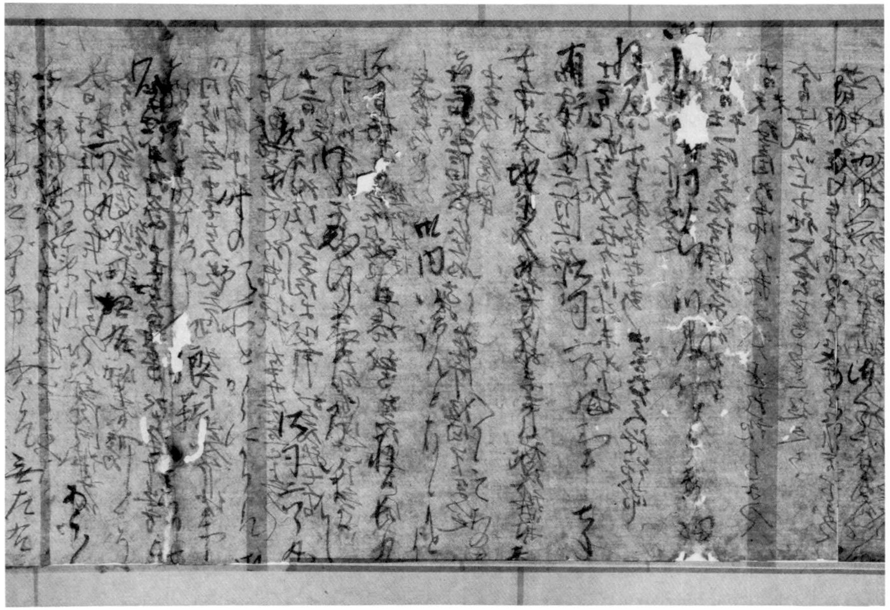

(7)　(8)　(8)　(9)

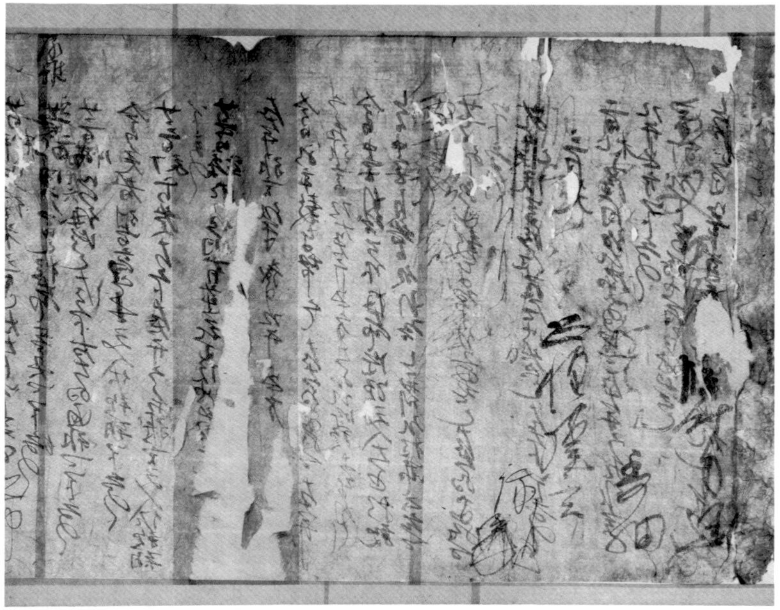

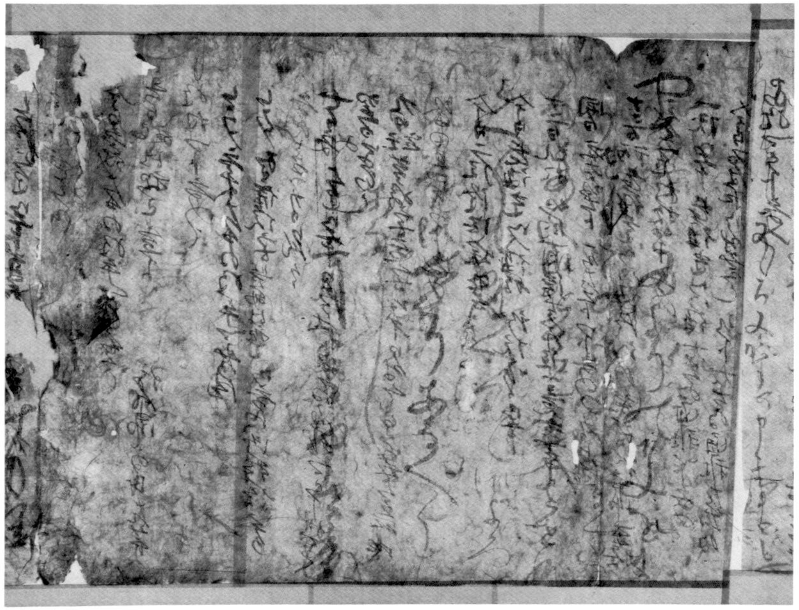

(5)　(6)　(6)　(7)

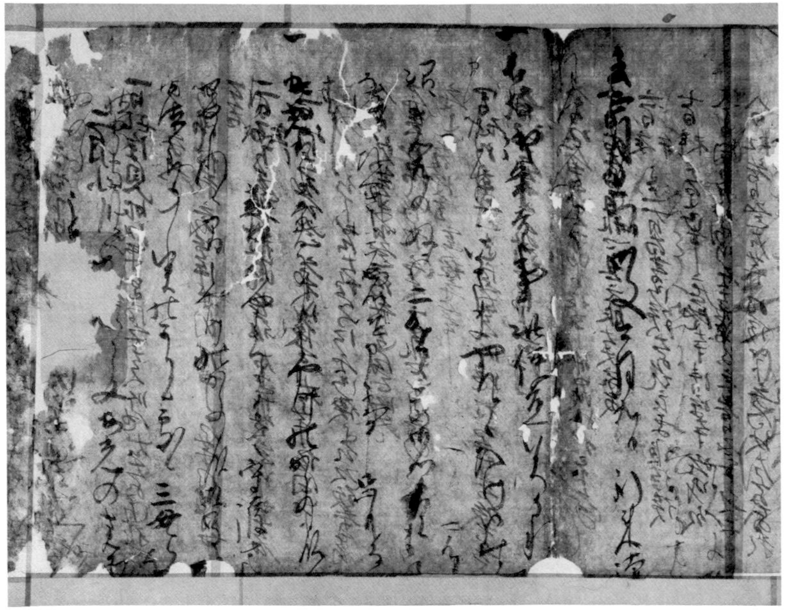

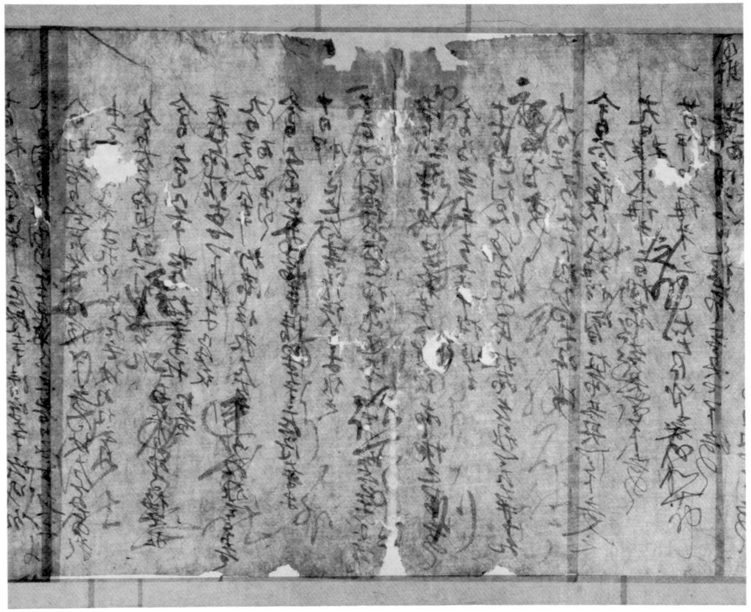

(3)　(4)

(4)　(5)

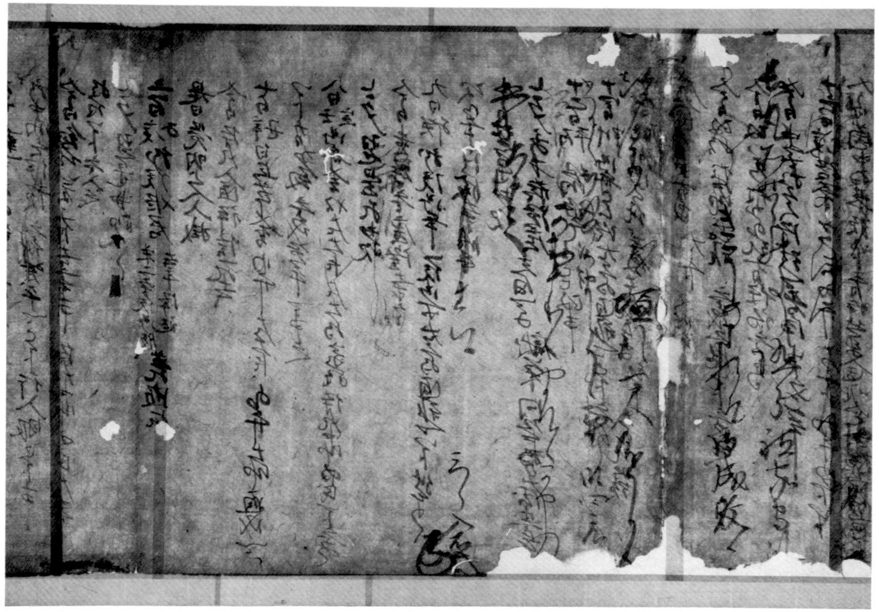

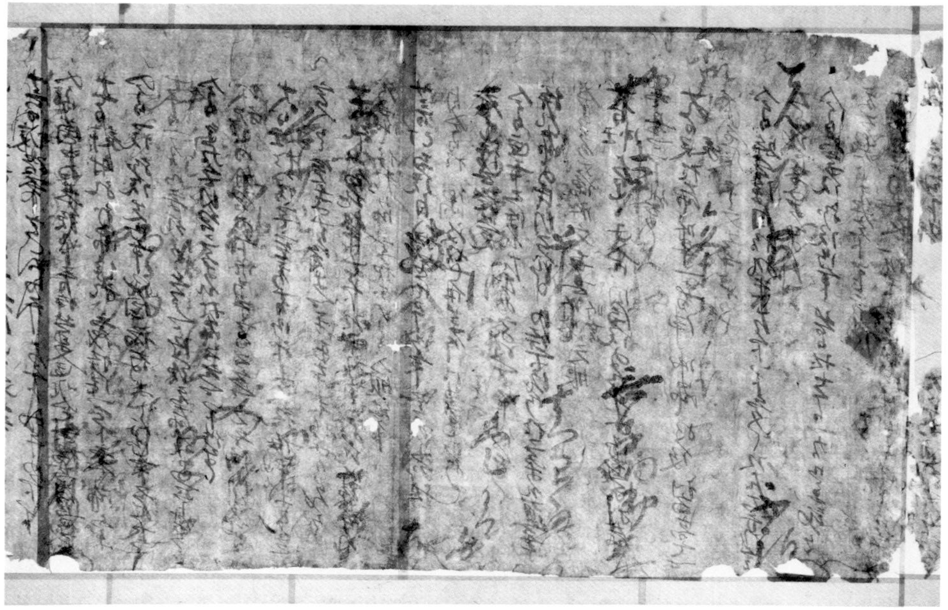

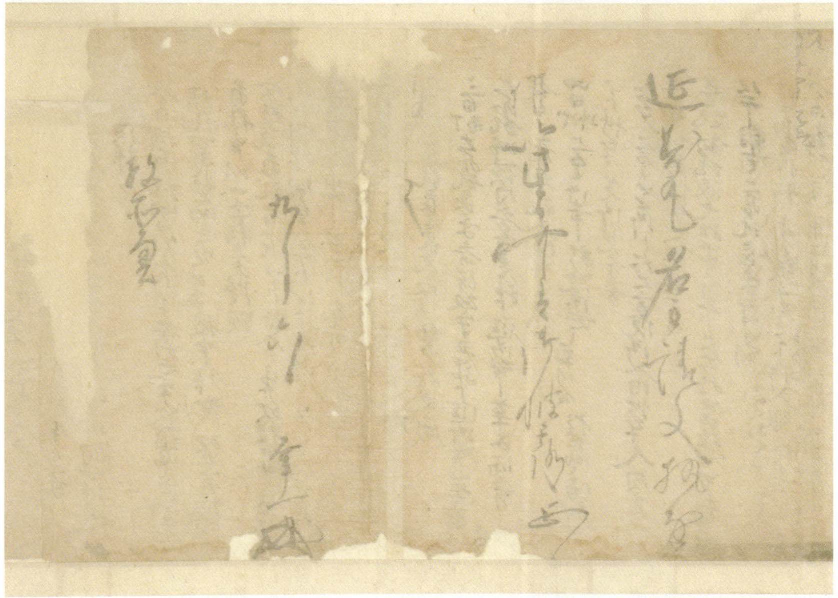

（1）　（2）　（2）　（3）

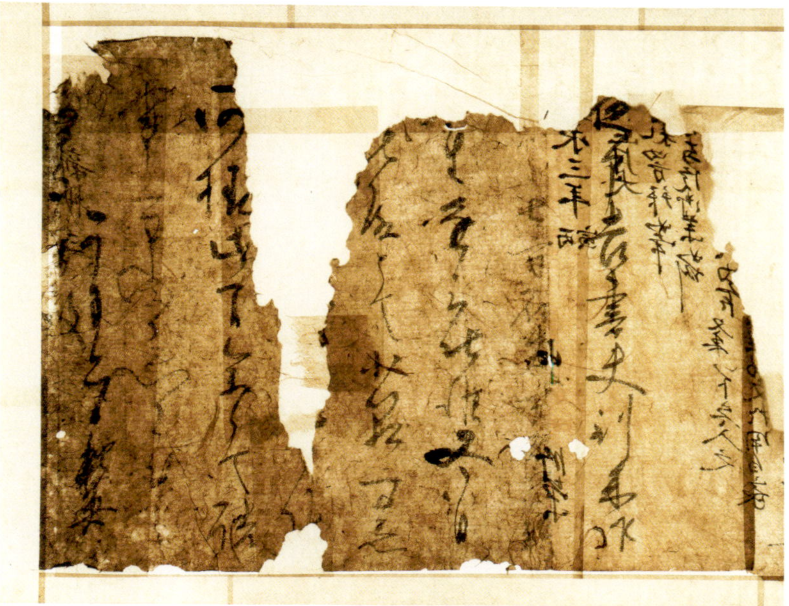

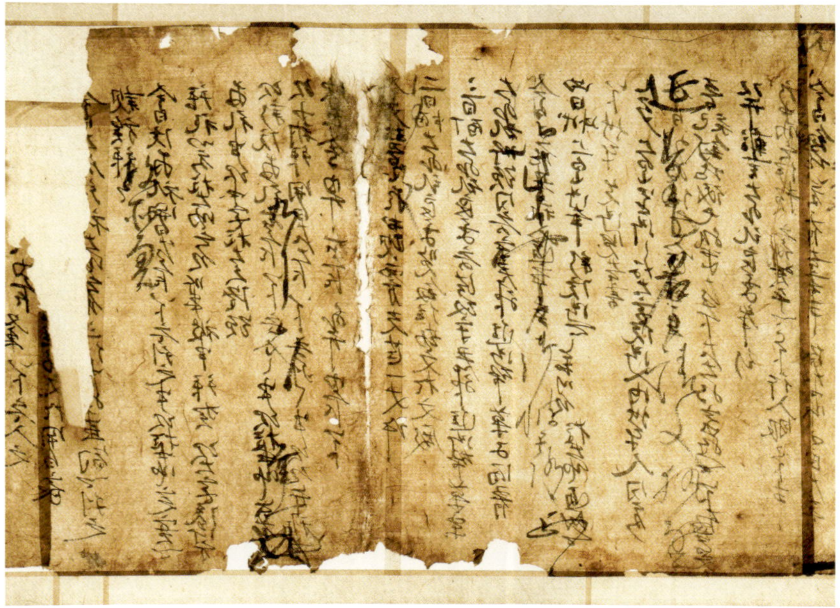

附載

巻1

紙　数	A	B	C1	C2	C3	D
表　紙		25.0				1.3
第1紙	28.8	18.5				0.3
第2紙	28.9	46.4				1.1
第3紙	29.0	40.8				0.5
第4紙	28.8	39.8				0.5
第5紙	28.8	48.5				0.6
第6紙	29.0	47.0				0.5
第7紙	28.9	43.4				0.5
第8紙	28.8	45.5				0.5
第9紙	28.9	43.1				0.6
第10紙	28.9	44.3				0.5
第11紙	28.9	47.5				0.4
第12紙	28.7	48.2				0.4
第13紙	28.8	48.1				0.5
第14紙	28.8	48.9				0.5
第15紙	28.6	47.7				0.5
第16紙	28.8	48.0				0.3
第17紙	28.8	47.1				0.5
第18紙	28.8	45.3				0.3
第19紙	28.9	47.4				0.8
第20紙	28.9	47.8				0.5
第21紙	28.8	47.5				0.3
第22紙	28.8	44.3				0.5
第23紙	28.9	48.0				0.3
第24紙	28.8	47.4				0.3
第25紙	28.8	36.3				0.6
第26紙	28.8	41.5				0.5
第27紙	28.8	43.2				0.4
第28紙	28.7	46.1				0.3
第29紙	28.3	40.0				0.7
第30紙	28.3	39.9				0.4
第31紙	28.6	37.6				0
補　紙	28.2	35.7				0.9
軸　長	33.7					
軸　径	1.9					

＊補紙に軸付けされている。Bの数値は軸際まで。

法量表

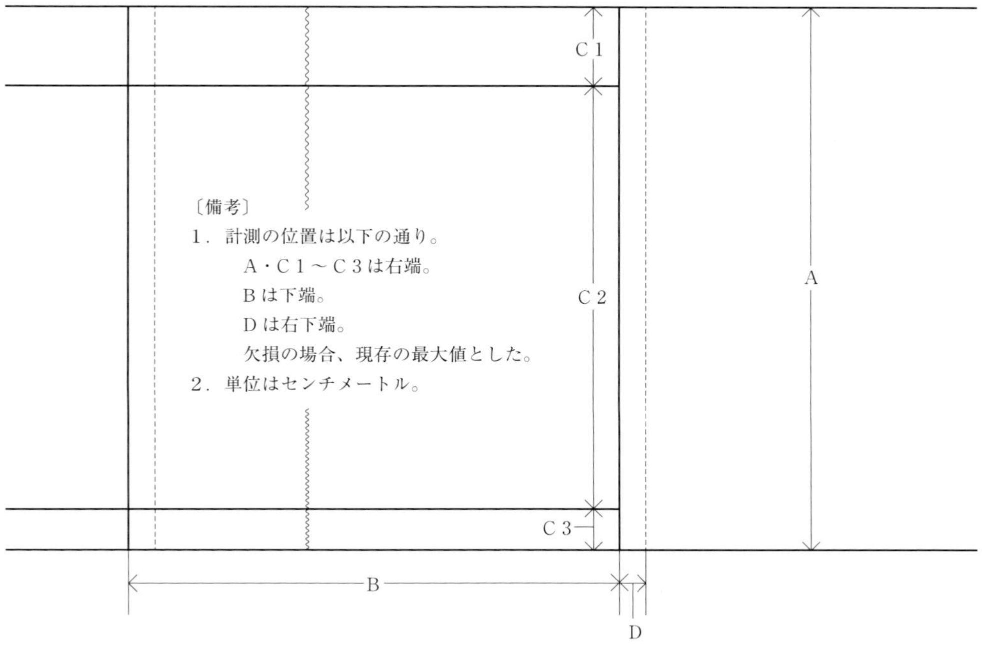
C1
C2
C3
A
B
D

〔備考〕

1．計測の位置は以下の通り。

　A・C1～C3は右端。

　Bは下端。

　Dは右下端。

　欠損の場合、現存の最大値とした。

2．単位はセンチメートル。

巻3

紙　数	A	B	C1	C2	C3	D
表　紙		21.1				1.3
第1紙	28.2	36.4				0.3
第2紙	29.3	39.4				0.4
第3紙	29.2	40.1				0.5
第4紙	28.8	44.1				0.6
第5紙	29.2	36.0				0
第6紙	28.9	34.6				0.4
第7紙	28.6	35.4				0.4
第8紙	29.2	35.6				0.2
第9紙	29.2	41.6				0
第10紙	28.7	40.5				0.4
第11紙	28.6	38.7				0
第12紙	29.2	40.2				0.6
第13紙	29.0	41.2				0.2
第14紙	27.7	38.0				0.4
第15紙	27.5	36.8				0.3
第16紙	28.7	35.3				0.3
第17紙	28.9	37.0				0.5
第18紙	29.3	37.1				0.6
第19紙	29.0	29.2				0.5
第20紙	28.6	37.9				0.5
第21紙	29.2	37.1				0.6
第22紙	29.3	32.6				0.3
第23紙	28.7	36.3				0.5
第24紙	29.2	35.3				0.3
第25紙	28.3	35.0				0.3
第26紙	29.1	34.7				0.5
第27紙	29.2	37.2				0.6
第28紙	29.0	37.8				0
第29紙	29.0	36.0				0.3
第30紙	28.8	30.5				2.1
補　紙		14.2				0.3
軸　長	33.5					
軸　径	1.9					

＊補紙に軸付けされている。Bの数値は軸際まで。

巻2

紙　数	A	B	C1	C2	C3	D
表　紙		25.0				1.2
第1紙	28.6	24.8				0.2
第2紙	28.6	35.7				0
第3紙	28.6	46.7				0.7
第4紙	28.6	46.7				0.3
第5紙	28.6	45.1				0.5
第6紙	28.8	40.4				0.6
第7紙	28.7	46.9				0.4
第8紙	28.6	44.1				0.5
第9紙	28.6	35.3				0.5
第10紙	28.6	47.0				0.5
第11紙	28.6	40.7				0.2
第12紙	28.7	46.7				0.3
第13紙	28.6	46.2				0.3
第14紙	28.6	45.0				0.3
第15紙	28.6	44.0				0.5
第16紙	28.5	46.4				0.6
第17紙	28.5	38.9				0.5
第18紙	28.5	40.0				0.2
第19紙	28.5	34.7				0.1
第20紙	28.5	45.2				0.4
第21紙	28.5	43.1				0.2
第22紙	28.5	42.2				0.3
第23紙	28.5	34.4				0.6
第24紙	28.5	31.2				0.5
第25紙	28.5	24.5				0.4
第26紙	28.5	25.9				0
第27紙	27.9	28.8				0.6
第28紙	27.9	37.3				0.5
第29紙	27.6	37.9				0.6
第30紙	27.7	37.5				0.3
第31紙	28.4	26.7				0
第32紙	28.3	36.4				0.5
第33紙	28.4	37.8				0
第34紙	28.2	26.7				0
第35紙	27.8	27.0				0.7
補　紙		13.6				
軸　長	33.5					
軸　径	1.9					

＊補紙に軸付けされている。Bの数値は軸際まで。

尊経閣善本影印集成 72

外記日記 新抄 一

発行 令和元年八月二十五日

定価 （本体三七、〇〇〇円＋税）

編集 公益財団法人 前田育徳会尊経閣文庫
東京都目黒区駒場四－三－五五

発行所 株式会社 八木書店古書出版部
代表 八木乾二
東京都千代田区神田小川町三－八
電話 〇三－三二九一－二九六九〔編集〕
六三〇〇〔ＦＡＸ〕

発売元 株式会社 八木書店
東京都千代田区神田小川町三－八
電話 〇三－三二九一－二九六一〔営業〕
六三〇〇〔ＦＡＸ〕

製版・印刷 天理時報社

製本 博勝堂

ISBN978-4-8406-2372-8 第九輯 第２回配本

Web https://catalogue.books-yagi.co.jp/
E-mail pub@books-yagi.co.jp